LA RENOVACION
DE LAS EMPRESAS

a través del camino crítico

PETER MUNIZ & COMPANY
CONSULTANTS
MANAGEMENT AND ORGANIZATION DEVELOPMENT
41 GIFFORD ROAD
SOMERSET, NEW JERSEY 08873

Serie McGraw-Hill de Management

COORDINADOR

José Carlos Jarillo Mossi
IMD. Lausanne (Suiza)

CONSULTORES EDITORIALES

Diego del Alcázar Silvela
Director del Instituto de Empresa
Madrid

Josep Chias
Presidente de Marketing Systems y profesor de Marketing de ESADE
Barcelona

Pedro Nueno Iniesta
Profesor del IESE
Barcelona

LA RENOVACION
DE LAS EMPRESAS
a través del camino crítico

Michael Beer
Russell A. Eisenstat
Bert Spector

Traducción
FRANCISCO ORTIZ CHAPARRO

McGraw-Hill

MADRID ● BUENOS AIRES ● CARACAS ● GUATEMALA ● LISBOA ● MEXICO
NUEVA YORK ● PANAMA ● SAN JUAN ● SANTA FE DE BOGOTA ● SANTIAGO ● SAO PAULO
AUCKLAND ● HAMBURGO ● LONDRES ● MILAN ● MONTREAL ● NUEVA DELHI
PARIS ● SAN FRANCISCO ● SIDNEY ● SINGAPUR ● ST. LOUIS ● TOKIO ● TORONTO

LA RENOVACION DE LAS EMPRESAS

DERECHOS RESERVADOS © 1992 respecto a la primera edición en español por LIBROS McGRAW-HILL/INTERAMERICANA DE ESPAÑA, S. A.

Edificio Oasis-A, 1.ª planta
Basauri, s/n
28023 Aravaca (Madrid)

Traducido de la primera edición en inglés de
The Critical Path to Corporate Renewal

«Published by arrangement with the Harvard Business School Press»

Copyright © MCMXC, by the President and Fellows of Harvard College

ISBN: 0-87584-239-9
ISBN: 84-7615-839-4
Depósito legal: M. 9.787/1992

Compuesto e impreso en Fernández Ciudad, S. L.

IMPRESO EN ESPAÑA - PRINTED IN SPAIN

A Cynthia, Tom y Shannon
A Stephanie, Ben y Sam
A Maureen, Kate y Tess

Contenido

Contenido

Agradecimientos

A los autores les gustaría expresar su reconocimiento a la División de Investigación de la Harvard Business School por el generoso apoyo proporcionado a este estudio bajo la dirección de los profesores Raymond Corey y Jay Lorsch. Uno de los autores recibió también apoyo del Fondo para el Desarrollo de la Investigación y el Saber y del College of Business de la Northeastern University. Agradecemos igualmente estas ayudas.

Parte de los fondos de la Harvard Business School nos proporcionaron la indispensable asistencia de John Junkerman. Además de dirigir parte de la investigación de campo, John contribuyó regularmente a las discusiones y análisis consiguientes de los que resultó, finalmente, este libro. Gracias, John, por tu ayuda. Nuestro reconocimiento se extiende también a Nicole Steckler y a Molly Schmitt por su ayuda en el análisis de los datos cuantitativos. Hemos de dar gracias especiales a Maria Van Nuysenburg por su paciencia y actitud al proporcionar ayuda administrativa a la producción del manuscrito.

Aprovechamos también la oportunidad para reconocer la invalorable asistencia de muchos de nuestros colegas que leyeron todas las partes del manuscrito y nos proporcionaron guía, sugerencias, críticas y apoyo. Hemos de dar gracias especiales por ello a Chris Argyris, Joseph Bower, Robert Eccles, Richard Hackman, Jay Lorsch, Gary Loveman, Robert McKersie, Frank Spital, Richard Walton y Shoshana Zuboff.

Eliza Collins y Carol Franco, de la Harvard Business School Press, pusieron a nuestra disposición su competencia, su compromiso incansable y sus penetrantes opiniones en el proceso de confección del libro. Estamos en deuda con ellas y con el personal de la editorial, por su apoyo.

Finalmente, hemos de reconocer nuestra más profunda deuda y gratitud con un grupo sin el cual no hubiera habido libro alguno: los hombres y mujeres de las corporaciones que estudiamos. Cientos de individuos —trabajadores de talleres, líderes sindicales, directivos, especialistas de los *staffs,* consultores, consejeros delegados y presidentes— nos prestaron desinteresadamente su tiempo y sus opiniones, sin pedir nada a cambio. Acordamos no nombrarlos aquí y, por supuesto, haremos honor al acuerdo. Pero seríamos negligentes si dejáramos de expresar a cada uno de ellos nuestro más sincero aprecio. Nuestra única esperanza de pago a sus contribuciones reside en nuestra capacidad para aprender de sus experiencias y para comunicar ese saber a nuestros lectores.

Boston, Massachusetts
Mayo 1990

MICHAEL BEER
RUSSELL A. EISENSTAT
BERT SPECTOR

Introducción

«La gestión del cambio organizativo es un tema que el mundo de los negocios americano necesita examinar y comprender por qué el cambio fundamental estará a la orden del día en el futuro predecible. Y, obviamente, la empresa que pueda adaptar su cultura al cambio, de manera rápida y con éxito, obtendrá una poderosa ventaja competitiva» [1].

Zane E. Barnes, CEO
Southwestern Bell

El camino crítico es casi un viaje, un viaje emprendido por las corporaciones americanas que tratan de renovarse. A lo largo de la década pasada, el entorno competitivo en que operan los negocios americanos ha experimentado un cambio radical. Empresas que en su momento disfrutaron de un fácil dominio en sus mercados se encuentran ahora comprometidas en una feroz batalla para restablecerlo, recuperar su cuota de mercado e incluso, en algunos casos, asegurar su misma supervivencia. Como respuesta, estos negocios tienen a su disposición un cierto número de planteamientos: adquisición y enajenación, recorte de costes excesivos, racionalización de activos. En el entorno actual, los negocios ignoran cualquiera de estas respuestas a su propia situación de peligro.

Sin embargo, en la batalla por recuperar la competitividad hay otro poderoso planteamiento que utilizan cada vez más empresas americanas —entre ellas, Ford Motor, Scott Paper, Xerox, AT&T, McDonnell Dou-

---

[1] Z. E. BARNES, «Change in the Bell System», *Academy of Management Executive,* 1 (1987), pp. 43-46.

glas, Rockwell International, Procter & Gamble y Cummins Engine. Tal planteamiento es la revitalización organizativa. Al tratar de revitalizar sus fuerzas, los dirigentes de estas empresas y de otras similares ponen su mirada más allá de la necesidad de gestionar inteligentemente los activos financieros y reconocen que la competitividad va ligada inexorablemente a la preparación y a la eficacia de sus empleados.

EL RETO DE LA REVITALIZACION

La revitalización implica intensificar la capacitación y la contribución de los directivos, los trabajadores y la organización como un todo, de manera que puedan hacer frente a las exigencias de un entorno cada vez más competitivo. Movidas por este propósito, las empresas están reduciendo su confianza exclusiva en la autoridad de la dirección, en las reglas y procedimientos y en las divisiones del trabajo estrictas y cerradas. En lugar de ello, se implica en la toma de decisiones a empleados de todos los niveles; se anima la formación de grupos de trabajo entre funciones, unidades de negocio, el negocio y la dirección; la información referente al rendimiento y al entorno competitivo se comparte y se difunde por toda la empresa; y el sentido de la formalidad y la responsabilidad se incitan a lo largo de toda la jerarquía.

De estos cambios está resultando una organización más horizontal, menos jerárquica y más flexible. Facultan a los empleados a tomar iniciativas en asuntos de reducción de costes, mejora de la calidad y satisfacción de las necesidades de los clientes. A su vez, esta nueva organización requiere pautas de gestión y compromiso de los empleados diferentes, además de la redefinición de la cultura de la corporación. Tales cambios son fundamentales y nunca se producen fácilmente.

EVALUACION DEL RETO DE LA REVITALIZACION

Con el fin de entender mejor el proceso de revitalización, emprendimos un estudio en profundidad de seis grandes empresas comprometidas en un esfuerzo consciente por efectuar un cambio fundamental en sus pautas de gestión. Las seleccionamos de acuerdo con un cierto número de criterios: la necesidad de que pertenecieran a varias industrias distintas, el hecho de que hubiera representación de los sectores de fabricación y de servicios, de que hubiera firmas mono y multinegocios y, por supuesto, de que estuvieran dispuestas a proporcionar acceso libre a la investigación. Las cifras de ventas de estas compañías van de 4.000 a 10.000 millones de dólares. Cinco fueron del sector manufacturero y una un gran banco internacional[2].

[2] Como quiera que las historias de los renovados esfuerzos efectuados por estas compañías se presentarán detalladamente a lo largo del libro, el lector puede ir al Apéndice I para obtener una breve visión de cada una de ellas, al igual que una lista

Pensamos que el mejor modo de aprender cosas sobre el proceso de revitalización consistía en estudiar un cierto número de empresas que se encontrasen realmente inmersas en dicho proceso, decidir, a partir de ese estudio, qué era lo que funcionaba y lo que no y después desarrollar una teoría de la revitalización corporativa consecuente con tales decisiones. Realizamos cientos de entrevistas en las seis compañías con el fin de recopilar los datos y llegar a las conclusiones que presentamos en esta obra. También utilizamos documentos de primera mano relativos a los esfuerzos de revitalización.

Después clasificamos las compañías de acuerdo con el éxito con que habían gestionado el esfuerzo de revitalización. Tal clasificación se basó en la amplitud con que estaban cambiando sus culturas en cuatro áreas sustanciales que los directivos citaban generalmente como objetivos de los esfuerzos de renovación: mejora significativa de la coordinación interinstitucional, la toma de decisiones, la organización del trabajo y la preocupación por el personal.

Es importante resaltar que nosotros *no* definimos el éxito como una mejora del rendimiento financiero de las compañías. El rendimiento financiero corporativo se ve muy influido, en el corto plazo, por muchos factores de situación, entre los que se encuentran las cuotas de mercado, las iniciativas de reducción de costes y los efectivos financieros, así como decisiones anteriores de inversión en el desarrollo de un nuevo producto y de una tecnología de fabricación. La calidad de estas determinaciones, que son a su vez función del proceso de toma de decisiones y de la competencia directiva que la organización adoptó en el pasado, influye en el rendimiento durante muchos años.

Nosotros no tratamos de establecer un lazo de unión entre la revitalización triunfadora y el rendimiento financiero, pero otra investigación sí lo ha hecho. Tal investigación ha demostrado que hay una relación positiva a largo plazo entre los diferentes tipos de dimensiones de la cultura corporativa que utilizamos para clasificar nuestras seis compañías y el rendimiento financiero [3]. Así, aunque nuestra manera de entender la renovación tiene relación con el rendimiento a largo plazo, nuestra definición del éxito centra la atención en el impacto inmediato del esfuerzo de cambio sobre *cómo* estaba siendo dirigida la compañía.

---

de las unidades y de los empleados claves. El lector comprenderá el hecho de que todos los nombres utilizados en este libro sean ficticios, a pesar de que las compañías y los individuos son reales.

[3] Tres estudios importantes que demuestran una correlación a largo plazo entre las características organizativas buscadas a través de la revitalización y el rendimiento financiero son los de P. R. LAWRENCE y D. DYER, *Renewing American Industry* (Nueva York, Free Press, 1983); D. R. DENNISON, «Bringing Corporate Culture to the Bottom Line», *Organizational Dynamics,* 13 (otoño 1984), pp. 4-22, y M. E. DERTOUZOS, R. K. LESTER y R. M. SOLOW, *Made in America: Regaining the Productive Edge* (Cambridge, MA: MIT Press, 1989).

Con el fin de corroborar nuestras clasificaciones de las compañías, sometimos un cuestionario estándar a cada una de ellas. Las percepciones que tenían los directivos de la magnitud del cambio de sus compañías [4] fueron idénticas a las nuestras, con una excepción. Tanto nosotros como los propios empleados designamos a General Products como el líder evidente de la revitalización, seguida a distancia por Fairweather Corporation. Las más claramente retrasadas en la revitalización fueron U.S. Financial y Continental Glass & Container. En la Tabla I-1 presentamos nuestra clasificación de las seis compañías. En ella se pone de manifiesto también la dimensión de la transformación cultural de cada una de las compañías, tal como la tasaron sus empleados.

Tabla I-1. Tasa esfuerzo de revitalización

| Empresa | Alcance de la revitalización | | |
| | Clasificado por los investigadores | Tasado por los empleados | |
		Promedio	Desvío estándar
General Products	1	4,04 [a]	0,35
Fairweather	2	3,58	0,45 [b]
Livingston Electronics	3	3,61	0,76
Scranton Steel	4	3,30	0,65
Continental Glass	5	2,96	0,83
U.S. Financial	6	2,78	1,07

[a] Se utilizó una escala de 1 a 5. Una valoración de 3,0 no supone cambio. Una valoración inferior supone que la cultura se ha alejado realmente de la dirección pretendida por el esfuerzo de revitalización.

[b] De acuerdo con el conocimiento que los investigadores tenían de las compañías, se juzgó que Fairweather había cambiado más que Livingston, a pesar del hecho de que las tasaciones de los empleados la situaban en tercer lugar por un estrecho margen. Un desvío estándar mucho menor sugiere un consenso mayor entre los empleados con respecto a la dimensión de la revitalización en Fairweather que en Livingston y apoya la opinión del investigador.

La alta dirección de cada una de las seis empresas deseaba cambiar el modo en que se estaba gestionando *toda* la compañía. Sin embargo, pronto descubrimos que la revitalización corporativa comenzaba generalmente en unidades individuales y que el progreso se tenía que medir de acuerdo con el número de unidades organizativas que emprendieron la propia revitaliza-

[4] Véase el Apéndice IV para las dimensiones y puntos del cuestionario estandarizado. Cuatro de sus dimensiones —coordinación interfuncional, organización del trabajo, toma de decisiones y preocupación por el personal— se tomaron de la Encuesta de Organizaciones, una medición ampliamente utilizada del clima de la organización, desarrollada en el Instituto de Investigación Social de la Universidad de Michigan. Dennison la creó para ponerla en relación con el rendimiento financiero a largo plazo. Véase DENNISON, «Bringing Corporate Culture to the Bottom Line».

ción y acabaron por triunfar. Entendemos por «unidad» una entidad organizativa distinta e identificable, tal como una planta de fabricación, una sucursal o una división o unidad de negocio dedicada a fabricar y/o suministrar productos o servicios. Se consideraron también unidades distintas los grupos corporativos de personal, los centros de I + D y el alto equipo directivo de la corporación.

Como quiera que pronto sacamos la conclusión en nuestra investigación de que la revitalización corporativa depende de la renovación, con éxito, de muchas unidades organizativas, tuvimos que explicar qué factores hacían que unas unidades se renovasen con éxito y que otras fracasaran. Para conseguir explicarlo, utilizamos la ya descrita encuesta estandarizada, con el fin de clasificar las unidades que visitamos en las seis compañías de acuerdo a la magnitud de su éxito en la gestión del cambio. Al principio del libro presentamos nuestros hallazgos acerca de qué fue lo que diferenció a los esfuerzos de revitalización a nivel de unidad que tuvieron más éxito de los que tuvieron menos. Tales hallazgos proporcionan los fundamentos sobre los que descansa nuestra teoría de la revitalización corporativa. (El apéndice II contiene los resultados de la encuesta referente al cambio a nivel de unidad y una disquisición más detallada acerca de la metodología de este estudio.)

EL CAMINO CRITICO: VISION GENERAL

La dimensión del cambio organizativo, tanto a niveles de la compañía como de las unidades, proporciona la clave para comprender el proceso de revitalización. A partir de nuestras observaciones y de las respuestas a la encuesta pudimos identificar los factores que separaban los esfuerzos de revitalización que tenían más éxito de los que tenían menos. Por decirlo sencillamente, podíamos contestar la pregunta, «¿qué hicieron las compañías líderes que no consiguieron hacer las rezagadas?»

Nuestras respuestas contienen más de unas cuantas sorpresas y van en contra de gran parte de la opinión y de la práctica convencionales relativas a la gestión del cambio organizativo a gran escala. Nosotros sacamos las siguientes conclusiones:

- Los esfuerzos de cambio que comienzan por crear programas corporativos destinados a alterar la cultura o la dirección del personal en la firma tienen fallos incluso cuando se ven apoyados por la alta dirección.
- Los sistemas y las estructuras organizativas formales son los *últimos* puntos que una organización tendría que cambiar cuando busca la renovación —y no las primeras, como suponen muchos directivos.
- Los cambios efectivos en el modo en que una organización gestiona su personal *no* se producen mediante el cambio de los sistemas y políticas de recursos humanos de la organización.

- El comenzar la renovación empresarial por la cúpula es una estrategia de revitalización de alto riesgo que las empresas que han tenido más éxito *no* utilizaron.
- Las organizaciones deberían de comenzar la revitalización corporativa de acuerdo con operaciones pequeñas, aisladas y periféricas en lugar de con otras grandes, centrales y «nucleares».
- En las primeras etapas de la renovación no es esencial que la alta dirección practique firmemente lo que predica, aunque una acción tal ayuda, indudablemente.

En *El camino crítico* presentaremos y desarrollaremos una serie de proposiciones relativas al modo en que debe de producirse exactamente la revitalización corporativa. Estas proposiciones aparecerán en el siguiente orden, por capítulos.

Capítulo 1. El entorno externo ha cambiado de forma tal que los planes organizativos tradicionales (estructuras jerárquicas y tomas de decisiones de arriba a abajo) que funcionaban bien en tiempos de mayor estabilidad no son ya suficientes para hacer que las firmas americanas sigan siendo competitivas. Las demandas del entorno competitivo en lo que se refiere al logro simultáneo de alta calidad, bajo coste e innovación de productos requiere un nuevo tipo de organización por tareas.

Para que la organización por tareas funcione eficazmente serán necesarios niveles mucho más elevados de coordinación y de trabajo en equipo —tanto a lo largo de las funciones, de las fronteras entre ellas, de las unidades de negocio, de los niveles organizativos como entre la dirección y los sindicatos. Para conseguir tal coordinación se requerirán niveles más altos de compromiso y de capacidad de los empleados, a todos los niveles de la organización.

Capítulo 2. La respuesta inicial de muchas corporaciones a la necesidad reconocida de cambio consistió en la imposición de programas desde arriba. En el mejor de los casos, éstos fueron inadecuados; en el peor, tales programas fueron en detrimento del éxito de la renovación a largo plazo. La revitalización corporativa triunfadora comienza en las plantas o en las divisiones.

Capítulo 3. La renovación con éxito a nivel de unidad se produce solamente cuando las unidades compaginan directamente el requerimiento de nuevos comportamientos y capacitaciones de los empleados con una urgente respuesta al desafío competitivo central de la unidad. El término que utilizamos para designar este importantísimo enlace del comportamiento y las preocupaciones por el negocio es el de *alineación de tareas*.

Capítulo 4. Aunque la alineación de tareas se puede alcanzar mediante cambios bajo mandato en los sistemas y estructuras formales, este enfoque reduce el grado de compromiso y fracasa a la hora de desarrollar la competencia que necesita el personal para funcionar eficazmente dentro de la organización realineada. Nosotros proponemos una secuencia de intervenciones que denominamos como *el camino crítico,* el cual crea una alineación de tareas en modo tal que incrementa la coordinación, al tiempo que el grado de compromiso y la competencia.

Capítulo 5. Para que la revitalización salga de las unidades aisladas y se extienda por toda la corporación, la alta dirección debe desarrollar un clima corporativo en el que pueda florecer la renovación. El desarrollo de este clima implica seis estrategias que se deben ordenar y orquestar cuidadosamente.

Capítulo 6. El desarrollo del clima corporativo que demanda la revitalización depende de dos condiciones: la alta dirección debe mentalizarse para equilibrar las demandas de reducción de costes a corto plazo con la inversión sostenida a largo plazo en los recursos humanos de la firma. También debe proporcionar apoyo en forma de recursos profesionales capacitado —una función de recursos humanos orientada al cambio, y consultores externos.

Capítulo 7. El liderazgo es el combustible clave de la renovación, tanto a nivel de unidad como a nivel corporativo. Los líderes eficaces tienen ciertas convicciones y capacidades que, por desgracia, son extremadamente escasos, lo que pone sobre el tapete la importantísima cuestión de cómo se puede formar a tales líderes.

Capítulo 8. Los esfuerzos de renovación corporativa eficaz se centran, durante los primeros años, en las plantas y en las divisiones, no en las sedes corporativas ni en la alta dirección. Para sostener la revitalización, la unidad de la alta dirección debe acabar por replantearse su propia organización y comportamiento. Las presiones de los mercados de capitales tienen el potencial suficiente para estimular este desarrollo, pero descubrimos que en varias de nuestras compañías tales presiones distraían a la alta dirección del esfuerzo de revitalización.

Capítulo 9. *El camino crítico* exige acciones a un amplio espectro de actores corporativos: el CEO, los directivos de línea, los de recursos humanos y los líderes sindicales; todos ellos pueden tener una influencia significativa en la renovación si emprenden acciones consistentes con sus roles. Al mismo tiempo, deben de trabajar conjuntamente para reforzar las acciones de otros. Damos al final unas recomendaciones prácticas para cada uno de los actores del drama de la revitalización.

Este libro describe una teoría global de la revitalización corporativa que ayudará a los directivos a desarrollar una organización adaptativa, en la que el personal y los grupos posean el compromiso y la competencia suficientes como para coordinarse de modo eficaz. Al igual que un equipo de baloncesto cualificado, los miembros de la organización comprenden todos los planes y estrategias, conocen y anticipan los movimientos de cada uno de los demás (roles y responsabilidades) y están dispuestos a actuar desinteresadamente (mirando por el negocio más que por su propia función o puesto) para ganar el partido.

Por supuesto que la revitalización no es el único modo de hacer que una corporación sea más competitiva. La reducción de costes, la compra y la enajenación, la racionalización del activo y la introducción de nuevos sistemas de fabricación son también modos de conseguir una corporación más competitiva. Cambian la economía de la compañía e introducen tecnología nueva y valiosa. Sin embargo, no mejoran necesariamente la coordinación y el trabajo en equipo. Tampoco crean el compromiso y la competencia que han de tener los empleados para mantener altos niveles de coordinación. De hecho, a menudo provocan una disminución de estas válidas fuentes humanas y de organización, de la ventaja competitiva, las cuales, como argumentamos más adelante, son esenciales para gestionar la mejora continua de la calidad, el coste y los productos/servicios. Estos son los resultados de negocio esenciales para competir en los años noventa y posteriores.

1
La necesidad de revitalización

Las compañías que estudiamos diferían por la naturaleza de sus dirigentes, los productos y servicios que producían o proporcionaban y los mercados a los que servían, pero todas compartían una meta común de revitalización. Al igual que otras corporaciones, se enfrentaban al difícil reto de transformar sus organizaciones con el fin de recuperar posiciones de liderazgo que se veían amenazadas, de repente, por un entorno mucho más competitivo.

En este capítulo ponemos la base del camino crítico, mediante la consideración de los enfoques populares de organización y gestión de las corporaciones en la era de la posguerra y de por qué estos enfoques han hecho necesaria y difícil la revitalización. Comenzamos examinando la conexión entre el posicionamiento competitivo de una firma y el modo en que organiza y dirige al personal.

FUENTES ORGANIZATIVAS DE VENTAJA COMPETITIVA

Las firmas crean valor para sus clientes a través de una serie de iniciativas individuales necesarias para diseñar, producir, comercializar, distribuir y sostener un producto o servicio. Si una firma es capaz de realizar todas y cada una de estas actividades y de explorar las relaciones entre ellas en modo tal que le proporcione una ventaja sobre sus rivales en lo referente a coste, calidad o innovación, entonces tal firma ha creado una fuente de ventaja competitiva[1]. De esta manera, la capacidad de una firma para

---

[1] Esta definición de actividades que añaden valor procede de M. E. PORTER, *Competitive Advantage: Creating and Sustaining Superior Performance* (Nueva York, Free Press, 1985).

1

triunfar en el mercado es el resultado no sólo de las capacidades técnicas de sus empleados, sino también del modo en que estos empleados se coordinen entre sí para realizar estas esenciales tareas de «creación de valor». ¿Por qué es importante la coordinación y qué es lo que se requiere para conseguirla?

- *Coordinación.* El trabajo en equipo es especialmente importante para toda organización que quiera actuar sobre el coste, la calidad y las oportunidades de mejorar el producto. La producción y la venta de un producto de alta calidad y bajo coste dependen de la estrecha coordinación tanto entre el marketing, el diseño del producto y la fabricación como entre la dirección y los trabajadores. Esta es la causa de que la revitalización ponga tanto acento en la mejora de la coordinación, como explicaremos más adelante.
- *Compromiso.* El esfuerzo, la iniciativa y la cooperación necesarios para conseguir que se produzcan acciones coordinadas requieren de altos niveles de motivación.
- *Competencia.* Para que el personal identifique y resuelva problemas trabajando en equipo se requiere el conocimiento del negocio como un todo, capacidades de análisis y de relación interpersonal.

Los niveles de coordinación, compromiso y competencia de los empleados vienen determinados por varios aspectos del diseño organizativo, que se confecciona a partir de lo siguiente:

- La estructura formal de los empleos y las relaciones informativas definidas en los manuales de descripción de puestos de trabajo y de organización.
- El personal elegido para desempeñar los puestos de trabajo.
- El entendimiento informal, por parte de los empleados, de los roles que les han asignado, sus responsabilidades y sus relaciones de trabajo.
- Los sistemas organizativos que reclutan, evalúan, forman y promocionan a los empleados, les otorgan recompensas financieras y les proporcionan la información necesaria para el desempeño de sus cometidos.

En la Figura I-1 queda ilustrado el modo en que estas variables organizativas afectan a los atributos de coordinación, compromiso y competencia de los recursos humanos —y, a su vez, al rendimiento del negocio—. En el centro de la figura se sitúan la capacidad de la organización para alcanzar el coste, la calidad y la innovación deseados. El grado en el que la organización puede alcanzar esos resultados se ve afectado por la extensión del necesario nivel de coordinación, compromiso y competencia. A su vez, estos atributos de recursos humanos se ven determinados por el diseño de la organización: estructura, personal, roles/responsabilidades/relaciones y sistemas.

Las relaciones que acabamos de describir son de aplicación general. La coordinación, el compromiso y la competencia son necesarios siempre. La

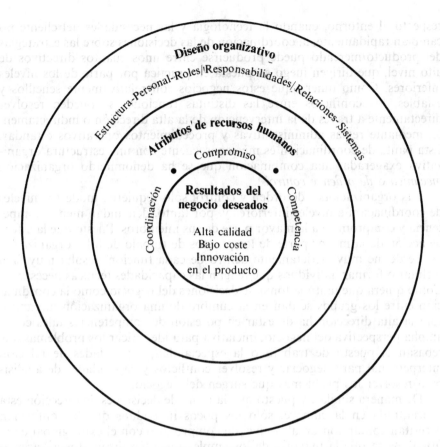

Figura 1-1: El círculo de la revitalización: El diseño organizativo y los atributos de recursos humanos de la ventaja competitiva

cuestión clave es la de hasta qué punto tienen que estar difundidos en la organización estos atributos humanos. ¿Resulta suficiente, por lo que respecta a la coordinación, que ésta se dé principalmente en los altos niveles de la organización, haciendo, por tanto, esencial que entre los directivos de alto nivel se den niveles de compromiso y competencia especiales; o deben de poseer también estos atributos los empleados de niveles más bajos? La respuesta depende de la naturaleza del entorno del negocio.

Tanto la tasa de cambio como el nivel de complejidad en el entorno del negocio tienen efectos importantes en el modo en que las organizaciones consiguen la coordinación necesaria[2]. Bajo condiciones de certidumbre

[2] Véase P. E. LAWRENCE y J. W. LORSCH, *Organization and Environment: Managing Differentiation and Integration* (Boston, Harvard Business School, 1967); J. R. GALBRAITH, *Organization Design* (Reading, MA, Addison-Wesley, 1977); R. DUNCAN, «Wat is the Right Organization Structure?», *Organizational Dynamics* (invierno 1979), pp. 59-80.

respecto al entorno, cuando la tecnología y las necesidades del cliente no cambian rápidamente, la coordinación de las decisiones sobre las estrategias del producto/mercado puede producirse entre unos cuantos directivos de alto nivel, que dirigen luego su puesta en práctica por parte de los niveles inferiores. Como quiera que estos negocios son relativamente sencillos y estables, los conflictos entre las distintas funciones se pueden resolver directamente a través de la intervención de la alta dirección o indirectamente, mediante reglas administrativas y procedimientos operativos estándar. Esta pauta de coordinación es más consecuente con una estructura organizativa exagerada, una combinación que se ha denominado organización *mecánica* o *de orden y control* [3].

Las organizaciones de orden y control sólo requieren modestos niveles de coordinación a niveles inferiores y, por tanto, demandan menos competencia y compromiso a la mayor parte de sus miembros. Puesto que la esfera de acción de la mayor parte de los puestos de trabajo de tales organizaciones se define muy estrictamente dentro de cada función, resulta muy fácil reclutar o formar individuos que tengan las capacidades técnicas necesarias. Como quiera que tanto la toma de decisiones del negocio como la coordinación entre los grupos se dan en la cumbre de una organización mecánica, sólo la alta dirección ha de estar en posesión de competencias tales como amplia perspectiva del negocio, iniciativa para identificar los problemas que rebasan el puesto de trabajo o la especialidad, capacidades de relación interpersonal para negociar y resolver conflictos y capacidades de análisis para resolver los problemas que surgen del negocio.

De manera similar, y puesto que la toma de decisiones de dirección está concentrada en la cumbre, sólo los pocos individuos que la conforman necesitan contar con un alto nivel de compromiso con el éxito global de la firma. Basta que la mayoría de los empleados estén dispuestos a hacer lo que se les pida que hagan a cambio de la paga y de la continuidad en el puesto de trabajo.

ORDEN Y CONTROL EN LA ERA DE LA POSGUERRA

A medida que hablábamos con los directivos de las seis firmas sometidas a estudio, iba quedando claro que habían institucionalizado un enfoque de orden y control de la organización y gestión en los años cincuenta y sesenta. Las razones de tal comportamiento fueron el entorno del negocio, la falta de directivos y un bajo grado de compromiso por parte de los trabajadores.

Todas estas compañías, junto con muchas otras corporaciones americanas, ocupaban un puesto preeminente en sus mercados en la posguerra

---

[3] El concepto de organización mecánica es de T. BURNS y G. M. STALKER, *The Management of Innovation* (Londres, Tavistock Publications, 1961). La dicotomía control/compromiso es de R. E. WALTON, «From Control to Commitment in the Workplace», *Harvard Business Review*, 64 (marzo-abril 1985), pp. 77-84.

porque las economías de Japón y de Europa Occidental estaban asoladas. Cuando consideramos la ventaja que los recursos naturales y la tecnología proporcionaban a los Estados Unidos, no resulta sorprendente que las corporaciones americanas hayan disfrutado de ventaja competitiva hasta bien entrados los setenta. Con pocos competidores que les causaran preocupaciones, el director general de los años de la posguerra siguió de cerca la huella de los cambios que se producían en el mercado exterior con relativa facilidad. Del mismo modo, el lento ritmo del cambio tecnológico hizo fácil al personal que ocupaba los puestos superiores tomar acertadas decisiones internas en áreas tales como la fabricación y el desarrollo de nuevos productos[4]. Una industria reglamentada creó virtualmente las mismas condiciones competitivas para el único banco de nuestra muestra, el U.S. Financial, y permitió también a la alta dirección concentrar en la cumbre la toma de decisiones, sin esfuerzo alguno.

Mientras que un entorno relativamente simple hizo viable la organización de orden y control, la escasez de directivos eficaces, como consecuencia de la guerra, y las demandas de un crecimiento rápido la hizo casi inevitable. El director ejecutivo de General Products describía así la organización que se desarrolló en los primeros años en que él estuvo en la empresa:

> [En los años cincuenta y sesenta] nuestro problema número uno fue conseguir suficiente talento [directivo] y, francamente, no conseguimos suficiente. De manera que... lo que hubo que hacer fue construir un sistema y una estructura completos a partir de uno mismo, hacia abajo. Había gente que controlaba a otra para asegurarse el puesto de trabajo y se realizaron las tareas... Construimos organizaciones y realmente casi fueron rodando las cosas con mano de hierro.

Este elaborado sistema de vigilancia corporativa continuó vigente en los ochenta. Los directivos de las sucursales en remotos lugares del mundo hablaban de llamadas a diario desde las sedes centrales pidiendo números detallados de costes, pedidos y cargamentos. Los mismos directivos tenían que obtener aprobación para efectuar los menores gastos. Esta pauta hizo que los directivos medios y los de nivel inmediatamente superior a ellos se quejaran de estar sobredirigidos y se describían a sí mismos como «especialistas técnicos» más que como «generalistas del negocio». Consideremos también las quejas de un directivo de planta de Scranton Steel. «Todas las mañanas, a las ocho, informaba a las centrales sólo de números: costes, listados de producción, cosas como éstas. Nunca entraba en nuestro orden del día la estrategia corporativa o la relación de nuestra planta con el conjunto.

Construidos sobre la presunción de que la mayor parte de los directivos no eran de fiar, los elaborados sistemas de vigilancia desarrollados por estas

---

[4] Esta visión del papel de la dirección general es consecuente con la presentada en J. P. KOTTER, *The Leadership Factor* (Nueva York, Free Press, 1988).

organizaciones de orden y control reforzaron las mismas condiciones que originaban el que se encontraran en primer plano. Incrementaban la frustración del empleado, con lo que el grado de compromiso disminuía, al tiempo que daban pocas oportunidades a los directivos para desarrollar sus posibilidades. Generalmente, los directivos permanecían desempeñando la función para la que entraron en la compañía, creando lo que un alto ejecutivo llamó «enfoque del hueco del ascensor para el desarrollo de los directivos». El resultado fue el desarrollo de directivos con capacidad técnica y experiencia funcional, pero que carecían de una amplia perspectiva del negocio y de capacitaciones directivas[5].

Los altos directivos estaban preocupados porque los directivos de niveles más inferiores desempeñaran eficazmente sus cometidos, pero más preocupados aún estaban por el grado de compromiso de los empleados. Esta preocupación fue particularmente evidente en cinco de nuestras compañías que tenían un gran número de trabajadores sindicados. La falta de fe en los empleados estaba enraizada profundamente en la historia de las relaciones adversas entre los sindicatos y los directivos, una historia que creó una generación de directivos antisindicatos y pesimistas sobre la capacidad y voluntad de los empleados para cooperar.

Un ex dirigente del sindicato de los trabajadores americanos del acero describía el sistema de gestión y el modo en que afectaba al grado en que se utilizaban las cualidades de los trabajadores para solucionar los problemas de calidad y coste:

> Hace cuarenta años, cuando trabajaba en una acería en Younstown, Ohio, y llegué a presidente del sindicato local, una de las cosas que me quedaron claras fue la gran ineficacia de la planta y el nulo uso que se hacía de los trabajadores, del potencial de su conocimiento y experiencia. Se trataba de un entorno totalmente controlado. Si hubiera hablado a los directivos de calidad y producción, lo hubieran tomado como violación de sus prerrogativas.
>
> A medida que fui negociando con la dirección me fui dando cuenta de que una de las grandes barreras a su disposición a permitirnos que tuviéramos capacidad de opinar acerca de la calidad de producción, que era el fin de la actividad, residía en que miraban a los trabajadores como si fueran algo de lo que se podía prescindir. El modo que tenía la dirección de llevar la planta —algo que procede de la dirección científica— consistía en acordarla al sistema de producción, en lugar de a las necesidades del personal. Con ello, todo puesto de trabajo se rebajaba a la altura de su componente más bajo. Así no es necesario formar a los trabajadores. Se les puede dar cualquier trabajo. Se puede contratar a cualquiera para hacerlo. Se tiene un conjunto de capataces

---

[5] Para una discusión del impacto del desarrollo de la carrera personal sobre un cierto número de industrias americanas, véase P. E. LAWRENCE y D. DYER, *Renewing American Industry* (Nueva York, Free Press, 1983).

que se mueven en torno a los trabajadores diciéndoles de qué modo han de trabajar, y si los trabajadores no desempeñan bien sus tareas, se les sanciona. O se les echa. Y se confía en que de todo esto salga, de alguna manera, un buen producto.

El sistema de producción que acabamos de describir funcionó en su tiempo porque las empresas como Scranton Steel sufrían una competencia limitada. Sin embargo, dio lugar a la constitución de sindicatos y a relaciones adversas entre éstos y los directivos. A medida que el conflicto entre estos dos actores se intensificaba, cada una de las partes veía a la otra en términos más negativos. El grado de compromiso de los empleados decreció continuamente; la dirección se hizo cada vez más inquebrantablemente antisindicalista y los líderes sindicales se mostraron cada vez menos inclinados a trabajar en colaboración con la dirección. Una encuesta interna realizada en Scranton Steel, por ejemplo, ponía de manifiesto que alrededor del 70 por 100 de los trabajadores sindicados estaban de acuerdo con la afirmación «no puedes *confiar* en que la dirección mire por los intereses de los trabajadores».

Estas condiciones de enfrentamiento tenían como consecuencia una escalada en la demanda salarial, rígidas reglas de trabajo y gravosos procedimientos burocráticos. El resultado, en industrias tales como la del automóvil y la del acero, era costes de trabajo muy elevados y pobre productividad. Sin embargo, el sistema funcionaba, al no sufrir presiones de competitividad. Los trabajadores estaban muy controlados, pero muy bien pagados. Los accionistas percibían dividendos, aunque a costa del sacrificio de la inversión en la fábrica, el equipamiento y la I + D [6].

La conciencia de un entorno estable, la coordinación mediante el orden y control desde arriba y el bajo grado de compromiso y de competencia en la gestión general resultante condujo a una organización rígida y formal a niveles de planta, de división y de corporación. La organización había sido adecuada para los retos competitivos del período de posguerra, aunque se produjeron costes humanos y sociales. Sin embargo, se mostró totalmente inadecuada para hacer frente al nuevo entorno competitivo. «Somos una compañía hecha de ladrillos y mortero», dijo un ejecutivo, describiendo tal rigidez. «Somos un bebé de dos toneladas que no es capaz de ponerse de pie con rapidez», observó otro.

LA ORGANIZACION POR TAREAS

La competencia global intensa de hoy día y la desregulación han supuesto para las empresas de prácticamente todas las industrias una incertidumbre mucho mayor [7]. La superior competencia demandada una constante res-

---

[6] Ibídem.

[7] Véase Comisión Presidencial sobre la Competitividad Industrial, *Global Competition: The New Reality* (Washington, DC, U. S. Government Printing Office,

puesta a las iniciativas de otras firmas. Requiere la mejora continua de la calidad y de los productos, al tiempo que el control de los costes[8]. Estas nuevas demandas externas están sobrepasando la capacidad de respuesta de las organizaciones de orden y control. Esto ocurrió ciertamente a las seis compañías que estudiamos.

El nuevo entorno competitivo requiere una organización flexible y con capacidad de adaptación, así como una pauta diferente de comportamiento laboral. Los directivos y los trabajadores deben ser conscientes de lo que el cliente desea y de lo que hacen los competidores. Deben traducir su conocimiento a decisiones eficaces respecto a mejoras en el producto, el servicio, la calidad y el coste, y deben poner en práctica estas decisiones a todos los niveles. Los mercados, los productos y las tecnologías cambian con demasiada rapidez como para que la alta dirección pueda dominar toda la información necesaria para tomar estas decisiones. En lugar de ello, el entorno competitivo requiere utilizar todas las capacidades y capacitaciones de un número de empleados mucho mayor que nunca.

Los directivos están adquiriendo cada vez mayor conciencia de que es imposible responder rápidamente a las cambiantes demandas de los clientes y satisfacer los requisitos de bajo coste y alta calidad sin mejorar radicalmente la coordinación y el trabajo en equipo. Se han hecho cada vez más conscientes de que los costes de fabricación están influidos por el diseño del producto por parte de I + D, del mismo modo que I + D comprende que el valor que está inyectando en el producto o servicio está influido por la comunicación sobre el cliente, procedente del marketing. Dentro de una función como la de fabricación, las firmas han descubierto que el coste y la calidad son resultado del modo en que los ingenieros de fabricación trabajen con los empleados de producción al diseñar un proceso de fabricación eficaz y de cómo coordinen e intercambien información diferentes departamentos a lo largo de la «cadena de creación de valor». De este modo, las continuas mejoras en la productividad y la calidad requieren una coordinación más estrecha entre funciones a todos los niveles, así como entre la fuerza laboral y la dirección. Los trabajadores de nivel inferior de varias funciones deben comunicarse directamente entre sí y coordinar actividades con respecto a productos particulares, segmentos de mercado definidos o clientes grandes e importantes.

Se ha hecho cada vez más claro a los directivos que dentro de sus jerarquías funcionales de ladrillos y mortero, relativamente estables y viejas, no pueden crear los niveles necesarios de coordinación. Cuando estos directivos miran a las firmas de alta tecnología de reciente creación, que se

---

enero 1985); B. S. Scott y G. C. Lodge, eds., *U. S. Competitiveness in the World Economy* (Boston, Harvard Business School Press, 1985), y M. L. Dertouzon, R. K. Lester y R. M. Solow, *Made in America: Regainig the Productive Edge* (Cambridge, MA: MIT Press, 1989).

[8] Véase R. H. Hayes, S. C. Wheelright y K. B. Clark, *Dynamic Manufacturing: Creating the Learning Organization* (Nueva York, Free Press, 1988).

han desenvuelto siempre en un entorno complejo y en rápido cambio, ven un conjunto diferente de disposiciones organizativas. En ellas, la estructura funcional se ve revestida de equipos de personal de nivel inferior de departamentos diferentes que se unen para resolver problemas del negocio y tomar decisiones coordinadas. Tanto el número como el centro en torno al que se forman estos equipos cambian muy a menudo, en respuesta a la rápida evolución del entorno del negocio.

Esta especie de rápida toma de responsabilidad y adaptabilidad es posible porque la base para asignar roles y jerarquías es la tarea, en lugar de la jerarquía. El conocimiento reemplaza a la autoridad formal en cuanto base de influencia. A la firma que utiliza este enfoque la llamamos una organización por tareas [9].

Para que la organización por tareas mejore la coordinación, la transformación se debe ver acompañada por cambios equivalentes en la competencia y el grado del compromiso del empleado. La coordinación horizontal entre departamentos funcionales con orientaciones y metas diferentes es imposible sin el compromiso con el negocio como un todo. La coordinación vertical entre la dirección, los empleados y los sindicatos es difícil, particularmente por sus distintos intereses, si faltan el compromiso y el espíritu cooperativo [10]. En lo que se refiere a las competencias requeridas, la coordinación estrecha requiere que los empleados de todos los niveles adquieran capacidades de relación interpersonal y desarrollen una perspectiva del negocio generalista más que especializada.

Estos requerimientos plantean un dilema. La organización de orden y control desanima activamente el desarrollo de las actitudes y el comportamiento necesarios para evolucionar hacia una organización responsable por tareas [11]. Empantanadas en la rigidez y la flexibilidad, las compañías que estudiamos y muchas otras como ellas experimentaron grandes déficit en los resultados de rendimiento claves necesarios para sobrevivir: mejora de la calidad, reducción de los costes y desarrollo más efectivo de nuevos productos [12].

---

[9] Se ha llamado también a este tipo de organización *organización orgánica;* véase BURNS y STALKER, *The Management of Innovation.*

[10] LAWRENCE y DYER, *Renewing American Industry.*

[11] Recientemente se ha prestado mucha atención a los beneficios en forma de ahorro de tiempo y coste que pueden derivarse de una organización orgánica. Véase, por ejemplo, G. STACK, Jr., «Time-The New Source of Competitive Advantage», *Harvard Busines Review,* 66 (julio-agosto 1988), pp. 41-51; y J. L. BOWER y T. M. HAUT, «Fast Cycle Capability for Competitive Power», *Harvard Business Review,* 66 (noviembre-diciembre 1988), pp. 110-118.

[12] La importancia de la calidad como fuente de ventaja competitiva ha sido documentada por D. A. GARVIN, *Managing Quality: The Strategic and Competitive Edge* (Nueva York, Free Press, 1988); y R. D. BUZZELL y B. T. GALE, *The PIMS Principles: Linking Strategy to Performance* (Nueva York, Free Press, 1987). La barrera puesta a la innovación del producto y a la necesidad de mecanismos y roles de coordinación por organizaciones grandes, funcionales, de orden y control está

Dados estos déficit, no es sorprendente que los líderes corporativos se dieran cuenta de que sus organizaciones no iban a superar, sencillamente, el desafío competitivo. Sin embargo, una constatación tal no significa una respuesta suficiente. El reto más fundamental viene más adelante: cómo afrontan las corporaciones esa demanda de empleados e instilan en ellos la capacidad de coordinación y de trabajo en equipo, así como el grado de compromiso y la competencia que esto requiere. En otras palabras, cómo conseguir la renovación corporativa.

ampliamente documentada. Véase, por ejemplo, R. M. KANTER, *The Change Masters: Innovations for Productivity in American Corporations* (Nueva York, Simon and Schuster, 1984); R. M. KANTER, «The Middle Manager as Innovator», *Harvard Business Review,* 60 (julio-agosto 1982); R. KATZ y M. L. TUSHMAN, «A Longitudinal Study for the Effects of Boundary Spanning Supervision on Turnover and Promotion in Research and Development», *Academy of Management Journal* 26 (1983), pp. 437-456; J. R. GALBRAITH, «Human Resource Policies for the Innovating Organization», en C. FOMBRUM, N. TICHEY y M. A. DEVANE, eds., *Strategic Human Resource Management* (Nueva York, Wiley, 1984); R. KATZ y T. J. ALLEN, «Organizational Issues in the Introduction of New Technologies», en P. R. KLEINDORFER, ed., *The Management of Productivity and Technology in Manufacturing* (Nueva York, Plenum Press, 1985); y W. E. SOUDER, «Stimulating and Managing Ideas», *Research Management* (mayo-julio 1987), pp. 13-17.

2
El cambio programático:
Pasos en falso en la renovación

Entre la comprensión de la necesidad de cambio y la renovación, con éxito, de una organización media un abismo. Tal como tuvimos ocasión de comprobar una y otra vez, los pasos iniciales dados por los líderes corporativos demostraron ser falsos. Una diversidad de programas no sólo fracasaron en su intento de efectuar un cambio significativo en la cultura corporativa, sino que también produjeron escepticismo, haciendo que los esfuerzos futuros encontraran aún más dificultades.

Los primeros individuos con los que hablamos en cada una de las compañías fueron ejecutivos de la función de recursos humanos corporativa. Nos recibían, invariablemente, con entusiásticas descripciones de grandes programas de cambio en curso, de los esfuerzos por redefinir la cultura corporativa, del desarrollo de una misión o de un aserto filosófico, de la introducción de un nuevo sistema de valoración o de pago de acuerdo al rendimiento, de educación y formación a nivel de toda la corporación, del amplio uso de los círculos de calidad, o de cambio en la estructura organizativa. Para estos ejecutivos de recursos humanos, tales programas suponían la obvia evidencia de que sus corporaciones estaban llevando a cabo un gran cambio.

A medida que nuestras entrevistas se ampliaron hasta incluir a los directivos de línea, a niveles de unidad de negocio y de planta, nos encontramos con una visión diferente de los programas, de la que se hacían eco también varios líderes sindicales. Para ellos, estos programas tan «vendidos» eran irrelevantes, en el mejor de los casos, y en el peor, iban en detrimento de los objetivos de cambio de la corporación.

¿Qué queremos decir con «programa» de cambio de recursos humanos? Un programa de cambio tiene, cualquiera que sea su contenido específico, algunas, si no todas, de las siguientes características:

1. Se impone a toda la organización desde la cumbre.
2. Sirve de pieza central para lanzar y conducir el cambio a través de toda la organización en las primeras etapas de la revitalización.
3. Sus soluciones estandarizadas no están pensadas para enfrentarse con las necesidades individuales de subunidades diferentes.
4. Se pone el acento sobre una cuestión particular de gestión de recursos humanos: capacidades de los empleados, estilo de liderazgo, evaluación de los rendimientos y recompensa de acuerdo a ella, estructura organizativa o cultura organizativa.

En las compañías que estudiamos, estos programas estaban desarrollados y administrados, generalmente, por la función de recursos humanos y apoyados por la dirección general. Ocasionalmente, los habían iniciado y los administraban otros grupos del staff; raramente eran los directivos de línea los agentes primarios del cambio. Lo más frecuente era que se utilizaran los programas para estimular el cambio de toda la corporación, pero se encontraron algunos a niveles de grupo, división y planta. La respuesta de los directivos de línea acerca de su impacto fue uniformemente negativa y escéptica.

Un análisis de las seis compañías indicaba, significativamente, que General Products —la líder de la revitalización— sólo había iniciado un cambio programático menor. En cambio, las dos rezagadas en la revitalización, U.S. Financial y Continental Glass, habían introducido varios programas a nivel de corporación y confiaban casi exclusivamente en ellos para estimular el cambio y llevarlo adelante. Fairweather Corporation, Livingston Electronics y Scranton Steel pusieron en marcha programas, pero éstos no eran esenciales para sus esfuerzos de revitalización, como lo eran los de U.S. Financial y Continental Glass (véase Tabla 2-1).

Tabla 2-1.   Relación entre el alcance de la revitalización y la utilización de programas

	Compañía					
	General Products	Fair- weather	Livingston Electronics	Scranton Steel	Continental Glass	U.S. Financial
Rango según revitalización	1	2	3	4	5	6
Utilización de programas	Menor		←Considerable→		Esencial	Esencial

En este capítulo describimos algunos de los programas que aplicaron estas compañías en sus fracasados intentos de renovación corporativa. Añadimos preguntas acerca del por qué se utilizaron tan frecuentemente estos programas y de cómo y por qué pueden ser realmente perjudiciales para conseguier los objetivos que pretendieron.

Para comenzar, examinemos los esfuerzos realizados por U.S. Financial para renovarse a través de un programa cultural bien apoyado y financiado.

CAMBIO CULTURAL EN U.S. FINANCIAL

Cuando Henry Lester se convirtió en director general ejecutivo de U.S. Financial se dio cuenta de que el entorno recién desregulado y altamente competitivo requeriría una responsabilidad nueva hacia el mercado y, al mismo tiempo, eficacia en los costes. Se trataba de una adaptación para la que U.S. estaba particularmente mal preparada. Los múltiples estratos administrativos hicieron que fuera difícil de asignar la responsabilidad; muchos directivos de préstamos carecían del adecuado conocimiento de la industria para la que trabajaban; pero incluso los bien informados fueron incapaces a veces de emitir un juicio propio. No resultó sorprendente que muchos observadores tanto del banco como de fuera de él consideraran que la institución era pesada e insensible a los cambios del mercado.

Lester hizo saber su intención de lanzar un ataque directo al «estilo precavido y conservador» de U.S. Financial, diciendo a los empleados que el papel del directivo consiste en ser un agente de cambio y el del presidente en ser *el* agente del cambio. «Mi oficio —les dijo— es llevar la cruz del cambio de un entorno a otro.»

Poco después, Lester celebró una especie de retiro con sus 15 ejecutivos superiores. Uno de los participantes describió así el retiro:

> Henry nos pidió que nos reuniésemos para charlar en torno a U.S. Financial: sus orígenes, su significación, su utilidad actual, su papel futuro. Se nos dijo que mandásemos previamente, por correo, un breve texto —de treinta palabras o menos— sobre «¿Qué es U.S. Financial?» Durante el retiro comentamos todas las respuestas y después votamos cuál de ellas parecía más pertinente. Henry dijo: «Ahora comenzamos el proceso de preparar realmente al banco para el futuro». Luego nos pidió que regresáramos a nuestros despachos y pensáramos en cuatro palabras que resumieran qué era este banco, más o menos. Este fue el comienzo de nuestro estudio cultural.

Para promover el cambio cultural de U.S. Financial, Lester contrató a Ben Tutt, procedente de otra compañía bien conocida por su especialización en la gestión empresarial, nombrándole vicepresidente de recursos humanos. El objetivo de Tutt fue promover un cambio cultural que se centrara en los valores del banco:

> Emprendimos una evaluación de la cultura actual para determinar si nuestra visión de lo que pretendíamos e intentábamos alcanzar

estaba suficientemente clara y bien entendida. Analizamos también los valores que presidían el comportamiento diario de nuestros empleados para ver si estaban lo suficientemente conectados con lo que significábamos y si eran apropiados para alcanzar las metas de la organización para el futuro.

Tutt y un consultor externo comenzaron el estudio corporativo formal con el apoyo entusiasta del CEO. La primera fase consistió en una encuesta de actitud de los empleados actuales y en un estudio detallado de la historia de U.S. Financial, con el fin de identificar la cultura original del banco. El resultado fue un perfil que contrastaba los primeros valores del banco —valores que habían conducido al éxito— con su sistema actual de creencias. En sus comienzos, el fundador del banco había adoptado la idea de que el cliente estaba «en el centro del universo», la innovación y el riesgo asumido eran cualidades dignas de recompensa en los primeros días, y la política de U.S. Financial ponía el acento en la amistad, la franqueza y la informalidad. Sin embargo, ahora los empleados creían que se tenían que evitar la asunción de riesgo y el conflicto, que los beneficios a corto plazo tenían importancia primordial y que el servicio al cliente encerraba una prioridad menor.

Tutt presentó los resultados a Lester y al comité de dirección constituido por nueve miembros. Después, con el respaldo de Lester, implicó al grupo en una serie de encuentros diseñados para articular una nueva cultura en U.S. Financial. El grupo se reunió dos o tres días por trimestre. A lo largo del año siguiente, el fuerte apoyo público de Lester mantuvo a estos altos ejecutivos en sus puestos incluso cuando su interés comenzó a flaquear. Hacia 1984, el comité directivo había producido un elaborado informe de la Visión, Valor y Estrategia del banco. Entre estos valores estaban: «Poner al cliente en primer lugar», «respeto, reconocimiento y recompensa», «saca el máximo partido a la tecnología» y «compartir nuestra estrategia refuerza nuestro equipo».

Un cierto número de ejecutivos comprendieron que bajo estas afirmaciones se encerraba un dramático llamamiento a un nuevo comportamiento directivo en U.S. Financial. Uno dijo: «Estamos tratando de convertir en arriesgados a directivos conservadores, confortablemente situados y no amantes del riesgo. Estamos tratando, de modo literal, de dar a este lugar la vuelta de arriba a abajo».

Con el fin de transmitir esa comprensión de la necesidad de cambio radical de arriba a abajo más allá de comité directivo, Tutt y Lester iniciaron un proceso de difusión del informe de Visión, Valores y Estrategia. En una reunión de los 250 ejecutivos superiores del banco, Lester cargó a sus directivos con la responsabilidad de correr la voz:

La tarea más difícil es aquella que nos llevará más esfuerzo a medida que avancemos —cerrar el agujero que hay entre la visión y la realidad... Ahí es donde comienza la tarea de la dirección... Espero que lean el material [el informe] y lo entiendan. Que lo compartan. Y que lo vendan. Que confronten muy francamente estas cuestiones con sus informes directos. Y que luego desarrollen un enfoque que sirva para hacer de estas ideas un medio de vida en todos los aspectos de nuestra empresa.

Se imprimieron y distribuyeron miles de copias del informe, al tiempo que un manual detallado para informar a los directivos de cómo llevar a cabo el proceso de hacer descender en cascada los valores a lo largo de toda la organización. Los valores se incorporaron a formularios de evaluación del rendimiento y a programas de formación y se les dio una amplia difusión mediante vídeos.

A medida que continuaba el proceso de expansión, los directivos se preguntaban abiertamente qué impacto real, si es que había alguno, estaba produciendo en el modo en que funcionaban los directivos y operaba U.S. Financial. Una cuestión clave, una vez admitido que se asignara al director de recursos humanos la supervisión del programa cultural, fue el fracaso de los altos directivos, en general, y de los miembros del comité de dirección, en particular, en la tarea de identificar y erradicar los obstáculos al ejercicio de la acción coordinada respecto a los principales problemas del banco. Aunque el grupo pasó mucho tiempo definiendo la cultura (pasada, presente y futura), nunca examinó cómo podía organizarse y dirigirse el banco para alcanzar sus objetivos estratégicos y de funcionamiento y cómo podrían modificar el proceso de dirección, en la cumbre. «Eso parecía escapárseles», dijo el coordinador del programa cultural.

Dos años después de que hubiera comenzado el proceso de difusión del informe, todo el estudio de intervención cultural encalló, con un grado ambiguo de cumplimiento. «Gastamos una gran cantidad de tiempo discutiendo qué valores deberíamos tener —admitió un ejecutivo de recursos humanos—, pero no el tiempo suficiente en debatir el modo de hacerlo realidad en la organización. De manera que mucha gente terminó por ver la tontada de Visión, Valores y Estrategia como una simple colección de palabras.»

EL CAMBIO PROGRAMATICO:
UNA RESPUESTA AGRIETADA

A primera vista, el intento de revolución cultural de U.S. Financial parece tener todos los visos de un esfuerzo de revitalización con éxito. Importantes desafíos competitivos —por ejemplo, la desregularización de la industria bancaria— crearon la necesidad de cambiar el modo de operar del banco. Por otra parte, el nuevo CEO entendió esa necesidad. Luego, con su pleno apoyo, abundantes recursos, y con un gran ejecutivo de recursos humanos para supervisar la intervención sobre el terreno, el proceso de cambio comenzó en la cumbre de la organización, algo que algunos libros de texto sugieren que es clave para que el cambio triunfe. U.S. Financial estableció también sofisticadas técnicas tanto para impulsar el cambio por toda la organización como para medir la eficacia del esfuerzo en curso, con encuestas a empleados. Parecía contarse con todos los elementos necesarios, pero realmente no sucedió nada. ¿Cuál fue el error?

El énfasis puesto por U.S. Financial en los valores o en la cultura no tomó en cuenta a la organización como un sistema total[1]. Su programa cultural falló porque no se centró en cómo se trabajaba, quién era responsable y cómo se podían coordinar los esfuerzos de diferentes partes del banco —elementos que se tenían que remodelar para satisfacer las nuevas demandas del entorno competitivo. Sólo cuando los empleados están implicados en adherirse a estos elementos interdependientes puede producirse simultáneamente el cambio en coordinación, compromiso y competencia.

El esfuerzo de cambio cultural en U.S. Financial no generó nuevas competencias técnicas o de gestión general. Puede que generara ligeramente niveles mayores de compromiso por parte de aquellos empleados a los que por primera vez se les proporcionaba información sobre las direcciones estratégicas de la organización. Sin embargo, y de acuerdo a las encuestas sobre la actitud interna en U.S. Financial, estos logros se vieron inutilizados por el pobre y continuado rendimiento del banco. Lo que es aún más importante: el programa cultural no consiguió estimular nuevas acciones coordinadas a niveles menores y destinadas a gestionar más eficazmente segmentos de producto/mercado. Esto hubiera ayudado a U.S. Financial a mejorar su rentabilidad y a acelerar la introducción de nuevos productos y tecnología que les eran muy necesarios. Estos cambios hubieran mejorado el rendimiento y mantenido, o quizás incrementado, el grado de compromiso. Los cambios en el modo de operar de U.S. Financial hubieran acarreado también experiencias nuevas para el personal, ensanchando sus perspectivas y desarrollando nuevas capacidades.

El enfoque programático de la renovación de U.S. Financial, que terminó por fracasar, representó una pauta que vimos en las compañías que estudiamos, al igual que en muchas otras. La dirección corporativa puso en marcha el cambio programático para conseguir una revitalización rápida. Contemplemos varios de los esfuerzos programáticos más comunes que están en uso actualmente. Cada uno de ellos se presentó, en el momento de su aplicación, como la pieza central de la renovación corporativa y se ocupó de dirigirlo, generalmente, la alta dirección. Todos ellos recibieron generosas asignaciones de dinero, tiempo y recursos. Y, finalmente, todas las

---

[1] El concepto de organizaciones como sistemas sociales cuenta con una larga historia en la teoría de la organización. Véase D. KATZ y R. L. KAHN, *The Social Psychology of Organizations* (Nueva York, Wilwy, 1978); J. P. KOTTER, *Organization Dynamics: Diagnosis and Intervention* (Reading, MA, Addison-Wesley, 1978); M. BEER, *Organization Change and Development: A Systems View* (Glencove, IL, Goodyear, 1980); R. H. WATERMAN, T. J. PETERS y J. R. PHILLIPS, «Structure Is Not Organization», *Business Horizons,* 23 (junio 1980), pp. 14-26.

actuaciones acabaron por ser desechadas por la mayoría de los directivos de línea, fuera por inconsecuentes —es decir, por tener poco que ver con lo que realmente importaba en sus unidades de negocio, planta o sucursal—, fuera porque realmente supusiesen un daño para la organización.

Los programas de formación

En las compañías que estudiamos proliferaban los programas de formación. Quizá ninguna compañía confiara más en la formación en cuanto actuación dirigida a producir el cambio organizativo que Continental Glass. La compañía elaboró un Programa de Gestión Superior (PGS), con el asesoramiento de profesorado universitario y diseñado para orientar a los directivos de nivel medio-alto en torno a ideas sobre estrategia de negocios, organización y gestión de personal, liderazgo y relaciones interpersonales. Con el fin de incrementar las posibilidades de impacto del Programa en la compañía y de enriquecer la experiencia de formación, los participantes constituyeron equipos de tareas para estudiar un gran problema corporativo identificado por la alta dirección. Asesorados por el profesorado, recopilaron datos, analizaron el problema y entregaron un informe final a la alta dirección.

El programa tuvo tan buena acogida que los participantes pidieron a la alta dirección que se sometiera a una experiencia similar, al haber llegado a la conclusión de que el cambio no se podría producir sin la implicación activa de sus jefes. Unos cien altos directivos participaron en una versión reducida denominada Programa para la Alta Dirección (PAD). Se creó en la compañía un clima de excitación y fermentación. Varias divisiones llamaron al profesorado del PGS para consultar problemas de estrategia y organización. Todos, incluidos los profesores, sintieron que la compañía estaba experimentando una transformación cultural. Cinco años después de que se iniciara el PGS, muchos de los participantes informaron de que estaban adquiriendo un bagaje importante de conocimientos significativos sobre estrategia, organización y gestión. Sin embargo, reconocían que el PGS y el PAD influían poco en la cultura de la compañía. Por el mismo tiempo, aproximadamente, un alto directivo que había estado siguiendo el programa de formación y que apoyaba sus fines incondicionalmente, informó de que «el programa no influía en absoluto en la compañía». El CEO, Jim Taylor, que había sido el primero en abogar por el cambio en cuanto vicepresidente ejecutivo, se mostró de acuerdo con ello. Admitió en una entrevista que su visión de una nueva cultura corporativa no se había hecho realidad nunca.

Para superar las deficiencias de los programas de formación tradicionales, que imparten conocimientos sin cambiar necesariamente el comportamiento real, varios de los esfuerzos de formación con que nos encontramos intentaban implicar a los participantes en el examen de sus propias acciones y actitudes. Si la revitalización exige cambios de comportamiento, ¿por qué no centrar la formación directamente en ellos?

La actuación más amplia de todas éstas implicaba al director de informática de Fairweather, Hugh Dorsey. El programa, conocido como Lee's Point, por el apartado marco rural en el que se desarrolló, reunió a Dorsey y a sus 150 más altos directivos, distribuidos por grupos de 20 a 30, en un seminario de una semana. Dorsey y sus colaboradores más cercanos experimentaron el programa primero y Dorsey habló en todos los demás acerca de su propia visión. Los participantes pasaron por ejercicios consistentes en contar experiencias y simular roles, examinaron informaciones proporcionadas por los subordinados acerca de su estilo de dirección, experimentaron el trabajo en equipo y trazaron planes de acción detallando qué sería lo que ocurriría cuando retornasen al trabajo.

El programa liberó una enorme energía y creó un positivo compromiso entre muchos participantes, muchos más de lo que se genera en programas de formación tradicionales. Pero un cierto número de participantes en la experiencia se quejaron del «lavado de cerebro» que suponía. Sin embargo, Dorsey no ofreció ninguna clase de disculpas. «Lo que estamos tratando de hacer es conseguir que todos miremos hacia nosotros mismos —expuso— y decidamos qué es lo que significa jugar en un equipo, lo que significa trabajar de manera tal que cumplamos nuestros objetivos, lo que implica, a su vez, que nos sintamos partes de un todo.»

La acusación de lavado de cerebro, aunque algo exagerada, quizá, pone de manifiesto una debilidad fundamental en el proceso de Lee's Point. Se imponía a los directivos la formación en un lugar muy alejado de su trabajo y de sus vidas organizativas, por lo que, en lugar de contemplársela como herramienta fundamental para mejorar el rendimiento en el trabajo y organizar los cometidos de manera más eficaz, la sesión se contempló como algo exótico, periférico y desconectado con los requerimientos fundamentales de sus puestos de trabajo. El hecho de que el programa fuera una amenaza desde el punto de vista personal, como lo son todos los cambios de actitudes y comportamientos requeridos por la revitalización, redujo probablemente la motivación de quienes participaban en él para descubrir la importancia que tenía para el negocio. Ese sentido de la no relevancia es el que descansa en el centro de la acusación de lavado de cerebro. También son de subrayar descripciones tales como «rara» y «loca» que algunos de los subordinados más inmediatos a Dorsey aplicaron a la experiencia de Lee's Point. El coordinador del esfuerzo reconoció que Dorsey no había sido nunca capaz de traducir las energías y enseñanzas de las sesiones semanales en cambios duraderos de comportamiento de los que participaron en él, después de que volvieran a su trabajo.

Estos hallazgos plantean las mismas cuestiones acerca de la eficacia de importantes proyectos de formación de personal en torno a experiencias sensibilizadoras, un programa utilizado ampliamente para formar de modo interpersonal a directivos competentes, tal como se realizaron en los años sesenta. Hoy podemos formular estas cuestiones acerca de una nueva generación de importantes programas de formación de personal, entre ellos los programas de supervivencia al aire libre que se han puesto de moda en muchas compañías que emprenden la renovación. Nuestros hallazgos de que los programas de formación, con independencia de lo intensivos que sean desde el punto de vista personal, no cambian el comportamiento organizativo se ven reforzados por una investigación previa que apunta a problemas en la transferencia del aprendizaje desde la formación del directivo hasta el puesto de trabajo [2]. Ocurre simplemente que estos programas no afectan a suficientes elementos en el sistema —roles y responsabilidades en el desempeño del trabajo, los jefes, las recompensas y la estructura, por ejemplo— para cambiar el comportamiento organizativo.

Los círculos de calidad

Muchas corporaciones de los Estados Unidos, en su esfuerzo por estimular la preocupación de su personal por el perfeccionamiento continuo, han implantado diversos programas de calidad. Dos de nuestras compañías, Fairweather Corporation y Livingston Electronics, confiaron ampliamente en la creación de círculos de calidad. El programa de círculo de calidad de Livingston surgió de numerosos viajes realizados por altos ejecutivos y delegados sindicales al Japón, donde descubrieron la extraordinaria implicación de los trabajadores japoneses en la identificación y solución de los problemas de calidad.

La reacción de los directivos de ambas compañías no fue positiva, ni mucho menos. Un directivo de Fairweather informó de lo siguiente:

Livingston creó un centro de productividad con la misión de introducir en la corporación los círculos de calidad. Programas de formación y consultores internos, apoyados por la alta dirección, promocionaron los círculos de calidad. Se pidió a los directivos de toda la compañía que informaran del número de círculos de calidad que habían formado. No fue sorprendente que comenzaran a proliferar tales círculos, que acabaron por superar los dos mil.

La reacción de los directivos de ambas compañías no fue positiva, ni mucho menos. Un directivo de Fairweather informó de lo siguiente:

> El primer programa de círculo de calidad fue muy político; todo el mundo sabía quién participaba y quién no. Los problemas que teníamos los escondíamos bajo la alfombra; todo lo que los directivos

---

[2] Existe una literatura sustancial sobre la limitación de la formación en el cambio del comportamiento directivo sobre el trabajo. Véase E. A. FLEISHMAN, E. F. HARRIS y H. E. BURTT, *Leadership and Supervision in Industry: An Evaluation of a Supervisory Training Program* (Columbus, OH, Ohio State University Bureau of Educational Research, 1955); R. J. HOUSE, «T-Group Education and Leadership Effectiviness: A Review of the Empiric Literature and A Critical Evaluation», *Personnel Psychology,* 20 (primavera 1967), pp. 1-32; M. BEER, «The Technology of Organization Development», en M. D. DUNNETTE, ed., *Handbook of Industrial and Organizational Psychology* (Nueva York, Wiley, 1976), pp. 937-993.

deseaban conocer era cuántos equipos habíamos formado y cuánto dinero se había ahorrado.

Con ello, la *cantidad* de los círculos puestos en funcionamiento llegó a ser más importante que la *calidad* de sus realizaciones. Un directivo de unidad de negocio de Livingston nos dijo que el programa le obligó a gastar una considerable energía para introducir en sus plantas los círculos de calidad, cuando él estaba convencido de que la cuestión más importante, por la presión de la competencia, era la de las relaciones con el cliente. El programa detrajo energía del problema más significativo de la organización, al reducir el compromiso de los directivos y de sus equipos a los círculos de calidad. Esto dejó a los supervisores de primer nivel sin el apoyo que necesitaban para implantar eficazmente los círculos de calidad. Dejó a los círculos de calidad aislados de la tarea principal de la organización. Las investigaciones llevadas a cabo pusieron de manifiesto que los círculos de calidad fracasaban generalmente cuando carecían de un entorno favorable [3]. Una vez más volvió a fracasar una actuación programática al considerar a la organización como un sistema. En este ejemplo, la interdependencia que ignoró el programa corporativo fue la existente entre los niveles más bajos en los que se dispusieron los círculos de calidad y los directivos medios-altos que regían las unidades de negocio y establecían su agenda de trabajo.

Nuevos programas de evaluación y de retribución

Muchas compañías intentan la renovación introduciendo un sistema de evaluación del rendimiento y/o un sistema de retribución por rendimiento. Varias de nuestras compañías hicieron precisamente eso. En Continental Glass, uno de los primeros actos de un nuevo director de recursos humanos contratado para ayudar a la mejora de la eficacia organizativa, consistió en introducir un nuevo sistema de evaluación. Livingston Electronics hizo lo mismo. Los empleados con los que hablamos no tenían la sensación de que ninguno de los programas hubiera producido impacto alguno en sus comportamientos o en la competitividad global de la compañía.

Pero los esfuerzos de Tutt, de U.S. Financial, fueron más lejos. Con el fin de crear una institución más agresiva, orientada al rendimiento, Tutt introdujo un programa de retribución por rendimiento que comprendía el reforzamiento del sistema de evaluación del rendimiento, la eliminación de

---

[3] Nuestras observaciones acerca de las limitaciones de los círculos de calidad coinciden con otra investigación. Véase, por ejemplo, E. E. LAWLER y S. A. MOHRMAN, «Quality Circles: After the Honeymoon», *Organizational Dynamics,* 15 (primavera 1987), pp. 42-54; W. J. ABERNATHY, K. B. CLARK y A. M. KANTROW, *Industrial Renaissance: Producing a Competitive Future for America* (Nueva York, Basic Books, 1983), pp. 85-86; R. H. HAYES, «Why Japanese Factories Work», *Harvard Business Review,* 59 (julio-agosto 1981), pp. 57-66.

primas «garantizadas» a los ejecutivos y la clasificación de los empleados de acuerdo con una curva de rendimientos predeterminada. «La alta dirección dice finalmente: "¿Qué has hecho por mí últimamente?"», explicó Tutt. El programa de retribución por rendimiento requirió el desarrollo conjunto de planes de rendimiento, diferencias significativas entre actores superiores e inferiores, la propuesta de una curva de distribución y una revisión de las evaluaciones del empleado por la dirección superior. Tutt insistió en que el resultado de este cambio sería el incremento de la satisfacción del empleado que hubiera recibido la recompensa y una motivación creciente para luchar por obtener un rendimiento excelente.

Los nuevos programas de retribución, como el que encontramos en U.S. Financial, fracasan generalmente en su propósito de transformar la cultura de la organización. En su nombre se han proferido muchas palabras y frases nuevas: «retribución por rendimiento», «¿qué has hecho por mí últimamente?», «curva de distribución del rendimiento». En la realidad, la variación en el comportamiento resultante de ellas es escasa. En U.S. Financial, algunos directivos se quejaban de la rigidez del sistema; otros indicaban que no se estaban produciendo diferencias en el rendimiento, al menos a gran escala. Las encuestas internas sobre las actitudes de los empleados de U.S. Financial ponían de manifiesto un amplio sentimiento de que no se estaban estableciendo objetivos de rendimiento claros y de que no se estaba recompensando el rendimiento excelente, y esta visión se hizo más firme a medida que el rendimiento del banco seguía decreciendo. Si el objetivo del programa era incrementar la motivación y la satisfacción del personal, había fracasado. Los directivos que habían carecido de la capacidad para efectuar y comunicar evaluaciones de rendimiento individual no la desarrollaron de repente. Lo más importante quizá es que el programa de retribución por rendimiento hizo poco por influir en las pautas de coordinación que hubieran podido mejorar realmente la eficacia del negocio.

Reorganizaciones

Las compañías utilizan a menudo los cambios en la estructura organizativa para iniciar un proceso de revitalización o para influir en él. Continental Glass & Container esperaba mejorar la coordinación entre el staff y la línea, incrementando el grado de responsabilidad y reducir el coste mediante la descentralización de sus funciones de staff. En U.S. Financial se creó una estructura matricial para gestionar los segmentos producto/mercado de manera más eficaz que cuando cada una de las 100 sucursales tomaban sus propias decisiones sobre la venta y el servicio de las diversas líneas de productos del banco. En ambas instancias, la intención del cambio estructural estuvo acorde con el objetivo revitalizador de mejorar la coordinación. Sin embargo, estas compañías fueron a la zaga en revitalización, de acuerdo a nuestro estudio. Obviamente, el cambio estructural por sí mismo no es la respuesta para la renovación eficaz.

Los problemas del cambio estructural se hicieron evidentes en General Products, donde constituyó el único ejemplo de cambio programático. Convencido de la necesidad de una estrategia de marketing y publicidad de alcance mundial, y preocupado por la falta de coordinación entre las operaciones domésticas y las internacionales, el CEO de General Products pidió al departamento de recursos humanos corporativo que diseñara una organización que integrara a los departamentos de marketing y publicidad de la división internacional en el marketing corporativo. La moral de la división internacional se fue al suelo cuando se supo la integración que se planeaba. John Merrow, presidente de Internacional, había realizado ya considerables progresos en la revitalización de su organización, inculcando la responsabilidad a lo largo de las regiones y países y clarificando la estrategia global. Merrow dijo que la reorganización corporativa cortó varias iniciativas que estaban actuando eficazmente en el desarrollo de una estrategia coordinada de marketing con las organizaciones nacionales.

Pero lo que es incluso más preocupante, de acuerdo a Merrow, es que la nueva organización ignoraba sutiles diferencias entre líneas de productos y países. Algunas líneas de productos necesitaban de publicidad y política de precios local. En otras quizás tenía sentido que éstas fueran regionales o incluso mundiales. Los directivos de Merrow temían que el departamento de marketing corporativo, dirigido por alguien que tenía poca experiencia en el campo internacional, no reconociera tales sutilezas. Merrow compartía sus temores cuando charlamos con él, un año después de la reorganización.

Las frustraciones de los ejecutivos de General Products como consecuencia de las disfunciones provocadas por una reorganización impuesta no fueron únicas. Un desanimado veterano de una de las excesivas reorganizaciones corporativas de Livingston tenía en su despacho la inscripción siguiente:

> Cada vez que estábamos comenzando a formarnos en equipos, se nos reorganizaba. Más adelante en la vida iba a aprender que tendemos a enfrentarnos con cualquier situación nueva mediante la reorganización... y que ello puede ser un maravilloso método para crear la ilusión de progreso al tiempo que se produce confusión, ineficacia y desmoralización.
>
> *Petronius Arbitor, 210 a.C.*

¿Por qué fracasan los esfuerzos de revitalizar la organización? En General Products se intentó que la reorganización afectara a la coordinación. En contraste con otros programas, el cambio estructural se centró sobre el comportamiento crítico para la competitividad —las relaciones entre el marketing nacional y el internacional. Por desgracia, las reorganizaciones concebidas en la cumbre y diseñadas por una función de recursos humanos corporativos pueden perder sutilezas conocidas por directivos de nivel más inferior, que se encuentran más cerca del negocio. Además, como ilustra el caso de General Products, tales esfuerzos pueden frustrar realmente iniciativas en curso. Los directivos de la división internacional de General Products se hicieron pasivos y fatalistas y, pensamos, contribuyeron poco a mitigar los efectos disfuncionales de la nueva estructura.

Finalmente, los cambios en los departamentos y en las líneas concebidos en la cumbre sobre un gráfico no desarrollan las capacidades y la orientación necesarias a la función en la nueva estructura. Los empleados que han sufrido cambios impuestos desde arriba apenas si tienen motivación para adoptar nuevas actitudes o aprender nuevas capacidades. Esto es particularmente cierto cuando la nueva estructura supone una solución no tradicional para el modelo de orden y control. Tal fue el caso de U.S. Financial, donde los directivos nos dijeron que estaban teniendo dificultades en aprender cómo funcionar en la nueva estructura matricial.

POR QUE LOS PROGRAMAS SON «PASOS EN FALSO»

Hemos calificado el cambio programático como un «paso en falso». No decimos que la formación, los cambios en los sistemas de retribución o en la estructura, o que los nuevos enfoques de la filosofía corporativa no merezcan la pena. Tampoco sostenemos que no se deban utilizar nunca. De hecho, cada una de estas actuaciones puede jugar un importante papel como apoyo a un esfuerzo de cambio integrado. Sólo se convierten en problemáticas cuando se utilizan aisladamente como una «lámpara maravillosa» para producir la renovación.

Por decirlo sucintamente, los programas no pueden cambiar la coordinación, el compromiso y la competencia simultáneamente. Sin el reforzamiento mutuo de estos tres objetivos interdependientes de la renovación, es difícil conseguir un cambio sostenido.

Como quiera que las reorganizaciones de arriba a abajo intentan cambiar la pauta de la coordinación, fracasan frecuentemente porque son incapaces de insuflar la capacitación y la motivación necesarias para hacer que funcione la nueva estructura. Con los programas culturales y los nuevos sistemas de remuneración se pretende generalmente incrementar el grado de compromiso del empleado y, con distintos grados y plazos de tiempo, se puede conseguir. Sin embargo, ninguno de ellos cambia las pautas de coordinación en modo significativo, de acuerdo con los problemas y las necesidades del negocio.

Estos programas no desarrollan la competencia necesaria para inducir los comportamientos que promueven. Los directivos no se hacen más capacitados para afrontar problemas de rendimiento cuando se instala un sistema de remuneración por rendimiento. La capacidad de trabajo en equipo de los empleados no se incrementa cuando surge una nueva filosofía. Y de este modo, puesto que no afecta ni a la capacitación ni al comportamiento, tales programas ejercen poco impacto sobre el rendimiento competitivo final.

Por último, la formación y la educación se dirigen primeramente a incrementar los niveles de competencia. Ocasionalmente, pueden incrementar también el grado de compromiso durante cortos períodos de tiempo, como vimos en el programa de Lee's Point, de Fairweather Corporation. Sin embargo, no pueden capacitar para que se produzcan nuevas pautas de comportamiento coordinado ni en la corporación ni en la unidad o planta de negocio de los participantes. En consecuencia, la formación se considera pronto irrelevante, lo que reduce el grado de compromiso que pueda haber despertado el programa.

La interdependencia entre niveles organizativos se puede ignorar incluso cuando el comportamiento, la motivación y la capacitación se ven afectados simultáneamente por programas tales como los círculos de calidad. Estos programas de círculos de calidad se implantan desde arriba y se dirigen al personal de talleres. Como puentean a los directivos de nivel medio que rigen las unidades de negocio y las plantas, es menos probable que estos directivos se comprometan a apoyarlos.

Un problema final de casi todos los programas corporativos es que intentan imponer una solución uniforme a un amplio rango de unidades operativas. Decretar que todos los directivos «deberían» emprender este programa de formación, cambiar su cultura y utilizar ciertas formas y sistemas nuevos es peligroso. Tal aplicación universal ignora elementos que inducen la diversidad entre las unidades operativas en cualquier corporación grande, incluyendo diferencias en los mercados, en demandas de tareas clave, en fuerzas de trabajo y en historias de unidad. Aplicados universalmente a través de las fronteras organizativas, los programas carecen generalmente de la relevancia específica que se necesita para ayudar a los directivos de una unidad dada a resolver sus problemas de negocio reales e inmediatos.

EL PORQUE DEL ENFOQUE PROGRAMATICO

Sorprendentemente hemos descubierto que el cambio programático, a pesar de su falta de adecuación, es el método que más utilizan las organizaciones en sus intentos de efectuar la renovación. ¿Cómo explicamos esta aparente paradoja?

Primero, los programas representan acciones que se pueden poner en marcha rápidamente. Los altos directivos enfrentados a la crisis competitiva desean efectuar cambios inmediatamente. Las presiones por obtener ganancias trimestralmente, junto con la impaciencia y la orientación por tareas, lleva a la dirección a buscar una palanca que influya en una vasta burocracia. Los programas ofrecen una respuesta visible, aunque simplista, a la compleja tarea de mejorar la eficacia corporativa. Tienen el atractivo de la solución rápida.

Segundo, a los directivos les gusta emular historias de éxitos muy conocidas. A menudo, la prensa económica y los consultores simplifican en exceso las lecciones de las compañías «excelentes» o de los competidores japoneses. Las últimas novedades corporativas son los círculos de calidad, los programas educativos que enseñan la última «verdad», los programas culturales que insuflan valores de compañías triunfadoras, programas de remuneración motivadores y nuevas estructuras organizativas. Un ejecutivo de Continental Glass nos explicó que su compañía comenzó el programa de formación PGS porque «parecía una especie de tónica que había que seguir. Eramos una de las 500 compañías de Fortuna y todos entramos en ese batiburrillo, en ese run run, de manera que vamos a implantar un programa aquí. ¡No queremos quedarnos atrás!».

Tercero, los programas son tangibles y, por tanto, fáciles de medir, un atributo que hace posible que los directivos mantengan su responsabilidad sobre el cambio directo. Tanto la alta dirección como la función de recursos humanos tienen interés en ese enfoque. Más atrás anotamos cómo los ejecutivos de Fairweather y de Livingston sintieron orgullo al señalar el número de círculos de calidad generados bajo su vigilancia. Igualmente mensurable es el número de personas que participan en un programa de formación o la existencia y realización administrativa de un nuevo sistema de evaluación o de remuneración. Los ejecutivos de recursos humanos tienen un interés particularmente intenso en programas tangibles y en resultados mensurables: tales estadísticas les capacitan para citar claros logros a la hora de persuadir de su eficacia a la alta dirección.

Nosotros no sostenemos que la motivación de la alta dirección o de los ejecutivos de recursos humanos en estos y otros casos fuera cínica. Ellos creían que los programas que promovían podían beneficiar a su organización de un modo significativo. Sin embargo, sus actuaciones indicaban que ellos pensaban que medir la obediencia era equivalente a medir el cambio.

Una cuarta razón de por qué los programas se utilizan tan a menudo tiene que ver, al menos en algunos casos, con la propensión de la alta dirección a no verse envuelta directamente en el proceso de cambio. El tiempo de la alta dirección es un recurso escaso. El cambio programático ayuda en este aspecto al permitir delegar la realización del cambio en la función de recursos humanos[4].

No todos los altos directivos se distancian del proceso de cambio. Lester y su equipo de altos directivos de U.S. Financial trabajaron activamente en el programa cultural. Hugh Dorsey, en Fairweather, eligió llevar a cabo el programa con su staff antes que ningún otro. Sin embargo, la alta dirección de otras muchas firmas se implicó menos.

---

[4] Otros observadores del cambio organizativo han constatado que la tendencia de la alta dirección a delegar la responsabilidad del cambio en niveles inferiores impide que se progrese. Véase L. E. GREINER, «Patterns of Organizational Change», *Harvard Business Review* (mayo-junio 1967), pp. 119-128; M. BEER y J. W. DRIS-COLL, «Strategies for Change», en J. R. HACKMAN y J. L. SUTTLE, eds., *Improving Life at Work* (Santa Mónica, CA, Goodyear, 1977), pp. 364-453.

LA VACUNA CONTRA LA RENOVACION

Por desgracia, el coste de la confianza continuada en los esfuerzos del cambio programático es mucho mayor de lo que supone el uso deficiente de los recursos de gestión. Cada programa que no tiene éxito y se descarta hace más difícil cualquier esfuerzo futuro de renovación organizativa eficaz.

Cuando un programa fracasado lleva a otro, los directivos comienzan a no hacer caso e ignoran todos los programas. Como los directivos de línea no son los que patrocinan estos esfuerzos, su nivel de compromiso inicial es a menudo bajo y disminuye con cada programa sucesivo. Pero tal disminución del apoyo tiene implicaciones más profundas; pone de manifiesto un creciente escepticismo en torno al compromiso de renovación de la corporación. De este modo, el exceso de confianza en el cambio programático pueda dañar seriamente el esfuerzo de revitalización.

El cambio programático demanda un significativo compromiso de tiempo y de recursos. Consideremos, por ejemplo, el cambio cultural de U.S. Financial. Cuando el esfuerzo programático origina un cambio real pequeño, los directivos de línea discuten naturalmente su valor. Uno de ellos resumía de esta manera su escepticismo: «A menudo los trabajadores veían estos programas como si fueran un truco, mientras que los (altos) ejecutivos los consideraban mágicos. En la mayor parte de los casos, se realizaron como consecuencia de edictos y directivas de la dirección. Ya no me interesa ningún otro programa de corta duración».

Para convivir con las demandas del cambio programático que se les imponía desde arriba, los directivos de línea adoptaron comúnmente una de estas tres posturas:

- Toleran los esfuerzos, ponen en marcha procesos del mejor modo de que son capaces, pero fracasan a la hora de proporcionar cualquier apoyo duradero para la continuación del programa.
- Cumplen todos los requisitos mínimos que se espera de ellos; esto es, rellenan todos los formularios necesarios o asisten a la conferencia a la que se les convoca, pero desdeñan y critican todos los aspectos del esfuerzo.
- Evitan por completo el esfuerzo, si pueden.

Cuando el esfuerzo no consigue generar el cambio anticipado, los altos directivos asumen implícitamente que se han equivocado de programa. Cuando se desvaneció un «programa de personal» en Fairweather, Hugh Dorsey intentó otro. Esta conclusión lleva a una sucesión de programas «agrietados» que dejan a una compañía empantanada en la frustración. En algún punto, la alta dirección decide que sencillamente no puede cambiar el modo de comportarse de la gente de su organización. Esta conclusión deteriorada lleva a poner un énfasis creciente en otras respuestas estratégicas al reto competitivo, tales como desinversión o reducciones masivas de personal, medidas que pueden mejorar el rendimiento financiero a corto plazo, pero que no revitalizan necesariamente a la organización para que sea eficaz a largo plazo. Cuando la alienación se incrementa, se instituyen nuevos «programas de personal». La compañía puede verse atrapada fácilmente en un «movimiento pendular» entre la preocupación por el personal y la preocupación por los costes[5].

MAS ALLA DEL CAMBIO PROGRAMATICO

La revitalización corporativa requiere del cambio simultáneo en la coordinación, el grado de compromiso y la competencia, de manera que se ajuste a las necesidades particulares de una unidad de negocio individual. ¿Cómo gestionó tal prueba nuestro líder del cambio, General Products?

En lugar de implantar un programa en toda la compañía, General Products creó el cambio sistémico en una serie de unidades menores, tales como plantas de fabricación y divisiones individuales. De hecho, fue a la cabeza de todas las compañías en el número de unidades de negocio y de plantas que estaban efectuando el cambio con éxito (véase la Tabla 2-2). La fila siguiente de aquellos esfuerzos de revitalización que habían tenido relativo éxito estaba ocupada por Fairweather Corporation, Scranton Steel y Livingston Electronics, que utilizaron programas. Sin embargo, esa confianza en el cambio programático fue desviada por otras iniciativas a niveles de planta y de unidades de negocio. Fairweather, en particular, llevó a cabo, con éxito, un cierto número de esfuerzos de revitalización a nivel de unidad. En el extremo más bajo de la escala, Continental Glass tenía a unas cuantas unidades aisladas inmersas en el intento de revitalización, pero una de éstas

Tabla 2-2. Relación entre el alcance de la revitalización, el número de unidades implicadas en ella y la utilización de programas

	Compañía					
	General Products	Fair-weather	Livingston Electronics	Scranton Steel	Continental Glass	U.S. Financial
Rango de revitalización	1	2	3	4	5	6
Unidades en revitalización	Muchas	Muchas	Varias	Varias	Pocas	Ninguna
Utilización de programas	Escasa	←Considerable→			Central	Central

---

[5] El concepto de movimiento pendular entre la preocupación por la producción y la preocupación por el coste lo formularon originalmente Robert Blake y Jane Mouton. Véase R. R. BLAKE y J. S. MOUTON, *The New managerial Grid* (Houston, TX, Gulf Publishing, 1964).

sufrió un fracaso bien conocido. Al final, U.S. Financial no había emprendido ningún esfuerzo de revitalización a nivel de unidad.

Cada vez nos quedó más claro que para entender la revitalización triunfante, necesitamos volver nuestra atención a las intervenciones realizadas a nivel de unidad.

3

Alineación de tareas

Llegados a este punto, debería estar claro lo difícil que es revitalizar una corporación. Sin embargo, hemos aprendido también que se debe conseguir efectuar el cambio fundamental. En las mismas compañías en que se han sucedido sobre el paisaje corporativo una oleada tras otra de programas, con escaso impacto positivo, las transformaciones que tuvieron más éxito se estaban realizando a niveles de planta y de división[1]. En prácticamente todos los casos de revitalización triunfante, la dirección se centró en los retos competitivos centrales del negocio en cuanto medios para motivar el cambio y desarrollar modos de comportamiento y capacidades nuevos. A este enfoque eficaz lo denominamos *alineación de tareas*.

Entendemos por alineación de tareas la redefinición de roles laborales, responsabilidades y relaciones en el seno de una unidad, de modo tal que mejore la coordinación requerida para llevar a cabo la tarea que resulta crítica para que el negocio tenga éxito. En la Planta A podría ponerse en marcha un proceso de reconfigurar el modo en que deberían funcionar conjuntamente el personal y los departamentos, en torno a la reducción de los excesivos niveles de existencias; en la División B la actuación giraría en

---

[1] Las 26 unidades en que se basan nuestras conclusiones de este capítulo eran organizaciones que se enfrentaban al problema de cambiar una cultura preexistente atrincherada. Visitamos otras ocho unidades que habían incorporado desde el principio prácticas de gestión innovadoras. Se ha escrito mucho sobre el desarrollo de tales plantas innovadoras. Véase, por ejemplo, E. E. LAWLER, «The New Plant Revolution», *Organizational Dynamics* (invierno de 1978), pp. 3-12; R. E. WALTON, «Establishing and Maintaining High-Commitment Work Systems», en J. R. KIMBERLY y R. H. MILES, eds., *The Organizational Life Cycle: Issues in the Creation, Transformation and Decline of Organization* (San Francisco, Jossey-Bass, 1980).

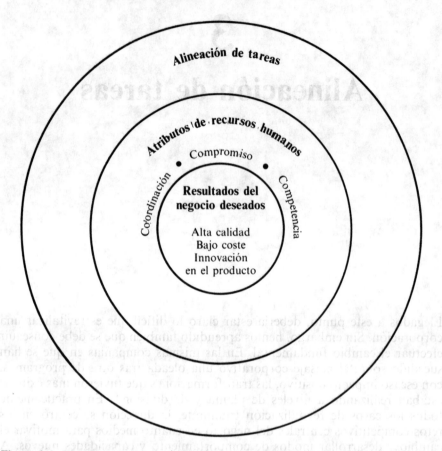

Figura 3-1: El círculo de la revitalización: El papel de la alineación de tareas en la revitalización

torno al incremento de la velocidad de desarrollo del nuevo producto, y en el equipo de la alta dirección de la corporación C se produciría en torno a la definición de la estrategia, a la asignación de recursos y al desarrollo de políticas para la corporación como un todo.

Al cambiar el modo en que el personal trabaja conjuntamente en torno a las tareas fundamentales sin cambiar el mapa organizativo, emerge una organización en equipo *ad hoc* entendida y legitimada comúnmente. Como pone de relieve la Figura 3-1, la nueva organización resultante del proceso de alineación de tareas (círculo externo) cambia el alcance y el modo de la coordinación, el compromiso y la competencia[2]. Estos cambios hacen

[2] En la Figura 1-1, el círculo exterior del objetivo representaba el diseño global de la organización. Aquí nos centramos sobre el aspecto específico de tal diseño —roles, responsabilidades y relaciones— que se ve afectado por la alineación de tareas.

posible, a su vez, que la organización alcance el objetivo de revitalización, los niveles de calidad, el coste y la innovación de producto necesarios para competir.

DOS CASOS DE ALINEACION DE TAREAS

Al centrarse sobre el problema más importante a que ha de hacer frente un negocio, la alineación de tareas se produce dentro de unidades lo suficientemente pequeñas para que un grupo de individuos sea responsable de un objetivo común, y no dentro de una corporación grande y diversa, en cuanto un todo. Veamos dos casos que ilustran acerca de la alineación de tareas.

Planta de Crawfordsville de Continental Glass & Container

Cuando Richard Vanaria llegó a la planta de Crawfordsville de Continental Glass & Container, se encontró con una operación dedicada mucho más a reducir costes que a producir un producto de calidad. Vanaria sustituía a un director más experimentado, que a lo largo de la década anterior había trabajado muy eficazmente. Según Vanaria, la división esperaba que se consiguiera la máxima productividad posible. («...La calidad no fue nunca una cuestión muy importante. Siempre lo fue la productividad.»)

Sin embargo, el mercado había cambiado. Los competidores internacionales eran capaces de producir artículos de cristal a un precio menor y con una calidad mayor que Continental. Vanaria comprendió que aunar las necesidades de mejorar radicalmente la calidad y de hacer bajar el coste no requeriría resultados más elevados, sino una redefinición fundamental de las operaciones y de la dirección de la planta. La cultura quedó en el camino.

Crawfordsville se había caracterizado por la centralización de las responsabilidades de información y de toma de decisiones. Casi todas las decisiones las tomaba el director de la planta y hasta los niveles más inferiores apenas si llegaba información relevante. Los empleados de las diferentes partes de la planta apenas si se sentían incentivados para trabajar en colaboración. De acuerdo con Vanaria, «empleaban sus energías en luchar entre ellos». La falta de coordinación afectaba tanto al staff del director de planta como a los empleados de talleres. Había tensiones particularmente graves entre los que moldeaban el vidrio derretido en «el extremo caliente» de los talleres y los del «extremo frío», que inspeccionaban la calidad, una vez enfriado el vidrio.

Vanaria comenzó su esfuerzo en pos de la mejora de la calidad con la creación de un Comité de Calidad presidido por el directivo responsable del extremo frío. Entre los miembros del Comité se encontraban los directores de personal de los departamentos que tenían efectos directos sobre la calidad del producto y los supervisores de los extremos caliente y frío. El

Comité de Calidad, mediante reuniones con los vendedores de Continental, comenzó por determinar cuáles eran los 20 problemas de calidad que más afectaban a la comercialización de los productos de la planta; después, se concentró en la solución de los tres principales.

Al mismo tiempo, Vanaria y su staff tomaron algunas otras iniciativas:

- Se realizó una encuesta para conocer la disposición de los empleados a localizar con precisión los obstáculos internos a la mejora de la calidad. No resultó sorprendente que los resultados pusieran de manifiesto una pobre coordinación y cooperación interdepartamental.
- Se colocaron en determinados lugares, por toda la planta, muestras de artículos de cristal de los competidores, para hacer que los trabajadores fueran más conscientes de los retos económicos a que había de hacer frente la planta. Como dijo un miembro del Comité, «nos encontramos con que, una vez que empezamos a señalar la importancia de la calidad y mostramos [a los trabajadores] los objetos de la competencia, se pusieron a la defensiva, en cierto modo. Ahí fue donde empezamos a descubrir dónde estaban los problemas».
- Los miembros del Comité se reunieron periódicamente con los trabajadores para mantenerlos informados del trabajo del Comité y obtener sugerencias acerca de cómo mejorar la calidad.

Los esfuerzos del Comité de Calidad dieron unos resultados que hablan por sí mismos. El número de productos eliminados por defectos de calidad en 1984 fue un 14 por 100 menor que en 1983. Las mejoras de calidad no se consiguieron sacrificando la producción: los rendimientos por puestos de trabajo fueron el 5 por 100 mejores en 1984 que en 1983, y los costes de la reinspección bajaron en 57.000 dólares. En conjunto, se estimó que las mejoras producirían unos ahorros de aproximadamente 1,25 millones de dólares al año.

El esfuerzo de mejora de la calidad condujo también a que se realizaran importantes cambios en la organización y la dirección de los empleados de la planta. El director del extremo caliente informó de lo siguiente:

El Comité de Calidad ha ayudado a mejorar las relaciones más que ninguna otra acción que hayamos emprendido. Sentimos que estamos trabajando juntos en el problema. No ocurre como en el pasado, cuando ellos establecían los límites [de calidad] sin implicarnos a mosotros [los del extremo caliente] y sólo nos quedaba nadar o ahogarnos. Ahora sentimos que estamos tan comprometidos como ellos, que es como deseábamos que fuera... Deseamos ser capaces de decir que tomamos parte en esta decisión de mejora de la calidad, que estamos de acuerdo y que vamos a hacerlo y que se nos va a reconocer también parte del mérito.

Quizá el cambio más importante ocurrido en la planta, evidente según la cita anterior, fue el modo en que los individuos del Comité de Calidad comenzaron a ver sus roles, responsabilidades y relaciones.

- En lugar de que el jefe de Control de Calidad se sintiera aislado y solo en su función, todos los miembros del Comité de Calidad comenzaron a asumirla. Se comportaban como si fueran el director de la planta, se preocupaban por las mismas cosas que él y tomaban iniciativas en problemas de calidad cuando era necesario.
- Previamente, los miembros del Comité se sintieron responsables de alcanzar objetivos de producción específicos del departamento, tales como toneladas fundidas por día o número de artículos producidos. Ahora eran responsables también de fabricar y entregar a tiempo un producto de calidad a un coste determinado y aprendieron a pensar en los problemas en estos términos.
- Se forzó prácticamente a los supervisores de los extremos caliente y frío, que antes estaban casi totalmente aislados entre sí, a que entablaran relaciones. Lo mismo hubiera podido decirse de los directivos de producción, calidad e ingeniería.

Estos cambios permitieron que los niveles más inferiores del Comité de Calidad comenzaran a exhibir actitudes más positivas hacia los otros departamentos, la planta y la importancia de la calidad. Los roles, responsabilidades y relaciones redefinidos tuvieron como consecuencia la mejora de la coordinación y la comunicación entre las diferentes partes de la planta. En lugar de continuar culpándose los unos a los otros, los trabajadores de los extremos caliente y frío comenzaron a trabajar juntos para resolver problemas de calidad crónicos. El esfuerzo de revitalización de Crawfordsville había producido exactamente los comportamientos, la motivación y las capacidades necesarias para competir de modo más eficaz.

El Centro Técnico de General Products

La alineación de tareas no quedó limitada a las instalaciones de fabricación, como en Crawfordsville. La alta dirección de las tareas no manufactureras de General Products, el Centro Técnico de nivel profesional, fue objeto también de una renovación llevada a cabo con éxito. Sin embargo, este éxito no fue fácil. Al principio se dieron pasos en falso, puesto que la dirección del Centro Técnico confió primero en intervenciones programáticas.

Convencida de que la ventaja competitiva futura de la corporación descansa en una corriente continua de extensiones de su línea de producto principal, la alta dirección de General Products construyó una nueva instalación técnica y urgió a sus directivos a que emprendieran una iniciativa de «implicación del personal» modelada sobre las iniciativas de revitalización que habían tenido éxito en fabricación. William Bryant, vicepresidente ejecutivo de fabricación, y los directivos de planta que habían dirigido los esfuerzos de revitalización que habían concluido con éxito, efectuaron las presentaciones a la dirección del Centro Técnico. Estos encuentros estimularon la búsqueda de modos de implicar a los empleados del Centro Técnico.

Se realizó una encuesta sobre la satisfacción de los empleados ante el desarrollo del centro y las políticas de promoción, con ayuda de un consultor externo, experto en el desarrollo de carreras. Se formaron comités para discutir los resultados y efectuar recomendaciones. También se constituyó otro comité para que hiciese recomendaciones sobre qué obra de arte se debería colocar en el vestíbulo del centro. Operando bajo la creencia de que la dirección corporativa apoyaba una mayor implicación del personal, la alta dirección del centro se reunió muchas veces para ponerse de acuerdo sobre lo que significa la implicación del personal. Tal consenso resultó difícil de conseguir. Los directivos argumentaban sobre la filosofía, los valores y la aplicabilidad de los esfuerzos tendentes a incrementar la implicación del personal a profesionales que, como insistían algunos, estaban ya «implicados» en sus puestos de trabajo. La capacidad del grupo para alcanzar el consenso e impulsar la renovación hacia adelante se vio obstaculizada por el director del centro, que mantenía una postura ambivalente sobre la cuestión de hasta qué punto debería dirigir él el movimiento de la organización hacia la participación.

Dos años más tarde, muchos directivos expresaron su frustración por los magros resultados alcanzados por sus esfuerzos. Los directivos del Centro Técnico y la alta dirección corporativa creían que el esfuerzo de revitalización tenía problemas.

En torno al esfuerzo del Centro Técnico comenzó a girar la necesidad de introducir un sistema de CAD/CAM como ayuda al diseño y fabricación del producto. Una comisión interdisciplinar, formada por directivos de nivel inferior, identificó, con ayuda de otro consultor, una coordinación interfuncional pobre, lo que constituía un problema de organización central que bloquearía la eficaz utilización de la nueva tecnología. Entusiasmada por tal descubrimiento, la comisión ensanchó su foco de observación y se fijó en la incapacidad general del centro para satisfacer las necesidades del cliente de entrega a tiempo de prototipos de productos concretos. La comisión recomendó que se formara un equipo de proyecto para integrar la toma de decisión entre funciones y asegurar la entrega a tiempo de un prototipo al principal cliente de la compañía. La dirección estuvo de acuerdo y se formó un equipo.

Otro consultor, trabajando de modo totalmente independiente, enfrentó a la dirección con su propio diagnóstico de la eficacia del Centro Técnico. La tarea fundamental del Centro —el desarrollo de extensiones de productos— se veía impedida por las estrictas líneas directivas funcionales y la ausencia de trabajo en equipo que existía en toda la organización. El consultor discutió con los directivos del centro la organización de un equipo de proyecto como posible esbozo de solución. Estos, a su vez, emprendieron la verificación de los diagnósticos y recomendaciones comisionando a varios directivos de nivel inferior para que recopilaran datos y formularan sus propias recomendaciones. El resultado fue la constitución de varios equipos de desarrollo de producto siguiendo el modelo del primer equipo, que estaba actuando con éxito, por ahora.

Finalmente, el esfuerzo de revitalización se impulsó hacia adelante, de acuerdo con el director de recursos humanos y la alta dirección. Los ingenieros y científicos que se habían considerado a sí mismos como expertos funcionales comenzaron a considerarse como miembros de equipos, con una misión clara e importante, mensurable en términos de negocio, en lugar de en términos técnicos. Cuando los equipos comenzaron a producir resultados, las relaciones interfuncionales mejoraron, los ingenieros y los especialistas de producción comenzaron a sentirse poderosos y las demandas de capacidades en la dirección del equipo se afrontaron con un programa de formación. Por supuesto que surgieron también nuevos problemas. La dirección del centro tuvo que luchar contra su propia ineficacia en cuanto equipo y contra el estilo gerencial del director.

HACER QUE FUNCIONE LA ALINEACION DE TAREAS

Tanto el esfuerzo de mejora de la calidad de la planta de Continental Crawfordsville como los equipos de desarrollo de producto del Centro Técnico de General Products, ilustran un enfoque de la revitalización muy diferente de los esfuerzos programáticos que emprenden más generalmente las organizaciones. Dick Vanaria no largó a su staff directivo un discurso sobre la importancia de la cooperación, la participación y el trabajo en equipo. No abogó por un estudio en profundidad de la cultura de Crawfordsville ni envió a sus empleados a un programa externo de formación.

En lugar de ello, Vanaria comprometió a su grupo directivo con una cuestión —mejora de la calidad del producto— identificada como crítica para la viabilidad económica de la planta. El servir en las distintas comisiones demandaba cambios en los roles, las responsabilidades y las relaciones del equipo de la alta dirección de la planta y en los implicados en equipos similares interfuncionales, por debajo de ella.

Las alteraciones producidas en las pautas de interacción entre los directivos permitidas por una estructura *ad hoc* —el Comité de Calidad— acarrearon más cambios en la organización y dirección de la planta. Estos cambios incluían una mayor participación de los empleados, colaboración y compartición de información —características necesarias a una organización más capaz de adaptarse a tales cambios. De este modo, se introdujeron en la planta los comportamientos, las actitudes y las capacidades requeridas para la participación y la implicación del personal sin utilizar esos términos y sin emplear programas.

Un directivo que quiera conseguir la alineación de tareas dentro de una unidad debe llevar a cabo un proceso (que describiremos en el Capítulo 4) que decidirá quién necesita trabajar conjuntamente en qué tareas, en qué modos, para resolver el problema de negocio más importante con que se enfrenta la organización. Los cambios fundamentales en los roles, las responsabilidades y las relaciones efectuados en Crawfordsville y en el Centro Técnico se pueden realizar sin modificar primero la estructura organizativa formal. Esto es lo que distingue la alineación de tareas de la reorganización programática. La alineación de tareas se centra en el desarrollo de estructuras *ad hoc,* tales como equipos de proyecto, destacamentos o comités. Al evitar el cambio, de arriba a abajo, en las relaciones informativas formales antes de que se establezcan nuevas pautas de interacción, se reduce la resistencia y se incrementa la oportunidad de que el personal desarrolle las necesarias capacidades y motivaciones. Eventualmente, puede ser que se produzcan cambios en la estructura formal como consecuencia de tales cambios en la estructura *ad hoc,* como forma de afirmar y de institucionalizar la renovación, pero para entonces ya están asentados firmemente el compromiso con el nuevo enfoque y la competencia necesaria para reafirmar los comportamientos requeridos.

Las capas estructurales no son una idea nueva. Su utilidad en el desarrollo de la coordinación necesaria en los negocios que operan en entornos inciertos y complejos está bien documentada [3]. Sin embargo, nuestros hallazgos proporcionan nuevos enfoques en torno a cómo crear las pautas de comportamiento, motivación y capacidad requeridas para que funcionen tales estructuras.

Estos enfoques están apoyados por análisis estadísticos de las estrategias de revitalización puestas en práctica en los 26 casos de cambio en una unidad (planta, división, etc.). La Tabla 3-1 pone de relieve que esas

Tabla 3-1. Relación entre las estrategias de cambio en la unidad y el éxito de la revitalización, según tasas aplicadas por el investigador

Estrategia de cambio empleada	Relaciones entre las estrategias y el éxito de la revitalización [a]	Indice de líderes y rezagadas que utilizan la estrategia [b]
Alineación con el negocio	0,47 **	100%:56%
Redefinición de roles, responsabilidades y relaciones	0,45 *	100%:66%

[a] $N = 26$ unidades; estadísticamente significativo para *$p < 0,05$; **$p < 0,01$; para los detalles, véase el Apéndice II.

[b] Se han comparado las nueve unidades con las tasas más altas proporcionadas por la medida de la extensión de la renovación con las nueve unidades de tasas más bajas.

---

[3] Véase T. BURNS y G. M. STALKER, *The Management of Innovation* (Londres, Tavistock Publications, 1961); P. R. LAWRENCE y J. W. LORSCH, *Organization and Environment: Managing Differentiation and Integration* (Boston, Harvard Business School, 1967); D. ZAND, «Collateral Organizations: A New Change Strategy», *Journal of Applied Behavioral Science,* 10 (1974), pp. 63-89; W. G. BENNIS y P. SLATER, *The Temporary Society* (Nueva York, Harper & Row, 1968); A. TOFFLER, *Future Shock* (Nueva York, Random House, 1970).

unidades que han cambiado más habían, con más probabilidad que las rezagadas,

- Establecido enlaces entre los problemas del negocio y la necesidad de cambio (alineación con las cuestiones del negocio).
- Cambiado los roles organizativos, las responsabilidades y las relaciones por medio de un mecanismo organizativo *ad hoc* dirigido a mejorar la eficacia y el rendimiento financiero.

POR QUE FUNCIONA LA ALINEACION DE TAREAS

El objetivo de la revitalización es el desarrollo de los recursos humanos de la organización. En contraste con la organización de orden y control, una organización por tareas, menos jerárquica, requiere que un número mayor de empleados a todos los niveles tengan el compromiso y la competencia necesarios para iniciar y coordinar. ¿Por qué es tan eficaz la alineación de tareas en el desarrollo de estos activos humanos, particularmente comparada con los programas tradicionales de recursos humanos? Un análisis de los casos del Centro Técnico de General Products y de Crawfordsville de Continental Glass —dos organizaciones diferentes con tareas radicalmente distintas— puso de manifiesto algunos elementos comunes.

Motivación para el cambio

La revitalización es un proceso doloroso. Demanda cambios en comportamientos y actitudes tradicionales que los empleados encuentran a menudo amenazadores desde el punto de vista personal[4]. La organización alineada por tareas estimula a la jerarquía para que conceda poder y estatus a los empleados; el cambio estimula el sentido subjetivo que éstos tienen de la competencia, al igual que el desarrollo de sus carreras. Consecuentemente, la revitalización se produce sólo cuando los miembros claves de la organización llegan al consenso de que sus beneficios valen más que sus obvios riesgos. Hemos descubierto que lo más fácil es crear este consenso cuando existe un «peligro claro y presente»: un problema tangible e inmediato que ha de afrontarse si la organización quiere seguir siendo competitiva desde el punto de vista económico[5].

---

[4] Véase B. M. STAW, «The Escalation of Commitment to a Course of Action», *Academy of Management Review,* 6 (1981), pp. 577-687.

[5] Robert Schaffer ha descubierto que el compromiso con el cambio organizativo fundamental se motiva mejor cuando los directivos resuelven con éxito los problemas a corto plazo utilizando enfoques innovadores de organización y gestión de personal. Véase R. SCHAFFER, *The Breakthrough Strategy* (Cambridge, MA, Ballinger, 1988).

Los programas de recursos humanos se encuentran en desventaja cuando se enfrentan a un problema de negocio como ése. En el mejor de los casos, los programas proporcionan soluciones difíciles de conseguir y a largo plazo, pero sus costes son reales e inmediatos. Cuando se envía a los empleados a un programa de formación en gestión, los costes tangibles de esa intervención programática se reflejan en el balance del mes. Los beneficios intangibles de la capacitación del empleado posgraduado se incorporarán a la organización gradualmente en un determinado número de años, si es que se incorporan.

A veces, los abogados de estos programas los venden como inversiones en capital humano a largo plazo. Este enfoque pide implícitamente a los directivos que realicen transacciones de tiempo, energía y capital entre los programas y las demandas más inmediatas de gestión del negocio. Cuando las demandas se intensifican, los programas quedan relegados a menudo a un estatus secundario.

A pesar de que tales programas se vendan, las inversiones en programas de recursos humanos no son tan apremiantes para los directivos como las inversiones en activos físicos. Aunque el período de amortización de una máquina nueva puede ser de unos cuantos años, al menos se pueden ver tanto la máquina como sus productos. A menudo es más difícil ver resultados tangibles de una actividad de desarrollo de recursos humanos.

Además, frecuentemente se pueden ver relaciones directas entre las inversiones en activos físicos y la calidad del producto producido. Las consecuencias de las inversiones en capital humano son, a menudo, más indirectas. En el mejor de los casos, el programa mejora la motivación y las capacidades del empleado lo que, a su vez, debe mejorar la calidad del producto o del servicio.

Finalmente, los directivos de línea tienden a tener más experiencia en la evaluación directa de los retornos de la inversión en activos físicos que en la de activos humanos.

La alineación de tareas funciona alineando la estructura *ad hoc* de la organización con sus problemas de negocio críticos. No es sólo una estrategia de desarrollo de recursos humanos a largo plazo, sino también una respuesta inmediata a un problema de negocio tangible. En principio, los destacamentos no se introdujeron en la planta de Crawfordsville y en el Centro Técnico como medios de incrementar la participación y la colaboración. Más bien se pretendió que fuesen un modo de solucionar problemas de calidad del producto y de desarrollo del producto nuevo.

Los beneficios de las intervenciones de alineación de tareas no son tan difíciles de conseguir o tan a largo plazo como los de los programas de recursos humanos, ni mucho menos. ¿Ha mejorado, o no, la calidad de los productos de la planta de Crawfordsville? ¿Ha desarrollado el Centro Técnico nuevos productos de manera más rápida y eficaz? Todos los directivos deben entender, apreciar y contestar todas estas cuestiones. Además, como los cambios se efectúan en respuesta al problema más crítico del negocio, el retorno de la inversión sobre la organización se debe producir con relativa rapidez.

El enfoque de alineación de tareas tiene una importante ventaja sobre los programas de recursos humanos. En la mayor parte de las organizaciones hay un mayor acuerdo sobre la necesidad de afrontar las cuestiones fundamentales del negocio que sobre la necesidad de gestionar al personal de manera distinta. Consideremos las dificultades que habían encontrado los directivos del Centro Técnico para ponerse de acuerdo sobre el significado y la necesidad de un programa de implicación del personal. Después de dos años de debatir la cuestión no se habían acercado más las posiciones enfrentadas y el esfuerzo de revitalización del Centro Técnico se detuvo. El reconocimiento de que el desarrollo del nuevo producto se podía estimular y acelerar mediante una estructura de equipo *ad hoc* hizo que se produjera el consenso más fácilmente, a pesar de que era probable que los equipos implicaran a los empleados tanto o más que los programas o la filosofía ya debatidos.

Aunque no todos los directivos del staff de Dick Vanaria en Crawfordsville estaban de acuerdo en que la planta se beneficiaría del acercamiento a la gestión participativa, vieron la necesidad de mejorar la calidad del producto. Consecuentemente, Vanaria minimizó la resistencia a sus esfuerzos poniendo la atención inicialmente en la cuestión última en lugar de en la primera. El Comité de Calidad de Crawfordsville proporcionó a los participantes una evidencia inmediata y directa de que los enfoques alternativos a las interdependencias de la gestión tendrían un efecto positivo sobre el problema de calidad de la planta. Desde ese consenso al reconocimiento de que el nuevo enfoque y las nuevas pautas de comportamiento podrían influir positivamente sobre otros problemas de rendimiento había un corto paso.

La alineación de tareas, pues, comienza con un acuerdo, generalmente compartido, sobre la necesidad de que la unidad afronte cuestiones centrales del negocio. Además, es probable que se forje el apoyo al cambio creado por la alineación de tareas. Será un apoyo basado no en teorías abstractas o en la popularidad de un nuevo capricho de la dirección, sino en la experiencia personal de los miembros de la organización. Cuando los directivos escuchan por primera vez en los programas de formación, en los discursos de la alta dirección o en las afirmaciones de la misión corporativa palabras como «participación», pueden atribuir al concepto el significado que deseen. En contraste, se da a los directivos que están implicados en un proceso de alineación de tareas —como los directivos de Crawfordsville y, después de algunos pasos en falso, los del Centro Técnico— un ejemplo real de lo que podía significar para ellos la participación. Cuando hablan de la gestión participativa en el futuro, no están probablemente hablando de tópicos. Se referirán a un conjunto específico de comportamientos. Ellos entenderán el valor de la participación del empleado como un medio de cumplir más eficazmente la organización de tareas, no como un estilo de gestión que se ha puesto de moda de repente, porque han experimentado los nuevos comportamientos y los beneficios que se derivan de ellos.

Sin embargo, no todos los cambios que mejoran la competitividad del negocio crean una extendida motivación por el cambio. Los esfuerzos de reducción de costes pueden ser buenos para el negocio, pero ponen en peligro los puestos de trabajo de los empleados. De hecho, los datos de nuestra encuesta ponen de relieve que aquellas unidades en que los empleados percibían que los fines primordiales del cambio organizativo eran la reducción de costes o las mejoras de los resultados del negocio no fueron necesariamente las que más cambiaron, según los mismos empleados. El apoyo a la revitalización y el éxito real de la misma tenía más probabilidad de darse en las unidades en que los empleados percibían que el cambio podía resultar en mejoras reales de su propio bienestar (véase, para más detalles, el Apéndice II).

De este modo, para que triunfe la revitalización es necesario que los empleados crean que el cambio organizativo mejorará no sólo el negocio, sino también su propio bienestar. Los casos de Crawfordsville y del Centro Técnico ilustran de que la alineación de tareas sólo conviene cuando se alcanzan estos objetivos duales. La participación en el Comité de Calidad de Crawfordsville hizo que la gente se sintiera más eficaz, estimulada y con más poder. El mismo sentimiento de competencia y eficacia tuvieron los miembros de los equipos de desarrollo de productos en el Centro Técnico. La alineación de tareas es una estrategia de cambios que integra la preocupación por el personal y la preocupación por la tarea, algo que la investigación previa ha demostrado que mejora tanto la eficacia organizativa como el bienestar de los empleados [6].

El desarrollo de los activos humanos

La alineación de tareas no es sólo una respuesta a los problemas inmediatos del negocio; es también una estrategia de desarrollo de los recursos humanos altamente eficaz. Los problemas inmediatos se tratan de un modo que los activos humanos de la organización se desarrollan a largo plazo. El Comité de Calidad de Crawfordsville mejoró la calidad del producto, al tiempo que acrecentó los tres atributos de los recursos humanos necesarios para la competitividad: coordinación, compromiso, competencia.

Coordinación. Se mejoraron los canales de la comunicación entre las organizaciones de fabricación y de ventas, entre las áreas funcionales en la planta y entre la dirección y los empleados temporales. El equipo

---

[6] Véase B. BASS, *Stogdill's Handbook of Leadership: A Survey of Theory and Research* (Nueva York, Free Press, 1981); R. R. BLAKE y J. S. MOUTON, *The New Managerial Grid* (Houston, TX, Gulf Publishing, 1978); R. M. STOGDILL, *Individual Behavior and Group Achievement: A Theory, the Experimental Evidence* (Nueva York, Oxford University Press, 1959).

de la alta dirección sintió que había menos «problemas» en la planta, así como menos intentos individuales de protegerse a uno mismo. En resumen, había mucho más trabajo en equipo.

Compromiso. El compromiso de los miembros del comité por poner en marcha soluciones a los problemas se incrementó como consecuencia de su participación en el mismo (superando agrios y duraderos enfrentamientos interfuncionales o trabajando directamente con los vendedores para solucionar problemas de servicio al cliente). Los miembros del staff de Vanaria nos dijeron que estaban trabajando más duramente y con más alegría desde que se constituyó el Comité de Calidad.

Competencia. Los participantes en estas actividades aprendieron trabajando en la clarificación de la naturaleza de las tareas fundamentales de la organización y en la determinación del modo mejor de realizarlas. Los miembros del comité, por ejemplo, aprendieron mucho sobre el negocio, la dirección de equipos y sus nuevos roles y responsabilidades; también adquirieron capacidades de gestión y de solución de problemas.

Estos son precisamente los resultados humanos esperados por los programas de desarrollo de recursos humanos más tradicionales. Debieron permitir a la organización de Crawfordsville comprometerse en un proceso de mejora continua de la calidad, el coste y la innovación del producto.

¿Por qué los cambios organizativos que se producen en el proceso de alineación de tareas conducen al desarrollo de los recursos humanos y de las capacidades organizativas? El Comité de Calidad de Crawfordsville y los equipos de productos del Centro Técnico de General Products alteraron tres elementos significativos del contexto en el que el personal realizaba su trabajo:

1. Los individuos con los que interactuaban rutinariamente.
2. La información que se les proporcionaba.
3. Las acciones por las que se les recompensaba social e intrínsecamente.

Estos cambios en la interacción, la información y la recompensa psicológica crean un progresivo conjunto de demandas de comportamiento nuevo. En ambos casos, se consideró que los equipos eran responsables del rendimiento: mejora de calidad en Crawfordsville y desarrollo del producto más rápido y eficaz en el Centro Técnico. Los miembros del equipo no podían alcanzar sus objetivos sin aprender a interactuar entre ellos de formas nuevas. A su vez, estas interacciones modificadas fomentaron la confianza y la comprensión de problemas que no eran posibles con medios tales como nuevos sistemas de compensación o programas de formación.

La alineación de tareas aprovecha el poder del contexto social para cambiar el comportamiento individual. Realiza cambios simultáneos en una red de roles interrelacionados, anunciando así nuevas expectativas a todos los que participan del rol al mismo tiempo. Los cambios comunes a los roles reducen la probabilidad de que los individuos encuentren resistencia por parte de aquellos que no están cambiando. Aun en el caso de que algunos individuos se resistan al cambio, esa resistencia es menos probable que desaliente los esfuerzos por desempeñar nuevos roles. El apoyo desde la superioridad a los cambios en una estructura *ad hoc* da a los empleados la confianza en que quienes resisten acabarán desistiendo con el tiempo. Todos los miembros del Comité de Calidad de Crawfordsville sabían que eran responsables de alcanzar los objetivos de calidad no sólo ante cada uno de los demás, sino también ante Vanaria.

EL CONTRASTE ENTRE EL CAMBIO PROGRAMATICO Y LA ALINEACION DE TAREAS

Hasta aquí, nos hemos ocupado de muchas de las especificidades del funcionamiento de la alineación de tareas y de por qué es más eficaz que los programas de recursos humanos tradicionales en cuanto estrategia de renovación. Ahora deseamos ofrecer una visión más amplia de estos dos enfoques. Los cambios programáticos difieren del enfoque de alineación de tareas no por su finalidad, sino por los presupuestos acerca de cómo cambiar los comportamientos de grandes números de personas interdependientes en una organización.

La mayor parte de los cambios programáticos comienzan con la suposición de que el problema de las organizaciones en cambio es un problema de conocimiento, actitudes y, en unos cuantos ejemplos, comportamientos individuales. Tales cambios, se supone, conducirán finalmente a una transformación organizativa a gran escala.

Sin embargo, nuestra investigación de la renovación eficaz nos ha llevado a una construcción diferente relativa al modo en que se implantan y cambian las pautas del comportamiento organizativo. Concluimos que las actitudes y el conocimiento cambiarán una vez que se cambie el comportamiento. Como quiera que el comportamiento es moldeado poderosamente por los roles que desempeñan los individuos en la organización, el medio para cambiar el comportamiento de muchas personas interdependientes es cambiar la red de roles interdependientes.

Consideramos los cambios de roles impuestos a los miembros del Comité de Calidad de Crawfordsville. Se esperaba que los individuos alcanzaran un objetivo de mejora de la calidad mediante la solución del problema cooperativo. Ese esfuerzo requería muchos comportamientos nuevos lo que, a su vez, demandaba nuevas actitudes y conocimientos. La Tabla 3-2 recoge el contraste de nuestros supuestos sobre la renovación.

Tabla 3-2. Contraste de supuestos sobre la renovación

Supuestos del cambio programático	Supuestos de la alineación de tareas
Los problemas de comportamiento son función del conocimiento, las actitudes y las creencias individuales.	El conocimiento, las actitudes y las creencias individuales se moldean mediante pautas de interacciones.
(consecuentemente)	(consecuentemente)
El objetivo primario de la renovación debería ser el contenido de las actitudes y las ideas; el comportamiento real sería secundario.	El objetivo primario de la renovación sería el comportamiento; las actitudes y las ideas serían secundarios.
El comportamiento se puede aislar y cambiar individualmente.	Los problemas de comportamiento se ajustan a una pauta circular, pero los efectos del sistema organizativo sobre el individuo son mayores que los del individuo sobre el sistema.
(consecuentemente)	(consecuentemente)
El objetivo de la renovación sería actuar a nivel del individuo.	El objetivo de la renovación sería actuar a nivel de roles, responsabilidades y relaciones.

Nuestros hallazgos sobre la importancia de los cambios de roles en la inducción de cambios de comportamiento se ven apoyados por una considerable experiencia de otras investigaciones que han puesto de manifiesto que el cambio de los roles puede modificar poderosamente el comportamiento de los individuos y, como consecuencia, sus actitudes. Por ejemplo, los líderes sindicales que fueron promovidos a posiciones de supervisión adoptaron las actitudes de los directivos en un período de tiempo relativamente corto [7]. De manera similar, la experiencia de las innovaciones del sistema de trabajo ha mostrado que la gente es capaz de desempeñar roles radicalmente redefinidos. Los empleados adaptan sus actitudes y se ha descubierto que poseen competencias que exceden con mucho las suposiciones de los directivos [8].

---

[7] Para un debate general sobre el modo en que las personas llegan a percibir sus roles y la decisiva influencia que este hecho tiene en el comportamiento, véase G. Graen, «Role Making Process Within Complex Organizations», en M. Dunnette, ed., *Handbook of Industrial and Organizational Psychology,* Chicago, Rand McNally, 1976, 1201-1245. Para los efectos de los roles de supervisión sobre las actitudes de antiguos miembros de los sindicatos, véase S. Liebermann, «The Effects of Changes on Role Occupants», *Human Relations* 9 (1956) 385-402.

[8] J. R. Hackman y E. E. Lawler, «Employee Reactions for Job Characteristics», *Journal of Applied Psychology Monograph* 55 (1971) 259-286; M. D. Dunnette, R. D.

LA ALINEACION DE TAREAS COMPARADA CON OTRAS ESTRATEGIAS DE CAMBIO

Con el fin de ayudar al lector a comprender la alineación de tareas como estrategia de revitalización organizativa, la hemos contrastado con los programas de recursos humanos. Sin embargo, ambos enfoques comparten un supuesto: la revitalización del lado humano de la empresa es el modo en que responde la organización al nuevo entorno competitivo.

El examen de otros enfoques de mejora del rendimiento corporativo clarificaría el por qué la alineación de tareas es una estrategia tan poderosa para recuperar la competitividad.

Todas las compañías que estudiamos intentaban ser más competitivas mediante la racionalización de sus activos físicos y humanos. Cerraron y consolidaron instalaciones manufactureras y administrativas y redujeron su personal a todos los niveles de la corporación. Estas acciones eran claramente necesarias para hacer frente a las demandas a corto plazo de los mercados de capitales y obtener rendimientos financieros. Sin embargo, el enfoque de racionalización de activos ignora el desarrollo de la coordinación, el compromiso y la competencia que nosotros argumentamos que es necesario para que la corporación se adapte y sea capaz de competir a largo plazo. Las estrategias de cambio tales como la gestión de cartera y la planificación estratégica, son elementos importantes en el esfuerzo por conseguir que una corporación sea competitiva. También es cierto que sus objetivos primarios son satisfacer las demandas del negocio. En Continental Glass se nos dijo frecuentemente que los abogados de la racionalización de activos decían, «déjenme enderezar primero mi negocio y después podremos ocuparnos del personal».

Si la racionalización de activos ignora las necesidades de desarrollo a largo plazo en favor de las ganancias del negocio a corto plazo, los programas de recursos humanos nos trasladan al otro extremo. La gente de recursos humanos mantiene que «si hacemos una buena labor en el desarrollo del personal, el negocio podrá ocuparse de sí mismo después». En otras palabras, la razón de ser de estos programas viene a ser el desarrollo de las capacidades del personal al largo plazo. Por desgracia, la mayor parte de los programas de recursos humanos no hacen nada por ocuparse de las demandas del negocio a corto plazo. Como consecuencia de ello, los directivos de línea los desprecian frecuentemente por inconsecuentes, periféricos y causantes de que se distraiga la atención del asunto «real» del negocio.

Si la racionalización de activos y el cambio programático representan los extremos de la incorporación de las demandas del negocio a corto plazo y las preocupaciones por el desarrollo de los recursos humanos a largo plazo,

---

Arvey y P. A. Banas, «Why Do They Leave?», *Personnel,* 50 (mayo-junio 1973), 25-39; J. R. Hackman, «Work Design», en J. R. Hackman y J. L. Suttle, eds., *Improving Life at Work: Behavioral Science Approaches to Organizational Change* (Santa Mónica, CA, Goodyear, 1977), 96-162.

la alineación de tareas se puede decir que reside en un «punto cómodo» entre las dos (véase la Tabla 3-3). Es el enfoque que reconcilia el corto y el largo plazo; esto es, se ocupa de las demandas del negocio a corto plazo de un modo tal que desarrolla capacidades de recursos humanos esenciales para competir a largo plazo.

Tabla 3-3. Comparación de tres enfoques de cambio

| | | Desarrollo de atributos humanos a largo plazo | |
		Ignorado	Incorporado
	Ignorado		Cambio programático
Demandas del negocio a corto plazo			
		Racionalización de activos	Alineación de tareas
	Incorporado		

PUESTA EN PRACTICA DE LA ALINEACION DE TAREAS

Aunque la alineación de tareas puede combinar lo mejor de ambas palabras, es difícil de poner en práctica. Sin la capacitación necesaria en su aplicación, las intervenciones de alineación de tareas pueden degenerar incluso en las reorganizaciones programáticas que describimos en el Capítulo 2. Cuando eso sucede, el enfoque tendrá un escaso impacto positivo en la eficacia organizativa. Llamamos la atención sobre este punto porque son muchas las compañías que confían en la reorganización como el medio de alcanzar la alineación de la organización con tareas o estrategias claves. Consideremos el modo en que William Bryant, vicepresidente ejecutivo de fabricación a escala mundial de General Products, y nuestro líder en la revitalización corporativa, describía el enfoque tradicional de la realineación practicado en el departamento de ventas de la compañía.

> Históricamente, ha habido en General Products una reorganización del departamento de ventas casi cada seis meses. Cada vez que hay problemas en él, se reorganiza. La solución, cualquiera demonios que sea el problema, es siempre una reorganización. Y las reorganizaciones no se piensan nunca. Se dice «¡Caramba, esto no funciona! Intentemos una nueva [reorganización]».

A primera vista, puede parecer que la organización comparte muchos de los atributos de la alineación de tareas. Después de todo, el cambio estructural modifica el contexto organizativo de manera tal que afecta simultáneamente a las responsabilidades de mucha gente interdependiente. Aunque se puede decir que la nueva estructura concreta nuevas responsabilidades, fracasa en la concreción exacta del modo en que se supone que la gente se comporta dentro de la estructura, los roles que se espera que desepeñen y las relaciones que se espera que desarrollen. Los empleados se desenvuelven con dificultad a menudo en un nuevo contexto estructural y regresan a pautas de comportamiento antiguas e ineficaces. El cambio del esqueleto de la organización formal sólo no moldea adecuadamente los detalles finos de las interacciones informales y del intercambio de información necesarios para apoyar y reforzar una pauta eficaz de comportamientos nuevos.

Para obtener los beneficios de la alineación de tareas y evitar los escollos de la reorganización programática resulta crucial que el director general implique a los miembros de la organización en el proceso de realinear la organización con las nuevas realidades de la competencia. De este proceso de aplicación nos ocupamos ahora.

4

El camino crítico hacia la renovación

Se cuenta la historia de dos ingenieros a los que se les encarga el diseño del patio de un campus muy concurrido. Un ingeniero estudia el terreno, los declives y planicies del área. Dibuja un plano en el que se incluyen los presupuestos estéticos del patio, los ecológicos del césped y de las plantas y los de facilidad y rapidez con que se pueden construir las nuevas aceras. El otro ingeniero dice: «Olvídate de todo eso. Mira por dónde pasean realmente los estudiantes y los profesores y haz la acera por allí».

Los directivos que desean revitalizar su planta o su negocio se enfrentan a las mismas alternativas de gestión del cambio que los dos ingenieros. ¿Debería conducirse el cambio de acuerdo con una alteración, de arriba a abajo, de los elementos organizativos «duros», la estructura formal y los sistemas? ¿O debería conducirse desde abajo mediante cambios en los elementos «blandos»: Cómo interactúa y trabaja la gente entre ella para cumplir con la tarea? Los directivos que eligen el primero de estos caminos presuponen que a la gente ha de dirigírsela para que camine por nuevos senderos; los que eligen el segundo presuponen que, si dan libertad para caminar, los empleados encontrarán los mejores senderos y de la observación de lo que hagan saldrá un diseño formal.

La metáfora del diseño de la acera capta algunas de las posibilidades de elección con que se encuentran los directivos cuando pretenden llevar a cabo la alineación por tareas. Quizá la elección más fundamental sea la referida al dilema duro *versus* blando. ¿Hasta qué punto deben utilizar los directivos un método unilateral a la hora de perseguir la alineación de tareas? ¿Hasta qué punto pueden confiar en los cambios de los sistemas, la estructura y las políticas formales para transformar la organización? ¿A qué grado de participación invitarán los directivos a los empleados para determinar la respuesta de la organización?

El enfoque de arriba a abajo tiene cierto atractivo. Mantiene la promesa de producir un cambio rápido hacia un estado final concebido elegantemente, que es simétrico y completo. De esa manera, los directivos pueden conducir a sus empleados en la dirección deseada. Pero el enfoque directivo unilateral tiene también trampas en las que puede caer la renovación. El compromiso del empleado con la nueva organización puede ser bajo y en la solución puede ocurrir que no se considere el conocimiento que tienen los empleados del modo en que se hacen las cosas en la organización.

Un enfoque de abajo a arriba que permite, e incluso demanda, la participación de los empleados parece que puede solventar muchos de los fallos de la dirección unilateral desde arriba. Pero puede enfrentarse con un conjunto diferente de problemas. Un enfoque de cambio participativo puede ser demasiado lento y mal definido para que responda eficazmente a las demandas del negocio a corto plazo. Plantea a los altos directivos el problema de cómo incorporar su perspectiva y su conocimiento a soluciones nuevas. Plantea cuestiones sobre la motivación y capacidades de los empleados para enfrentarse a una solución ambiciosa que les «obligará» a ellos, a los empleados, a cambiar sus modos de actuar. Peor aún, los enfoques participativos de cambio pueden descarrilar debido a la resistencia ofrecida por directivos, sindicatos y trabajadores.

Nuestro examen de los esfuerzos de revitalización de 26 plantas y unidades de negocio en las seis compañías pone de manifiesto que la renovación efectiva se da no cuando los directivos eligen una alternativa o la otra. La revitalización efectiva se produce cuando los directivos siguen un camino crítico que ofrece los beneficios de los esfuerzos de cambio de arriba a abajo y de abajo a arriba, al tiempo que minimiza sus inconvenientes. El camino crítico integra y sintetiza los enfoques de cambio duro y blando mediante una cuidadosa secuenciación de las intervenciones. Un fracaso en cualquiera de los seis pasos interdependientes y solapados a lo largo del camino crítico —o un retroceso significativo en ellos— ralentiza la revitalización y, en ocasiones, la detiene.

Ahora podemos añadir otro círculo al objetivo de la revitalización, un círculo que muestra el camino crítico para alcanzar la alineación de tareas (véase la Figura 4-1).

Con el fin de facilitar el entendimiento del cómo y el por qué es tan eficaz el camino crítico a la hora de obtener la revitalización, echaremos un vistazo a la unidad organizativa que tuvo más éxito en la revitalización: la de Instrumentos de Navegación de Fairweather Corporation [1]. La puntuación de efectividad global alcanzada por esa unidad en nuestra encuesta eclipsó a las de todo el resto de las 26 unidades estudiadas. Por supuesto que estos resultados no significan que el proceso de Instrumentos de Navegación

---

[1] Para la cuestión de cómo se obtuvieron las tasas de cambio en cada una de las 26 unidades, véase el Apéndice II. Las respuestas al cuestionario ponían de manifiesto que la que más había cambiado tanto a los ojos del personal informado como a los de los investigadores había sido Instrumentos de Navegación.

Figura 4-1: El círculo de la revitalización: El papel del camino crítico en la revitalización

fuese perfecto y, desde luego, no queremos decir con ello que no hayamos aprendido mucho de las otras unidades. Sin embargo, Instrumentos de Navegación supone un excelente punto de partida cuando emprendemos la explicación del camino crítico a la renovación a nivel de unidad.

EL CAMINO CRITICO EN INSTRUMENTOS DE NAVEGACION

La Fairweather Corporation creó Instrumentos de Navegación con la esperanza de introducir a su Grupo de Defensa en los mercados de la aviación comercial. Sin embargo, varios años después de su constitución, estaba demostrando ser una inversión arriesgada. Fairweather decidió incorporar un nuevo director general, que inmediatamente se puso a la tarea de revitalizar Instrumentos de Navegación.

Alcance del problema

Instrumentos de Navegación tenía problemas tecnológicos, de clientes y financieros. El diseño y producción de sistemas de navegación aérea fiable demostraron ser más difíciles de lo esperado. Los costes suplementarios de desarrollo y diseño del producto, combinados con costes periódicos de producción más altos de lo proyectado, hicieron que se perdiera dinero en la operación. Pero aunque la operación hubiera superado el umbral de rentabilidad, el retorno de la inversión hubiera seguido siendo seguramente bajo.

El entorno que Jerry Simpson encontró en Instrumentos de Navegación no le facilitó la lucha con estos problemas. Los estilos de gestión eran de característica «autocrática». Los supervisores dirigían la fuerza laboral de producción mediante el temor, un modo de operar que se reflejaba también en la misma cabeza de la unidad. Como recordaba un directivo:

> El vicepresidente [que precedió a Simpson] instauró unas relaciones de competencia y enfrentamiento en su propio equipo de dirección. Esta actitud se expandió por toda la unidad. Recuerdo las reuniones cargadas de tensión en días en que la gente gritaba, juraba y golpeaba la mesa.

La motivación y el grado de compromiso de los empleados eran bajos, a todos los niveles. La coordinación interdepartamental era pobre, particularmente entre ingeniería de diseño y producción. Un alto directivo de producción informó de lo siguiente:

> Cuando ingeniería se salía de su presupuesto, debía soltar lo que tuviese en ese momento, arrojarlo a producción por encima de la valla y después completar el diseño más adelante, con dinero de producción y multitud de órdenes de cambio. De manera que se arroja el diseño por encima de la valla, no nos hablamos mucho, ingeniería hace el diseño, producción lo fabrica, calidad lo inspecciona. Sabíamos que era un proceso muy costoso en tiempo y dólares. De manera que lo hacíamos de esa manera, pero sabíamos que había modos de hacerlo mejor.

El personal se sindicó, y el sindicato pidió salarios más altos y normas de trabajo más estrictas que las de las operaciones de fabricación, no sindicadas, de Fairweather. Las relaciones entre el sindicato y la dirección no eran de cooperación, generalmente. Las relaciones con los clientes se deterioraron también. Las líneas de responsabilidad no estaban claras. Había demasiados niveles. En resumen, muchos de los problemas de Instrumentos de Navegación eran similares a los que se presentan al resto de la industria americana.

Encontrar una dirección

Simpson comenzó su esfuerzo de revitalización convocando un cierto número de largas reuniones con sus principales ejecutivos en las que se admitió y se discutió abiertamente la debilidad de la división. Conclusión: «Debe de haber un camino mejor para hacer las cosas que este cenagal en que nos encontramos». Durante este período, Simpson y su staff pasaron un día fuera de la oficina, trabajando sobre las relaciones entre ellos mismos. En la reunión, los directivos discutieron sus propios puntos de vista, el modo en que veían sus puestos de trabajo y sus enfoques sobre la gestión.

Simpson también hizo objeto de discusión las cuestiones básicas de negocio planteadas a Instrumentos de Navegación: ¿A qué mercados debería servir la operación? ¿Qué productos y qué tecnología son necesarios? ¿Qué niveles de calidad, servicios y coste han de conseguirse? Se decidió que la cuota de mercado inicial provendría del suministro de productos y servicios superiores desde el punto de vista tecnológico. La eficacia en la gestión de costes aseguraría el éxito financiero a largo plazo.

El proceso de identificación de objetivos del negocio difería significativamente del de la anterior administración. Antes de la llegada de Simpson, todas las decisiones importantes que afectaban al negocio procedían del director general y de su director de marketing. Simpson implicó a todo el equipo directivo. Inicialmente, los directivos recién implicados informaron de alguna dificultad en la lucha con la perspectiva interfuncional que demandaba el proceso. Sin embargo, el implicarse en el proceso les permitió desarrollar esa perspectiva generalista.

Una vista de empleados de distintos sectores, incluidos un cierto número de representantes sindicales, a una planta de Fairweather de altos rendimientos y organizada totalmente en torno a equipos apoyó un nuevo enfoque organizativo. «Mi visita a esa planta me convenció», recordaba un supervisor de producción, «de que un enfoque de equipo podría tener como consecuencia una dirección mejor y una mayor productividad. La actitud y el orgullo que los empleados [de la planta] mostraban por su trabajo en Fairweather es increíble. Hay que verlo para creerlo».

Por supuesto que no todos los empleados reaccionaron con el mismo entusiasmo. El mismo Simpson informó de que le llevó un cierto tiempo darse cuenta del valor del enfoque de equipo. También constató que su propio staff estaba «endemoniadamente nervioso. Alguno dijo que la idea de equipo era la cosa más estúpida de que había oído hablar nunca».

Guante de seda

Después de haberse convencido a sí mismo, Simpson consiguió apoyos aplicando lo que muchos llamaron un guante de seda. Dejó claro a sus directivos que la división iba a motivar al empleado para que se implicase, que debían encontrar los modos de realizarlo y que él les ayudaría a aprender a delegar y dirigir bajo el nuevo enfoque. Sesiones externas sobre formación de equipos, impartidas por consultores externos, hicieron correr la voz de que la implicación del empleado era la «nueva religión», porque «es buena para nuestro negocio y para nuestro personal». Simpson ofreció su apoyo a los directivos que deseaban ayudarle a conseguir el objetivo. A quienes no lo hicieron así, les ofreció recolocación y asesoramiento.

Uno de los escépticos iniciales ante los métodos de Simpson fue el presidente del sindicato local de Instrumentos de Navegación. «Puede contar con que el sindicato y yo nos quedaremos fuera», insistió. «Ya hemos tenido bastante con esos condenados programas. Cuando obtenga el apoyo de mi gente y pueda demostrármelo, le respaldaré.» Simpson se aseguró de que el sindicato estaba ampliamente representado en todos los grupos de planificación y supervisión, y los miembros de la directiva del sindicato local acabaron siendo fieles partidarios del esfuerzo de revitalización de Simpson.

El desarrollo de una visión

Ahora, dos años después de su llegada a Instrumentos de Navegación, Simpson había creado un equipo de planificación de veinte miembros, compuesto principalmente por aquellos directivos, trabajadores y representantes sindicales que habían visitado la planta innovadora un año antes. Encargó al equipo que desarrollara y pusiera en práctica un plan para movilizar a todos los empleados para conseguir los objetivos del negocio de Instrumentos de Navegación. El equipo de planificación decidió que para que la unidad fuera eficaz habían de superarse las barreras puestas a la coordinación interfuncional. Uno de los miembros del equipo dijo: «decidimos que ni una sola pieza mensurable de trabajo se realizaría dentro de una sola área funcional».

El equipo de planificación creó un grupo nuclear de 90 miembros, tras reconocer la necesidad de que hubiese un mayor grado de implicación. Los representantes seleccionados por sus iguales desarrollarían una visión de Instrumentos de Navegación. Preocupado por no verse dominado por la alta dirección, el grupo nuclear no invitó en principio a unirse a él ningún alto directivo. Finalmente, Simpson acabó siendo miembro a requerimientos del grupo, pero jugó un papel menor. Una vez hubo deliberado, el grupo reunió a 650 empleados en un teatro cercano.

La visión presentada por el grupo nuclear comprometió a la organización a «instaurar un clima que anime a la gente a participar en la toma de decisiones que les afecten y a comprometerse personalmente con los objetivos del beneficio, la productividad y el crecimiento del negocio». La visión destacaba la importancia principal que tiene la calidad para todas las áreas, incluyendo el «desarrollo de productos mejores y a precios competitivos, la excelencia en el servicio al cliente, la reducción al mínimo de los productos defectuosos y de aquellos que han de retocarse, el orgullo personal por el producto», así como la «comunicación abierta y las relaciones interpersonales».

Finalmente, el grupo nuclear abogó por la creación de un cierto número de equipos multinivel, interfuncionales que se organizarían en torno a unidades de trabajo identificables y mensurables. Entre ellos se encontraba un equipo de gestión del negocio compuesto por Simpson y su staff para establecer la dirección estratégica de la unidad, equipos de área del negocio que desarrollaran planes de negocio para mercados específicos, equipos de desarrollo del producto para gestionar el desarrollo de nuevos productos desde el diseño original hasta la terminación, equipos de proceso de producción compuestos por ingenieros y trabajadores de la producción para identificar y resolver problemas de calidad y de coste en la planta, equipos de proceso ingenieril para examinar métodos y equipos de ingeniería y un cierto número de equipos de familias de puestos de trabajo centrados en la tarea de reunir a los que trabajaban en puestos similares.

Simpson formó también un equipo puente formado con su staff y personal clave entre los que participaban —un representante sindical, una secretaria, un directivo de finanzas y un especialista de recursos humanos— con el fin de controlar el esfuerzo de revitalización y resolver cuestiones que no se hubieran podido resolver sin la estructura de equipo. Los líderes de los equipos también se reunieron en los llamados equipos de líderes de equipo y trabajaron estrechamente con el equipo puente para supervisar y facilitar el esfuerzo en toda la unidad.

Una unidad revitalizada

La estructura de equipo se puso en práctica por etapas, comenzando por el área de producción, por voluntad de sus directivos. Pronto le siguieron los equipos de gestión del negocio y de desarrollo del producto, pero los equipos de proceso ingenieril demoraron dos años. Todos los equipos recibieron ayuda de los departamentos de recursos humanos de la división y de la corporación.

Los cambios no modificaron el mapa organizativo de Instrumentos de Navegación. Afectaron a los comportamientos. Los miembros de los equipos entraron en relación con funciones y niveles interdependientes: los de producción con los de ingeniería y los de marketing, los trabajadores de talleres con los ingenieros. La interacción forzada estimuló el entendimiento por parte de los miembros de los roles de sus colegas funcionales y subrayó sus responsabilidades conjuntas en la tarea de alcanzar objetivos aceptados mutuamente de los que se les hacía responsables. Se compartió la información operativa y los problemas se identificaron mucho antes de que produjeran crisis. Una vez que cayeron las rígidas barreras a la cooperación interfuncional fluyó incluso más información por toda la organización.

Los rendimientos de Instrumentos de Navegación en los años siguientes a estos cambios fueron espectaculares. Se elevó la calidad de los productos y servicios. Las medidas operativas de rendimiento organizativo —valor añadido por empleado, reducción de productos defectuosos, calidad, servicio al cliente, existencias brutas por empleado— se incrementaron sustancialmente [2].

Los empleados informaron también de que se había instaurado un clima organizativo significativamente mejor. Un empleado hizo la siguiente observación:

> Yo he visto, desde luego, cómo han mejorado las relaciones. Tenemos en nuestro equipo a personas de ese otro departamento. Reconocen que tienen la obligación de contribuir pronto al proceso de desarrollo en lugar de esperar a las evaluaciones río abajo, cuando es demasiado tarde para hacer algo. También veo una orientación más sólida en el diseño hacia el objetivo de hacer que el coste del producto sea una fuerza conductora del diseño.

El punto de vista y la competencia de los individuos se vieron afectados también por los cambios. Los empleados adquirieron una perspectiva del negocio más amplia, la capacidad de resolver problemas y mejores capacidades. Un empleado dijo:

> He cambiado como persona. Soy una persona diferente a la de hace cuatro años. Mis actitudes hacia las cosas son completamente distintas. Razono mejor. Contemplo mejor el lado opuesto. No quiero herir a nadie.

De acuerdo a una medición estandarizada de las actitudes de los empleados que realizaba periódicamente Fairweather, Instrumentos de Navegación se situó entre las primeras divisiones de la corporación, lo que supuso un cambio extraordinario en relación a su situación cinco años antes.

La temprana oferta de Simpson de recolocar a los que no se integraron en la nueva visión de Instrumentos de Navegación demostró no ser descabellada. Algunos directivos, incluidos dos importantes ejecutivos del staff de Simpson, aspiraban a tener oportunidades en otras divisiones de Fairweather. Con la ayuda de Simpson, se les transfirió o promovió a otros lugares.

---

[2] Los beneficios mejoraron en un 305 por 100 en un período de cuatro años, mientras que las ventas se incrementaron en un 104 por 100. El porcentaje de desechos sobre las ventas descendió de un 9,2 por 100 al 2,8 por 100. El inventario bruto como porcentaje de ventas bajó desde el 68,2 por 100 al 37,5 por 100. Finalmente, el valor añadido de las ventas por empleado pasó de 52.000 y 75.000 dólares. La fiabilidad del producto fue mayor que la de los competidores, 7.000 horas de promedio entre fallos para Instrumentos de Navegación *versus* 2.000 horas para los competidores. La reputación del negocio por servicio al cliente había mejorado sustancialmente.

Simpson aprovechó su partida para eliminar dos niveles jerárquicos próximos a la cumbre, un cambio totalmente coherente con la implantación de la organización de equipos por tareas.

Retos persistentes

A pesar de los enormes progresos realizados, la organización tiene aún que enfrentarse a problemas, cinco años después de haber emprendido el esfuerzo revitalizador, muchos de ellos surgidos como consecuencia de los cambios efectuados. «Los de supervisión de la fábrica se sienten como si no fueran parte importante del cuadro. Y, por ello, encuentran todo tipo de escusas para no ayudar al equipo», informó un directivo. A pesar de que el rendimiento había mejorado significativamente, algunos percibieron que el cambio desde una organización jerárquica a una organización en equipo por tareas había reducido la disciplina y la orientación al objetivo.

> Antes teníamos un estilo autocrático de gestión, procedente del grupo de aviónica militar. Ahora piensan algunos que nos hemos escorado demasiado en la otra dirección. Nos hemos vuelto demasiado permisivos... Algunos están sacando provecho de ello, haciendo pausas, alargando los almuerzos; se supone que los supervisores no van a mirar mucho por detrás de sus hombros. Pienso que tenemos que encontrar un terreno medio.

Estas observaciones llevaron a la dirección a considerar la introducción de un sistema más formal de información y control de los equipos, que formalizara el proceso de establecimiento de objetivos e hiciera a los equipos más responsables.

PASOS CLAVES A LO LARGO DEL CAMINO CRITICO

La experiencia de revitalización de Instrumentos de Navegación siguió una secuencia de pasos que hemos venido a reconocer en otros esfuerzos triunfantes de revitalización uninivel y echado en falta en otros que han tenido menos éxito. No es sorprendente que General Products, el líder de la revitalización en nuestro estudio, tuviera muchas unidades en distintas etapas a lo largo del camino crítico. A la inversa, los rezagados en la revitalización, U.S. Financial y Continental Glass, tenían pocas o ninguna de tales unidades. De aquí nuestra conclusión de que la ejecución profesionalizada de los pasos del camino crítico por directivos de unidad de una gran corporación es esencial para la renovación corporativa.

Nos llegamos a convencer de que el seguir, aproximadamente, la secuencia de superposición de los pasos a lo largo del camino crítico es tan importante como el contenido de los pasos mismos. Este enfoque permitía a los directivos de unidad obtener los beneficios de la participación —alta motivación y desarrollo de capacidades— al mismo tiempo que los beneficios del cambio de arriba a abajo —un enfoque del negocio penetrante.

El camino crítico es un proceso general conducido por la dirección que pone en práctica la alineación de tareas a nivel de unidad, realizando lo siguiente:

1. Movilizar la energía para el cambio entre todos los miembros de la organización implicándolos en la diagnosis de los problemas que bloquean la competitividad.
2. Desarrollar una visión de alineación de tareas sobre cómo organizarse y dirigir para alcanzar la competitividad.
3. Promover el consenso en torno a que la nueva visión es «acertada», la competencia para realizarla y la cohesión para inducir el cambio.
4. Extender la revitalización a todos los departamentos de la unidad, de manera que se evite la percepción de que se está imponiendo un programa desde arriba pero que, al mismo tiempo, asegure la coherencia con los cambios organizativos en marcha.
5. Consolidar los cambios mediante políticas, sistemas y estructuras formales que institucionalicen la revitalización.
6. Controlar y crear estrategias continuamente como respuesta a los problemas previsibles en el proceso de revitalización.

Contemplemos ahora con mayor detalle cada uno de los seis pasos para ayudar a explicar y a «operacionalizar» la aplicación efectiva de la revitalización en las unidades de negocio.

Paso 1. Movilizar energía

La transformación de Instrumentos de Navegación desafiaba a supuestos fundamentales de la organización y la gestión empresarial. No es sorprendente que los líderes que se planteaban dicha transformación necesitaran encontrar una fuente de energía para el cambio. Los seres humanos y, por tanto, las organizaciones, tienden, por naturaleza, a evitar el cambio. En Instrumentos de Navegación, tanto los supervisores de primera línea como los directivos medios y superiores se vieron amenazados por la organización por tareas e igualitaria que estaba emergiendo.

Virtualmente, todas las unidades organizativas que estudiamos comenzaron el proceso de revitalización como consecuencia de presiones por mejorar los resultados. En Instrumentos de Navegación fueron las grandes pérdidas y la introducción inferior a lo esperado de nuevos productos. En la planta de vidrio de Crawfordsville, de Continental, fue la inadecuada calidad del producto. Tales presiones externas constituyen el potencial para motivar el cambio en todos los que participan en la organización[3]. Sin embargo, ese potencial lo debe desarrollar el director general.

El director general puede sentir de manera aguda las presiones de los rendimientos, mientras que otros empleados puede que sólo sean vagamente conscientes de ellas. A menudo, los directivos que omitían el compartir con sus empleados información pertinente relativa a costes, calidad y beneficios perpetuaban esta falta de consciencia. El trabajador medio no sabía nada sobre las necesidades del cliente o los costes competitivos, y mucho menos del coste y de la calidad real del producto que hacían. No resulta sorprendente que muchos empleados no hubieran adquirido un gran conocimiento del entorno competitivo o de la necesidad de cambiar. El apoyo del empleado al cambio es crítico; los datos de nuestra encuesta pusieron de manifiesto una relación extremadamente estrecha entre el apoyo del empleado y el alcance de la revitalización (véase Apéndice II).

Todo líder de la revitalización tiene que encontrar un modo de traducir las presiones externas en insatisfacción interna con el *status quo* y/o la ansiedad por un camino mejor. La insatisfacción se alimenta con la consciencia de que la organización no satisface ya las demandas de su entorno competitivo. La ansiedad se puede estimular imaginando un enfoque de organización y gestión que elimine muchos problemas actuales o apele a valores fundamentales[4]. Tal energía se movilizó de varias maneras.

Compartición de datos y discusión de su significado. Jerry Simpson trabajó en Instrumentos de Navegación por implantar el consenso en torno al hecho de que el entorno competitivo demanda nuevas formas de operación y de gestión. Tal consenso se derivó de las diversas reuniones que mantuvo con su staff. Tales reuniones dieron a Simpson la oportunidad de presentar datos sobre la realidad de la situación competitiva y de compartir información sobre los problemas internos. Acarrearon el conocimiento de las raíces de los problemas y de las consecuencias probables si no se corregían.

El método más común de crear una insatisfacción compartida con el *status quo* implicaba la difusión de datos referentes al rendimiento competitivo y del resultado de las encuestas internas realizadas entre los empleados. Los datos acerca del rendimiento del negocio consistían en información de beneficios y pérdidas, información de precios y costes comparativos, de salarios comparativos e información sobre el posicionamiento de la unidad en el mercado, en comparación con el de los competidores.

---

[3] La noción de que el cambio se ve impulsado por la insatisfacción con el *status quo* es familiar. Véase, por ejemplo, L. E. GREINER, «Patterns of Organization Change», *Harvard Business Review*, 45 (mayo-junio 1967), pp. 119-130; y M. BEER, *Organization Change and Development: A System View* (Santa Monica, CA, Goodyear, 1980).

[4] La idea de desarrollar un ideal de cambio atractivo se discute en R. BECKHART y R. HARRIS, *Organizational Transitions: Managing Complex Change* (Reading, MA, Addison-Wesley, 1987).

Con el fin de transmitir de manera más directa la urgencia y realidad de un problema se puso a los empleados en contacto directo con la fuente de información. Dick Vanaria hizo eso en Crawfordsville cuando distribuyó muestra de objetos de cristal mejores, realizados por un competidor. Las visitas a clientes o suministradores o las presentaciones realizadas por ellos en las instalaciones de la compañía fueron otros medios de poner a los empleados en contacto directo con el entorno exterior.

Demanda de un mejor rendimiento y comportamiento. Generalmente, los directores generales aumentaban la creciente consciencia que tenían los empleados de que la organización tenía problemas con la demanda de objetivos por fines y medios. El insignificante papel desempeñado por Jerry Simpson en la planificación de las reuniones reflejaban el deseo de evitar controlar el resultado de las mismas, pero ello no indica que dejara de ser ejecutivo respecto a los dos parámetros que iban a guiar todas las deliberaciones y actuaciones. Dejó claro que todos los cambios propuestos se deberían basar en dos supuestos:

1. Todas las intervenciones tenían que mejorar la capacidad de la unidad para alcanzar los objetivos del negocio establecidos por Simpson y su staff.
2. Los medios de alcanzar tales objetivos tenían que ser la implicación del personal y el incremento del trabajo en equipo.

La importancia de pedir resultados y modos de comportamiento se vio apoyada por los datos de nuestra encuesta cuantitativa, que pusieron de manifiesto que mientras que la mayor parte de los líderes de esfuerzos de revitalización establecen objetivos por resultados, los líderes de las transformaciones que han tenido éxito establecen objetivos de cambios de comportamiento significativamente más a menudo que los líderes cuyos esfuerzos demostraron tener menos éxito.

Exposición a los empleados de modelos de organización. La insatisfacción con el *status quo* se puede incrementar también presentando a los empleados modos radicalmente diferentes y mejores de gestionar un negocio. La visita a la planta orientada al equipo de Fairweather ofreció un modelo alternativo a los empleados de Instrumentos de Navegación. Tal modelo convenció a los visitantes de que un enfoque de equipo basado en la cooperación y la confianza producía rendimientos superiores y propiciaba un entorno de trabajo más satisfactorio. Por supuesto que el hecho de ver una organización innovadora y de altos rendimientos contribuyó también a su insatisfacción por las condiciones de Instrumentos de Navegación. El que la planta estuviera dentro de Fairweather y los visitantes pudieran charlar directamente con sus directivos y trabajadores hizo más creíble aún la demostración.

A lo largo de los años ochenta, muchas compañías organizaron visitas a Japón con el mismo propósito. Livingston Electronics, por ejemplo, envió equipos de ejecutivos y de líderes sindicales a visitar instalaciones de fabricación japonesa. Tales visitas produjeron tanto admiración como insatisfacción, de acuerdo con un alto ejecutivo de Livingston.

Cuando no hay un peligro presente y claro. Podría decirse que Jerry Simpson contó con una ventaja natural en sus esfuerzos por movilizar energía. Instrumentos de Navegación se enfrentaba a un peligro presente y claro: sencillamente, no ganaba dinero. ¿Significa esto que un líder debe esperar hasta que su unidad esté en serias dificultades para movilizar energía para la renovación? Incluso cuando la unidad es rentable actualmente, ¿puede bastar la conciencia de que podría haber problemas en el futuro para movilizar energía?

Nuestra experiencia nos dice que los mayores cambios se producen en las unidades que se enfrentan con una situación competitiva extrema, pero no vemos la razón de que esto tenga que ser así. Si el líder cree que es necesario efectuar cambios fundamentales para afrontar las demandas futuras del entorno puede movilizar energía en torno a ese supuesto. La clave está en asegurarse de que todos los participantes están al tanto de la misma información que ha convencido al líder de la necesidad de cambiar.

Paso 2.   Desarrollo de una visión de alineación de tareas

Instrumentos de Navegación respondió a la crisis competitiva a que se enfrentaba con más que iniciativas parciales, programáticas. Bajo el liderazgo de Simpson, una estructura de equipo *ad hoc* proporcionó un mapa del modo en que la división debería de operar para conseguir en el futuro productos de alta calidad. Los principios subyacentes a la visión eran la implicación del empleado y el trabajo en equipo.

Se ha apuntado a menudo el papel esencial que juega el desarrollar una visión o modelo del estado futuro para impulsar la renovación hacia adelante [5]. Sin una visión, los empleados no alcanzan a comprender cómo funcionará la organización en el futuro o no encuentran una razón clara y fundamental a los cambios en roles, responsabilidades y relaciones que se les pide que efectúen. La visión permite que las iniciativas de revitalización se integren a medida que se extienden en el tiempo. El resultado debería ser una organización altamente capacitada en la que los nuevos roles, el estilo de gestión, las aptitudes y capacidades de los empleados, la estructura y el proceso de gestión encajan y refuerzan el comportamiento deseado [6].

---

[5] Véase, por ejemplo, BEER, *Organization Change and Development;* N. TICHY y D. ULRICH, «Revitalizing Organizations: The Leadership Role», en J. R. KIMBERLY y R. E. QUINN, *Managing Organizational Transitions* (Homewood, IL, Richard Irwin, 1984), pp. 240-264; y G. BARCZAK, C. SMITH y D. WILEMON, «Managing Large-Scale Organizational Change», *Organizational Dynamics,* 16 (otoño 1987), pp. 22-35.

[6] El concepto de «encaje» o adecuación y su contribución a la eficacia lo han debatido también varios otros autores. Véase, por ejemplo, P. R. LAWRENCE y J. W.

¿Cómo desarrollar una visión consistente? Al igual que muchos otros líderes de unidad, el mismo Simpson no tenía una clara visión inicialmente, y ni un sólo factor proporcionó una información global. Podemos trazar los pasos mediante los que se producía una visión:

- Los objetivos del negocio del liderazgo tecnológico y servicio de alta calidad, que emergieron del proceso de planificación estratégica, hicieron del trabajo en equipo un imperativo.
- Después de visitar la planta innovadora de Fairweather, Simpson desarrolló las nociones generales de implicación del personal y de trabajo en equipo, y esas nociones se correspondían con la crónica insatisfacción que tenía Simpson con la burocracia de Fairweather.
- El equipo de planificación concluyó que todo trabajo implicaba interdependencias interfuncionales, especialmente el desarrollo de un nuevo producto.
- La implicación de más de 100 empleados en el equipo de planificación y en el grupo nuclear transformó estas ideas generales en una visión específica de la estructura del equipo y del proceso de gestión de Instrumentos de Navegación.

Sería un error concluir que el construir la visión del estado futuro de una organización implicada en la renovación se dejó enteramente en manos de los representantes de los grupos de empleados. El liderazgo de Simpson era tanto ejecutivo como no ejecutivo. Era altamente ejecutivo en los valores de su visión emergente y en la cuestión de a dónde debería llevar la renovación Instrumentos de Navegación. Cuando el grupo nuclear cuestionó su propia escala de valores, se vio que tales valores tenían un alto grado de coherencia con los de Simpson.

Un directivo que era miembro del grupo nuclear recordó, bromeando, lo que por aquel tiempo parecía ser un proceso altamente «participativo»:

Se me pidió que me implicara en un proceso de planificación, aunque a mí me parecía como si todas las decisiones importantes las hubiera tomado ya Jerry. No me pareció que fuese un proceso muy participativo.

Simpson fue mucho menos ejecutivo en la determinación precisa de cómo se debían aplicar esos valores dentro de Instrumentos de Navegación.

Al analizar los datos de la muestra de 26 unidades se comprobó que los directores que habían transformado con éxito subunidades habían articulado una visión y animado la organización para la consecución del objetivo

LORSCH, *Developing Organizations: Diagnosis and Action* (Reading, MA, Addison-Wesley, 1969); J. P. KOTTER, *Organizational Dynamics: Diagnosis and Intervention* (Reading, MA, Addison-Wesley, 1978); BEER, *Organization Change and Development;* R. H. WATERMAN, T. J. PETERS y J. R. PHILLIPS, «Structure is not Organization», *Business Horizons,* 23 (junio 1980), pp. 14-26.

más frecuentemente (63 por 100) que los directores de transformaciones llevadas a cabo con menos éxito (25 por 100).

Extensión de la implicación. Permanecen las cuestiones: ¿por qué implicar a tantos individuos en un proceso diseñado para producir respuestas que ya conoce —al menos en una forma amplia— el director general? El número de empleados en Instrumentos de Navegación era grande —desde luego, más grande que en ningún otro de los ejemplos con que nos encontramos— y ello hizo el proceso de visión lento y pesado. Un coordinador de las reuniones del grupo nuclear describió el proceso como «enseñar a andar a una cría de dinosaurio». Los directivos que se enfrentan con una fuerte situación competitiva deben de considerar esta lentitud particularmente peligrosa.

Sin embargo, era importante que la implicación fuese amplia. Descubrimos en nuestros análisis estadísticos que las unidades que seguían un proceso más participativo en el desarrollo de una visión eran más aptas para triunfar en la revitalización.

La implicación sirvió a un cierto número de propósitos en Instrumentos de Navegación. Creó un compromiso con la nueva organización que proponía el grupo nuclear. Como se vieron implicados en ella representantes de los distintos participantes, el proceso de desarrollo de la visión aseguró que el contenido de la visión satisfaría las necesidades de tales participantes [7]. El mismo directivo que creyó originalmente que Simpson había tomado todas las «decisiones importantes» se sintió comprometido con ellas después de haberse visto ampliamente implicado en su puesta en práctica como miembro del grupo nuclear.

La participación en el proceso de formación de la visión provoca compromiso con la renovación y mejora, al mismo tiempo, las competencias. Los miembros del grupo nuclear practicaron, experimentaron y aprendieron a escuchar y a comunicarse, así como formas no destructivas de afrontar el conflicto y alcanzar el consenso; también aprendieron a analizar y a pensar problemas abstractos. Estas capacitaciones interpersonales y cognitivas son las necesarias para hacer que triunfe la estructura del equipo interfuncional.

Finalmente, la participación en el grupo nuclear comenzó a mejorar los problemas de coordinación de Instrumentos de Navegación. La inclusión en el de representantes de diseño, ingeniería, producción y ventas creó relacio-

---

[7] La presunción de que el personal que participa en la definición y solución de los problemas se comprometerá más con los resultados de ese proceso como consecuencia de tal participación es una de las más fundamentales en todas las teorías de comportamiento organizativo. Véase, por ejemplo, L. COCH y J. R. P. FRENCH, Jr., «Overcoming Resistance to Change», *Human Relations,* 1 (1948), pp. 512-523; R. LIKERT, *New Patterns of Management* (Nueva York, MacGraw-Hill, 1961); E. A. FLEISHMAN, «Attitude versus Skill Factors in Work Group Productivity», *Personnel Psychology,* 18 (1965), pp. 253-266; y W. W. BURKE, *Organization Development: Principles and Practices* (Boston, Little, Brown, 1982).

nes entre empleados que acabaron formando equipos. Su implicación aseguró también que la solución del problema del diseño —o de la estructura del equipo— garantizaría que se produjese una acción coordinada de estas operaciones aisladas en principio. La gente que convivía diariamente con los problemas de la organización tenían voz a la hora de diseñar las soluciones para ellos.

Creación de significado. La visión de Instrumentos de Navegación era mucho más que una descripción de un nuevo enfoque para gestionar el negocio. Al alinear estrechamente los objetivos del negocio con los nuevos roles, relaciones y responsabilidades entre los empleados, la visión de una revitalizada Instrumentos de Navegación tuvo un claro significado para los empleados.

Las visiones eficaces no son sólo planteamientos prácticos sobre el modo de cambiar el proceso de gestión y de relacionar dicho cambio con los objetivos del negocio; expresan también valores que permiten a los empleados identificarse con la organización. En resumen, contribuyen al negocio y al bienestar del empleado, algo que los objetivos financieros no hacen por sí solos. La mayor parte de aquellos con quienes hablamos estaban de acuerdo con el director de Intercontinental Glass que sugirió, «Es difícil animarse con un beneficio de sólo el 15 por 100».

En contraste, los empleados consideraban plenos de significado los esfuerzos de revitalización que ponían el acento en la realización de un producto de alta calidad. Y como consecuencia, no es sorprendente que la visión de Instrumentos de Navegación se centrara en la calidad del producto. Como nos dijo el director general de una división de Livingston:

> La calidad es como la tarta de manzana, la maternidad y la bandera americana. La gente la experimenta en su vida laboral y fuera de ella. Ellos saben que obtienen mala calidad cuando compran un producto mal hecho o les dan un mal servicio.

Como quiera que la mejora en la calidad del producto refuerza generalmente el posicionamiento competitivo de una compañía, el deseo de los empleados de contribuir a ella significativamente alinea los objetivos financieros de los accionistas y los de seguridad en el empleo del personal.

Paso 3.   Fomento del consenso, la competencia y la cohesión

El proceso de superar la resistencia y fomentar las capacidades necesarias requiere siempre un mayor grado de intervención y apoyo del que proporciona el simple hecho de dejar a los empleados participar en el desarrollo de al visión. ¿Por qué? No todos pueden tomar parte en el diseño de la nueva organización. Los que participan no aprecian plenamente los requisitos de cambio hasta que no está en marcha la nueva organización.

Por ello, los líderes del cambio dan generalmente otros pasos específicos para reforzar más el apoyo y las capacitaciones de los empleados.

Formación del equipo. Uno de los primeros pasos que dio Jerry Simpson al tratar con los altos directivos de su staff fue organizar una sesión de formación de equipos fuera del centro de trabajo. Simpson no fue el único en descubrir que las sesiones de formación de un equipo eran un importante paso intermedio para mejorar la coordinación y la solución del problema mutuo. La capacidad de incluir a otros en la toma de decisiones, de compartir la información abiertamente, de admitir errores y de ofrecer ayuda para bien de toda la organización no se produce fácilmente siempre.

Especialistas externos —generalmente alguien de recursos humanos corporativos o un consultor profesional especializado en la dinámica de formación de equipos— ayudan a llevar adelante el proceso de formación de estos equipos. Pueden recabar opiniones sinceras de los miembros sobre los problemas que pueda tener el grupo al trabajar en equipo. Estas opiniones se pueden presentar al director y a los subordinados de manera que faciliten la discusión abierta en las reuniones que se celebran fuera del lugar de trabajo. A menudo, los grupos de trabajo se sorprenden al ver que pueden discutir lo que antes era indiscutible y ponerse de acuerdo en un proceso de comunicación y de toma de decisiones. A su vez, todos los miembros tienen un mejor conocimiento de cómo deben comportarse para integrarse en el equipo, lo que a veces lleva consigo una significativa reevaluación personal[8].

El proceso de formación de equipos lo han utilizado las compañías para mejorar también las relaciones entre los sindicatos y la dirección. No es sorprendente que los intentos de constituir una relación de colaboración con un sindicato tropiecen a menudo con las pautas de comportamiento de los directivos y de los representantes de los trabajadores. Años, o incluso décadas, de relaciones conflictivas crean capas de desconfianza que se deben reconducir y superar.

Un director de planta implicado en un esfuerzo de revitalización que tuvo un éxito especial, llevado a cabo en colaboración con su sindicato local, señaló que estas sesiones de formación de equipos constituyen los pasos claves en el proceso:

Yo diría que no hubo nada tan importante, o tan valioso para la planta [para el esfuerzo de revitalización de la misma] como el hecho de que tomara a mis seis o siete directivos de más nivel y los reuniera con los tipos de más nivel en el sindicato. Fuimos al centro de formación [del sindicato]. Al principio, los tipos de la dirección se

---

[8] Hay un gran cuerpo de literatura sobre la formación de equipos y sobre el proceso de solución de conflictos. Véase, por ejemplo, W. G. DYER, *Team Building: Issues and Alternatives* (Reading, MA, Addison-Wesley, 1987); R. E. WALTON, *Managing Conflict: Interpersonal Dialogue and Third Party Roles* (Reading, MA, Addison-Wesley, 1987).

sentaron en un lado de la sala y la gente del sindicato en el otro. Pero eso cambió cuando comenzamos a charlar. Cada uno habló de las cosas del otro que no le gustaban, e incluso de algunas de las cosas del otro que le gustaban. Muy pronto estábamos mezclados.

El foco de las sesiones de formación de equipos cambia en cuanto se establecen nuevas pautas de comportamiento. Las sesiones atacan los problemas reales del negocio en lugar de ocuparse directamente de los comportamientos. En la planta del anterior comentarista, las sesiones habían evolucionado al tercer día a temas como de qué modo reducir los costes de trabajo para hacer más competitiva a la planta al tiempo que se aseguraban los puestos de trabajo a los miembros del sindicato. En Instrumentos de Navegación, el equipo de Jerry Simpson comenzó a analizar el posicionamiento de su negocio y a desarrollar una estrategia para volver a ganar ventaja competitiva. En ambos casos, las pautas de comportamiento aprendidas en la formación de equipos sirvieron a la unidad, cuando se centró más directamente en la tarea.

Apoyo a la consultoría y la formación. Jerry Simpson no condujo directamente la renovación de Instrumentos de Navegación. Al igual que la mayor parte de otros líderes —a nivel de unidad— de esfuerzos de revitalización llevados a cabo con éxito, se benefició del consejo de consultores internos y externos. Estos consultores aportaron nuevas ideas acerca de cómo organizar y gestionar, así como metodología útiles de recopilación de datos. También prepararon a directivos y trabajadores en los nuevos comportamientos demandados por la redefinición de los roles, las responsabilidades y las relaciones, y facilitaron la interacción entre individuos y grupos interdependientes.

Por ejemplo, la función de recursos humanos de la división de Instrumentos de Navegación jugó un gran papel en la tarea de proporcionar especialistas a cada uno de los equipos. Los equipos los consideraron como miembros temporales que estaban allí para incentivar la interacción y animar a los miembros permanentes a controlar los procesos del grupo. También trabajaron para modelar la clase de comportamientos que debería conducir a un eficaz trabajo en equipo, tal como hacer participar en el debate a los miembros tranquilos del grupo.

Una vez que los equipos de negocio se formaron y entraron en funcionamiento, se proporcionó formación formal. Los miembros del equipo participaron luego en la formación para la eficacia en el liderazgo. Lo que salvó a esta formación de convertirse precisamente en otro programa fue el hecho de que la revitalización no *comenzó* con ella. La formación sólo se ofreció después de que se movilizara la energía, se desarrollara un modelo del nuevo enfoque de organizar y gestionar y se colocara a los empleados en una situación que demandaba nuevas capacitaciones de ellos. Esa formación se diseñó para proporcionar las capacitaciones que el nuevo orden demandaba. Simpson comenzó por crear una demanda de formación y después ofreció programas de formación formal.

Los especialistas no suplieron el liderazgo de Simpson, a pesar de su preparación y de su utilidad. Nuestra experiencia nos llevaría a sugerir que la eficacia se incrementa estableciendo un equilibrio entre el exceso y la falta de confianza en los consultores. La falta de confianza —particularmente en las primeras etapas de la renovación— puede ocasionar problemas y dificultades originados por la falta de capacitaciones y de conocimientos relativos a la gestión de un proceso de revitalización. Sin embargo, constatamos que el exceso de confianza en los consultores o en el personal de recursos humanos era generalmente un signo notable de que un director general se encontraba incómodo en el papel esencial de ser la punta de lanza en el proceso de revitalización.

La recolocación de los resistentes. A pesar de los esfuerzos realizados, no todos los empleados se acaban sintiendo comprendidos con los objetivos de la renovación o adquieren la capacitación necesaria para conseguir esos objetivos. La recolocación de personal clave caracterizó al 50 por 100 de nuestras unidades de más éxito y sólo al 17 por 100 de las unidades de menos éxito. De hecho, el proceso de recolocación se podía dar en todos los niveles de la organización a medida que avanzaba el proceso de revitalización. A los supervisores de primera línea, que pueden verse duramente afectados por una redefinición de sus roles y responsabilidades, se les trasladó frecuentemente cuando no se les pudo adaptar [9].

Cuando los directivos eludían recolocar a los resistentes, los partidarios de la revitalización consideraban que esta falta de acción era un signo de que la dirección no era totalmente partidaria del cambio fundamental. Los datos de nuestra encuesta pusieron de manifiesto que la recolocación de los resistentes se relacionaba directamente con la percepción de apoyo a la revitalización y al cambio de comportamiento sobre el puesto de trabajo. El traslado de los resistentes es esencial si el director general quiere constituir un equipo cohesionado comprometido en la renovación.

La sección local del sindicato. Los líderes sindicales, en cuanto que aliados comprometidos, deben ser extremadamente solícitos en empujar la renovación hacia adelante; en cambio, en cuanto adversarios, pueden poner en marcha la resistencia a la transformación. Por tanto, resulta crítico obtener el compromiso de los líderes de la sección local del sindicato. Esto es algo que merece mención especial por las tradicionalmente adversas relaciones que se han dado entre el sindicato y la dirección y la extremadamente delicada relación a tres bandas que se debe de mantener entre la dirección, el sindicato y los trabajadores.

---

[9] El fenómeno de la resistencia particular que ofrecen los supervisores está ampliamente documentado. Véase, por ejemplo, R. E. WALTON y L. A. SCHLESINGER, «Do Supervisors Thrive in Participative Work Systems?, *Organizational Dynamics,* 7 (invierno 1979), pp. 24-38; L. A. SCHLESINGER, *Quality of Work Life and the Supervisor* (Nueva York, Praeger, 1982); J. KLEIN, «Why Supervisors Resist Employees Involvement», *Harvard Business Review,* 62 (septiembre-octubre 1984), pp. 87-95.

Considerando que Instrumentos de Navegación obtuvo la cooperación del sindicato local y consiguió el más alto nivel de eficacia en su esfuerzo de revitalización entre las 26 unidades estudiadas, puede parecer incongruente dedicar atención especial al problema del sindicato. Sin embargo, descubrimos que no todos los directivos fueron tan eficaces a la hora de obtener el consenso del sindicato como Jerry Simpson. En esos casos, la resistencia no procedió tanto de la presencia de un sindicato como del enfoque que la dirección dio al problema.

Para ilustrar este punto necesitamos mirar fuera de Instrumentos de Navegación. Los trabajadores de Scranton Steel estaban sindicados en el United Steel Workers. Los directivos de dos plantas de Scranton Steel, tratando de revitalizar sus operaciones, se aproximaron al sindicato local de forma significativamente distinta. El impacto fue obvio. En la planta A, los trabajadores hablaban con conocimiento y sinceridad de la crisis competitiva en la industria del acero americana y de la necesidad de que se produjera un cambio fundamental en el modo en que se gestionaba la planta y se trabajaba en los niveles más inferiores. En contraste, los trabajadores de la planta B insistieron de manera casi unánime en que la llamada crisis del acero era un invento de la alta dirección para elevar el precio del acero y forzar al sindicato a hacerle concesiones. Habían leído artículos de periódicos, incluso habían oído directamente a la dirección hablar de las dimensiones de la crisis: la competencia internacional, el alto coste y la baja calidad del acero producido en casa, el exceso de capacidad de fabricación y la floja demanda. Sólo que no creían en lo que leían y oían.

En gran parte, el esfuerzo de revitalización de la planta B tropezó con los supuestos del director de planta. Creyó que necesitaba que los obreros trabajaran voluntariamente más duro y rápido y demostraran flexibilidad y compromiso con los nuevos enfoques. Sin embargo, también contemplaba la larga historia de conflictos habidos en la planta entre el sindicato y la dirección y supuso que el sindicato levantaría una barricada. Así, razonó, ¿por qué no obviar al sindicato y apelar directamente a los trabajadores para que apoyen y se comprometan? Hojas informativas de la dirección firmadas por el director de planta y por su director de relaciones laborales pregonaron el declive de la industria nacional y la necesidad de renovación.

Contrastemos ese enfoque con el esfuerzo de gestión en la Planta A, donde la dirección no informó directamente, sino que trabajó por medio del sindicato. El sindicato local, a su vez, presentó a los trabajadores las dimensiones de la crisis y la necesidad de revitalización. Los trabajadores de la Planta A recibieron todo tipo de información —resultados de las encuestas de actitud, informe de distintas actividades a nivel de departamento e incluso las actas de las reuniones del consejo de administración conjunto sindicato-dirección de la planta—, a través de un boletín informativo titulado *Actualidad del Equipo de participación,* publicado conjuntamente por la dirección de la planta y los líderes del sindicato, o del presidente local, al informar en las reuniones sindicales.

A su vez, las diferentes respuestas de los trabajadores de estas dos plantas afectaron directamente a la capacidad de la dirección de la planta para realizar el cambio. La reestructuración del trabajo fundamental de la Planta A se expandió rápidamente y con relativa facilidad de departamento en departamento. A la inversa, como los empleados de la Planta B no vieron una razón legítima para prescindir de sus procedimientos operativos tradicionales, los esfuerzos de revitalización que se dieron en ella se atascaron inmediatamente y nunca echaron raíces.

No todas las relaciones dirección-sindicato —incluidas las que se dan en esfuerzos a nivel de unidad con relativo éxito— tuvieron el mismo grado de cooperación como las de la Planta A de Scranton Steel o las de Instrumentos de Navegación. Allí donde el liderazgo sindical fue débil y las presiones externas fuertes, los directivos de unidad conseguían ocasionalmente algunos avances con una implicación del sindicato sólo limitada. Sin embargo, incluso en estos casos la capacidad de la dirección para efectuar cambios en las normas de trabajo de talleres fue limitada.

Si la dirección intenta socavar el papel del sindicato en cuanto representante de la fuerza laboral, como sucedió en la Planta B de Scranton, habrá más desacuerdo y resistencia. Si la dirección intenta trabajar en colaboración con el sindicato en un esfuerzo de renovación, el líder sindical será un socio extraordinariamente útil a la hora de consolidar el apoyo y el compromiso.

Paso 4. Extensión de la revitalización a lo largo del proceso

La revitalización no se produce al mismo tiempo en todas las partes de una planta o de una unidad de negocio. Dentro de Instrumentos de Navegación, algunos departamentos comenzaron su revitalización ante incluso de que se establecieran los primeros equipos formales. Otros departamentos procedieron con un retraso significativo. Concretamente, el esfuerzo lo lideró la función de producción y la siguieron ingeniería, marketing y servicio al cliente. Los ingenieros se quejaron ruidosamente de que el concepto de equipo que tenía Simpson era un *tour de force,* una idea que podría funcionar bien en producción, pero que se quedaba atragantada en ingeniería. Los ingenieros estaban preocupados por el modo en que cambiarían sus interacciones con los individuos y departamentos sobre los que habían tenido más poder y control en el pasado. Por ejemplo, el hecho de colocar a personal de producción en todas las etapas del desarrollo del producto suponía para los ingenieros una pérdida de poder y de prestigio.

Participación dirigida. La participación en el proceso se convirtió en la herramienta que permitía a los esfuerzos de revitalización superar la mayor parte de la resistencia del departamento. Se permitió a todos los departamentos de Instrumentos de Navegación que tomaran los conceptos generales de coordinación y trabajo en equipo y los aplicarán a su situación particular. Y, en efecto, cada uno de los departamentos siguió su propio proceso en el camino crítico.

El departamento de ingeniería de Instrumentos de Navegación se pasó casi un año angustiado por la duda de qué significaba para él exactamente el concepto de equipo. Sus altos directivos celebraron reuniones fuera del lugar de trabajo con consultores externos. Se sondeó la actitud del personal mediante encuestas. El director de ingeniería promocionó un encuentro abierto con el fin de batir las estructuras organizativas alternativas del departamento, dentro de un esfuerzo por desarrollar una visión de alineación de tareas y el modo de organizarla. Cuando se vio que los empleados no conseguían alcanzar un consenso, el director les comunicó la dirección en la que deseaba ir, pero el proceso volvió a comenzar totalmente de nuevo con un grupo de ingenieros a los que se les asignó el desarrollo de recomendaciones para su realización.

Este proceso cuidadosamente lento está destinado a frustrar a los directivos que tienen prisa por hacer más eficaces sus organizaciones. En esencia, llega a permitir a cada departamento y unidad «reinventar la rueda». Pero si no se lleva a cabo, acaba costando tiempo a la organización.

Un superintendente de planta de Scranton Steel nos proporciona un ejemplo práctico de incrementos de costes debidos al hecho de puentear un proceso de participación. Recordaba la rabia, la frustración y la resistencia causada por su director de planta quien, en mitad de un esfuerzo de revitalización, introdujo por la fuerza un nuevo programa de mantenimiento:

> Hace un año aproximadamente, poco después de que comenzáramos a debatir la necesidad de una mayor confianza y comunicación, se nos presentó un programa nuevo, denominado Concepto de mantenimiento operativo. Surgió del departamento de mantenimiento, pero afectaría a todos los superintendentes de la planta, al otorgarnos nuevas responsabilidades.
>
> El director de planta nos presentó la idea en el almuerzo y la manipuló en la forma en que siempre se manipulan las cosas. Se nos dijo que se iba a introducir. La respuesta inmediata de los superintendentes fue que eso no funcionaría. El director de planta preguntó que cuáles eran los problemas y en diez minutos quedó de manifiesto que el personal de mecánica que había vendido la idea al director de planta no había tomado en consideración un cierto número de los principales problemas.
>
> La gente se puso a la defensiva. Yo perdí los nervios, dije que allí había grandes problemas que no se habían tomado en consideración y que el nuevo concepto no funcionaría. El director de planta montó en cólera y saltó sobre mí. Al momento se detuvo toda discusión...
>
> Bien, después todo subió de tono. Primero de todo dijimos que ellos no habían recabado nuestra opinión. Finalmente, el director de planta se sentó con todos sus superintendentes. Formamos grupos de estudio y tuvimos sesiones de *brainstorming*. Formamos un comité directivo representativo y colocamos en él a un representante sindical.

Por supuesto que si hubiésemos hecho esto en primer lugar nos hubiéramos ahorrado seis meses.

En esta historia vemos un error característico de los directivos sin experiencia en la difusión de la revitalización. Confunden la insistencia en una solución particular a un problema con la insistencia en un *proceso* de búsqueda de una solución. El difundir la revitalización requiere gestionar una paradoja. El líder de la revitalización debe mantenerse firme en su deseo de ver a todos los departamentos comprometidos en un proceso del que habrá de surgir una visión, pero debe de ser flexible en cuanto al modo particular que elija cada uno de los departamentos para aplicar tal visión. Este cuidadoso equilibrio es importante no sólo para conseguir el compromiso, sino también para asegurar que la revitalización se realiza de modo que afronte las necesidades particulares de cada una de las áreas nuevas.

Búsqueda de buena disposición. Incluso aunque exista un buen entendimiento de este principio básico, la renovación se debe difundir más rápidamente si se le permite surgir en aquellas funciones y departamentos que están más dispuestos. Esa disposición tiene muchísimo que ver con el director. En Instrumentos de Navegación, la renovación comenzó en la función de producción cuando un director decidió voluntariamente que comenzara en su departamento. Este tipo de directivos existe en toda organización. La buena disposición se ve condicionada también por el hecho de que la función o departamento tenga probabilidad de ganar o perder poder como consecuencia de su implicación.

Paso 5.   Consolidación mediante formalización

La revitalización de Instrumentos de Navegación modificó el modo en que los empleados veían sus roles y responsabilidades. Los líderes del equipo esperaban que los miembros de los equipos de desarrollo estuvieran tan comprometidos con el éxito del equipo como lo estaban ellos con la consecución de los objetivos funcionales. Se esperaba que compartieran abiertamente información acerca de las potenciales demoras en el desarrollo del producto que pudieran derivarse de problemas encontrados en su departamento.

Inicialmente, estas modificaciones no incluían muchos cambios formales en las relaciones y sistemas de información, en la evaluación, la compensación o los sistemas de control. Los cambios se veían sostenidos por las expectativas del director general y por las cambiantes normas de la organización. Sin embargo, después de varios años de despliegue del proceso, Jerry Simpson contempló posibles cambios en los sistemas de información y compensación para apoyar las nuevas pautas de comportamiento que estaban surgiendo.

Las modificaciones en las políticas formales, en la estructura y en los sistemas pueden ayudar ciertamente a asegurar el éxito a largo plazo del esfuerzo de revitalización. William Bryant, vicepresidente ejecutivo de fabricación en General Products, aprendió de una experiencia que tuvo como director de planta la importancia de formalizar nuevas pautas de comportamiento:

> Introdujimos en la planta este concepto [el de la participación de los empleados]. La única razón por la que comenzó a funcionar fue porque yo personalmente me puse por encima del sistema. Estaba en la planta todo el condenado día... de manera que hice el trabajo yo personalmente.
>
> En cuanto me ausentaba [de mi planta] un minuto, bingo... volvía derecha a la situación anterior... Después de que sucediera eso, me llevó casi un año y medio darme cuenta de que no importa la formación que impartas, la enseñanza que proporciones, lo que demonios hagas; si no eres tú el que está cambiando permanentemente la estructura de la organización, la infraestructura para cambiar el modo de comportamiento, no se producirá el cambio. La organización, esa estructura es más fuerte que cualquier otra cosa que puedas hacer y acabará por debilitar el antiguo entorno a menos que estés permanentemente cambiándola.

Esas intervenciones «duras», tales como cambios en la estructura y en los sistemas, así como las alteraciones en las prácticas del personal, son las que pueden ayudar a prever las regresiones en cambios de comportamiento que inicialmente se obtuvieron por medios «suaves», tales como expectativas de los líderes, una estructura *ad hoc* y el cambio de normas. Los medios blandos se demuestran insuficientes a largo plazo. No resulta sorprendente que William Bryant animara a los directores de planta de General Products a que efecturan cambios en la estructura y en los sistemas con el fin de consolidar sus iniciales logros en la revitalización.

Paso 6. Establecimiento de controles y diseño de estrategias

El camino crítico es eficaz, pero no está libre de problemas. La experiencia de la revitalización descubre fortalezas y debilidades en una organización. Como las organizaciones son sistemas interdependientes, los cambios que se producen en una parte de una organización provocan tensiones y tiranteces en otras.

El director general tiene la responsabilidad de establecer controles y diseñar estrategias continuamente para asegurar que los problemas se convierten en oportunidades. Sin embargo, la respuesta unilateral a los problemas puede acabar socavando incluso el compromiso y la coordinación que la revitalización trata de crear. Instrumentos de Navegación puso en marcha varios mecanismos que permitían que los componentes claves desempeñaran un papel en el control del esfuerzo de revitalización. El equipo puente, formado por Simpson, su staff y representantes de los componentes clave, vigilaron continuamente el proceso de cambio en la unidad. Encuestas regulares sobre las actitudes de los empleados controlaron las pautas de comportamiento. Para responder a los nuevos desafíos se formaron equipos de planificación.

Muchos de los problemas a que se enfrentaron Simpson y sus empleados fueron exclusivos de Instrumentos de Navegación. Pero hay tipos de problemas que se pueden predecir que habrán de acabar por afrontar todos los esfuerzos de revitalización. Estos problemas no son signos de fracaso. Más bien representan dilemas de los que hay que ocuparse y resolver.

Pérdida de poder. La revitalización organizativa amplía el número de empleados que toman decisiones influyentes. Esto puede ser difícil para algunos. Un directivo experimentado en la revitalización decía lo siguiente:

> Creo que la cosa más difícil para los directivos es el tener que pasar por el aro. Existe la sensación de que van a perder poder... De repente, se dice a la gente que lleva muchos años trabajando y tiene ahora la capacidad de tomar algunas decisiones que pueden cambiar el modo de hacer las cosas: «No eres tú el que vas a decidir eso, sino alguien más»[10].

Desde luego, los ingenieros y supervisores de Instrumentos de Navegación percibieron una amenaza a su autoridad personal. En la toma de decisiones, que antes era unilateral —el control de los ingenieros sobre el diseño de los productos o el control de los supervisores sobre la programación y la organización del trabajo— participaban ahora otras funciones y departamentos, incluso subordinados. Los directivos de factoría dijeron de los supervisores, cuyos roles y poder se estaban viendo amenazados, que «encontraban todo tipo de escusas para no ayudar a los equipos».

No hay soluciones mágicas cuando se percibe una amenaza. Algunas respuestas son la atención, la empatía y la ayuda para redefinir el rol de los supervisores. Muchas organizaciones han dado a los supervisores roles de expertos técnicos, asesores y formadores. Otros han reducido niveles e incrementado las esferas de control, de manera que los puestos que quedan de supervisores tenga más campo y significación. Quizá lo más importante sea implicar a las partes amenazadas en la conformación del proceso de renovación, lo que ayuda a aliviar sus temores. La implicación puede convencer bastante bien a los directivos de que sus redefinidos roles permi-

[10] El directivo citado en esta nota y la siguiente no era empleado de ninguna de las seis compañías de nuestro estudio. Trabajaba para otra compañía incursa en un proceso de revitalización con el que los autores habían tenido una larga relación. Con referencia a los esfuerzos de esta compañía, véase BERT SPECTOR y MICHAEL BEER, «Sedalia Engine Plant (A)», en M. BEER, B. SPECTOR, P. R. LAWRENCE, D. Q. MILLS y R. E. WALTON, *Human Resources Management: A General Manager's Perspective* (Nueva York, Free Press, 1985), pp. 607-640.

ten tanto a ellos como a la organización ganar poder. Esa percepción es uno de los modos de que los directivos pasen por el aro. El directivo con experiencia en revitalización tenía que añadir esto:

> Lo que sucede realmente en este tipo de procesos... es que la cantidad de poder que existe se incrementa... Has obtenido el poder de las ideas creativas de toda una fuerza laboral en lugar de la de un pequeño grupo en la cumbre. De modo que hay una gran cantidad de poder para compartir.

Pérdida de disciplina. Mientras que algunos supervisores rehúsan abandonar cualquier tipo de control, otros crean dificultades abdicando de sus responsabilidades como líderes. Los indicadores más obvios de este problema son los de disciplina. Por ejemplo, en Instrumentos de Navegación algunos se preocuparon porque los empleados hacían pausas más largas y empleaban más tiempo en comer. Estas preocupaciones pueden parecer triviales, pero pueden ser síntomas de un problema más profundo: una pérdida de objetivo orientador.

Cuando los directivos se centran así en rechazar los modos «antiguos» de gestión pueden confundir la participación con la democracia y la autogestión con la gestión del *laissez-faire*. Olvidan que el camino crítico requiere un equilibrio entre la autoridad de arriba a abajo y la autonomía de abajo a arriba. Simplemente pierden la visión de su rol esencial en el establecimiento de una clara dirección, en la definición de tareas y en hacer que los individuos y los equipos sean responsables de los resultados[11].

El director de una planta que visitamos acabó siendo reemplazado porque fue incapaz de centrar las energías de sus subordinados en las tareas nucleares de su operación. Como explicó:

> Uno de los errores estratégicos que cometí fue equivocar el concepto de democracia. Todos los libros que leí lo explicaban: por muy fuerte que sea la presión que recibas, no cedas y no vuelvas a ser autocrático, ejecutivo, todas las cosas que se supone que son los directivos profesionales cuando no proceden de un sistema de trabajo innovador. De manera que me agarré a ese concepto, camino demasiado largo, en el que traté de hacer que el grupo determinara lo que deseaban hacer.

Su sustitución hizo comprender, tal como lo entendió Jerry Simpson, que un líder eficaz que quiera seguir con éxito el camino crítico debe ser claro en los fines, aunque flexible en los medios. Un subordinado del nuevo

---

[11] La importancia de la tarea como fuente de disciplina para los grupos está estudiada en J. R. HACKMAN y R. E. WALTON, «Leading Groups in Organizations», en P. S. GOODMAN and Associates, eds., *Designing Effective Work Groups* (San Francisco, Jossey-Bass, 1986).

y triunfante director de planta descubrió de la siguiente manera el estilo del director:

> Alan [el director de planta]... apunta a la montaña y dice, «Adelante». Y muchos de los otros deseaban saber qué camino tomábamos y dónde descansaríamos. Y Alan dice: «Lo sabremos a medida que avancemos. Yo sé qué montaña deseo tomar y eso es lo más importante. Vamos a tomar esa montaña y estableceremos los detalles a medida que avancemos.»

Mantener las expectativas realistas. Cuando la cultura cambia a la participación, cuando los subordinados paladean la libertad de acción y la influencia, los empleados están preparados para creer que todas las decisiones, con independencia de su ámbito o contenido, deberían contar con las aportaciones de todos. Esto sucedió en Instrumentos de Navegación cuando los empleados se quejaron de que no participaron en un cambio organizativo al que podían contribuir poco.

Si las expectativas de participación del empleado no se elevan drásticamente, probablemente significa que no se les ha dado suficiente poder y que no se ha producido un significativo cambio cultural. Por esto es por lo que la aparición de este problema predecible es, en un sentido, signo del éxito del esfuerzo de transformación en la creación de un nuevo modo organizativo de hacer negocio.

Sin embargo, es importante que la cuestión de las prerrogativas de la dirección y de los derechos de los empleados no se convierta en una competición por el poder y en una fuente de recelos. Ha de establecerse un criterio sobre quién participará en qué decisiones. Los empleados entienden correctamente que en una organización por tareas no es ya adecuada la vieja regla de que todas las decisiones se toman en la cumbre. Pero deben entender también que los modos antiguos no se han reemplazado por la participación universal, sino por la implicación flexible en las tomas de decisiones de aquellos individuos que tienen un conocimiento y unas capacidades relevantes.

Efectuar correcciones a medio camino. Es virtualmente seguro que los cambios en la estrategia del negocio, las condiciones económicas, los métodos operativos y la tecnología animarán a la dirección a mantener la visión original mientras se adapta a las nuevas circunstancias. La renovación que ha conseguido triunfar debería mejorar dramáticamente la capacidad de una organización para adaptarse a las condiciones cambiantes. Sin embargo, los líderes de las unidades deben de gestionar los cambios de modo tal que se respete la integridad de la organización revitalizada. Los empleados deben experimentar fácilmente la fabricación *just-in-time,* el control estadístico del proceso, las iniciativas de servicio al cliente y los programas de calidad como esfuerzos desconectados, a manos que los directivos (y los líderes sindicales allí donde hay un sindicato) alcancen los objetivos de estas iniciativas de modo coherente con la visión y el proceso originales. Como quiera que la participación en la solución del problema es uno de los principios centrales de un esfuerzo de revitalización, los empleados deben verse implicados en el rediseño de la organización para afrontar nuevos retos. Esto asegura que el rediseño es coherente con los principios originales.

Aprendizaje organizativo. Como este catálogo de problemas predecibles debería dejar claro, el camino crítico es continuo y nunca termina. Cuando se identifican los problemas se originan nuevas iniciativas. Estas iniciativas requieren una nueva infusión de energía, una visión modificada que las integre con la visión más amplia que dio comienzo a todo. La visión modificada requiere un consenso nuevo, capacidades nuevas, y debe ser difundida también por directivos comprometidos con la renovación. También pueden ser necesarios nuevos sistemas y estructuras que refuercen las iniciativas.

A medida que se desarrolla el proceso de renovación continua, los directivos y trabajadores aprenden más que a solucionar los problemas operativos corrientes a que se enfrenta la organización. Aprenden un proceso de analizar los problemas de rendimiento y de efectuar cambios en la organización y la gestión que erradican las causas de los problemas[12]. Además, aprenden actitudes y adquieren capacitaciones que les convierten en directivos y trabajadores más eficientes que pondrán en marcha una mejora continua. En suma, los cambios organizativos trascienden la solución inmediata de los problemas —han ayudado a crear una organización que ha aprendido a aprender.

POR QUE FUNCIONA EL CAMINO CRITICO

Nos hemos ocupado de la cuestión de la impaciencia en la gestión. Directivos apresurados, vehementes, se ven tentados a lanzarse hacia adelante; a forjar una visión antes de que se haya movilizado la energía para el cambio; a forzar la renovación sin un proceso que asegure apoyo, adecuación y consistencia; a consolidar realizando cambios de estructura y de sistemas antes de que se entiendan las dificultades de las tareas o de que la gente tenga la motivación o las capacidades necesarias para desempeñar la tarea. «Si todo esto me va a ayudar a afrontar mis demandas competitivas», parecen estar diciendo estos directivos, «pongámonos a ello».

Nosotros precavemos contra tal impaciencia porque la secuencia con que se desarrolla el camino crítico es tan importante para el éxito de la revitalización como el contenido específico de las intervenciones. Instrumentos de Navegación siguió la secuencia de pasos del camino crítico. La

---

[12] Para un debate útil sobre formación organizativa, véase C. ARGYRIS y D. SCHON, *Organizational Learning* (Reading, MA, Addison-Wesley, 1978); C. ARGYRUS y D. A. SCHON, *Theory in Practice: Increasing Professional Effectiveness* (San Francisco, Jossey-Bass, 1974).

secuencia no debería plantearse de modo rígido —en Instrumentos de Navegación y en otros esfuerzos de revitalización que tuvieron éxito, los pasos se solaparon sustancialmente. Sin embargo, no vimos ejemplos de revitalización eficaz que no siguiera la secuencia general que hemos descrito. Además, el fracaso de la revitalización se explicó a menudo por el hecho de haber seguido una secuencia inadecuada.

Para comprender por qué y cómo requiere la revitalización una secuencia particular de intervenciones es importante clasificar las intervenciones en dos dimensiones: aquellas que se centran en el individuo *versus* la organización como un todo y las que se centran en el comportamiento informal *versus* el diseño organizativo formal. En la Figura 4-2 se clasifican las intervenciones utilizadas generalmente en el cambio organizativo en cuatro grupos.

	Nivel de atención	
	Nivel de unidad	Nivel individual o de grupo
La intervención pretende modificar	(1) Redefinición de roles	(2) Preparación/consejo Formación
Comportamiento informal	Responsabilidades Relaciones	Consulta del proceso Formación del equipo
Diseño formal	(4) Sistema de compensación Sistemas de información Estructura organizativa Sistema de medida	(3) Recolocación Reclutamiento Desarrollo de la carrera Planificación de la sucesión Evaluación de rendimientos

Figura 4-2. Secuencia de intervenciones para el aprendizaje

Los números de cada uno de los cuadrantes se corresponden con el orden en que se aplican las intervenciones cuando se sigue el camino crítico. Como pone de manifiesto la figura, la secuencia va del cuadrante 1 —modificación de los comportamientos informales en toda la unidad organizativa—, en el sentido de las agujas del reloj, a los cuadrantes 2, 3 y 4. El poder de la secuencia está en el hecho de que cada grupo de intervenciones crea las condiciones previas necesarias —los niveles de motivación, capacidades e información— para permitir que la organización vaya al paso siguiente. Vamos a exponer, con más profundidad, el concepto de cuadrante.

En el cuadrante 1, la motivación para el cambio desarrollada en el paso de movilización de energías se ve incentivada por el proceso participativo de crear una visión de alineación de tareas. La estructura *ad hoc* puesta en práctica en esta etapa especifica las pautas de coordinación necesarias para responder a la crisis competitiva. Esta estructura informal modifica también roles, responsabilidades y relaciones en toda la unidad organizativa. Se sitúa a los empleados en un nuevo contexto organizativo que demanda comportamientos para los que puede ocurrir que no estén suficientemente preparados o predispuestos. Ahora se les motiva para que aprendan por la necesidad que tienen de desenvolverse con una forma nueva de operar, que perciben claramente que es significativa para el éxito del negocio. El hecho de que ellos hayan participado en la creación de esta nueva organización previene la resistencia a la misma. La resistencia queda minimizada también por el hecho de que los títulos y las gratificaciones no se ven alterados por la estructura *ad hoc*. Además, y como consecuencia de que la estructura *ad hoc* se puede modificar de modo relativamente fácil de acuerdo a la experiencia anterior, la organización final que emerge se adecua a la tarea y al personal mucho mejor que cualquier estructura formal a priori.

Las demandas de un nuevo comportamiento que se dan en el cuadrante 1 conducen directamente a las intervenciones en el cuadrante 2. El cuadrante 1 ha sacado a la superficie deficiencias de conocimiento, capacidades y comportamiento personal e interpersonal. La preparación, la formación, la constitución del equipo y la capacitación que se dan en el cuadrante 2 están diseñadas para ayudar a los individuos y a los grupos a superar estas deficiencias. Ayudan al director general a fomentar el consenso, la competencia y la cohesión, tercer paso del camino crítico.

Si esas mismas intervenciones hubieran precedido al cuadrante 1 —esto es, si la preparación, la formación y la capacitación se producen antes del proceso de descubrimiento y aprendizaje— los empleados no hubieran comprendido o creído que estas intervenciones estuvieran directamente relacionadas, de hecho, a la tarea de hacer más eficaz a la organización. Estas intervenciones se hubieran visto simplemente como programas y, en consecuencia, se hubieran despreciado.

Ahora es el momento de las intervenciones «duras», que son las del cuadrante 3: políticas y prácticas formales referidas al personal. Las decisiones de recolocación las toman individuos que no han modificado su comportamiento o no han desarrollado las capacitaciones requeridas. Las políticas y prácticas de reclutamiento, desarrollo de la carrera, planificación de la sucesión y evaluación de rendimientos (que forman parte del paso de consolidación del cambio) pueden verse informadas ahora por la comprensión que acaba de hacerse evidente de las necesidades que tiene la organización para ser eficaz.

¿Por qué son más eficaces las actuaciones relativas al personal cuando siguen a las actuaciones de los cuadrantes 1 y 2? El cambio de los directivos, supervisores y trabajadores que no se adaptan a las nuevas pautas de gestión sólo se percibe como bueno si se ha dado a tales individuos oportunidad de aprender y de formarse. La reubicación o colocación inmediata aparece como arbitraria y lleva a los empleados a cuestionarse si la transformación organizativa contribuirá a su bienestar, percepción que consideramos requisito indispensable para que tenga éxito la revitalización.

El hecho de no reubicar a las personas hasta que no hayan luchado con su adecuación ofrece otras ventajas. Da a la dirección la oportunidad de comprender mejor los tipos de personas que tiene y que necesita. Informa el diseño del reclutamiento del personal, la evaluación del rendimiento y los sistemas de planificación de la sucesión, que son los mecanismos formales para conformar al personal de la organización a largo plazo. Sólo después de que la dirección haya visto qué individuos son los que triunfan y cuáles los que fracasan puede especificar de modo más preciso el personal que habrá de trabajar y que habrá que dirigir en la nueva estructura de alineación de tareas.

Vayamos, finalmente, al cuadrante 4: modificaciones en los sistemas y estructura organizativos formales (parte del paso de consolidación del cambio). La experiencia de la organización con el nuevo enfoque de gestión en los pasos anteriores del camino crítico revela la existencia de áreas en las que se necesitan mecanismos más formales para sostener la recitalización. Estas modificaciones se pueden adaptar ahora precisamente para reforzar las pautas de actitudes y comportamientos de los empleados que están ya en camino de convertirse en norma. Por consiguiente, su introducción en esta última etapa traumatiza menos a la organización o desmotiva menos a los empleados. Además, el compromiso y las competencias que se precisan para llevar a cabo con éxito estos cambios de sistemas se han desarrollado mediante las experiencias de los empleados en cambios anteriores mediante las experiencias de los empleados en cambios anteriores y menos permanentes en los roles, las responsabilidades y las relaciones.

Así, el camino crítico desarrolla los niveles de compromiso, competencia y coordinación necesarios para la renovación con el fin de que conduzcan al éxito con mayor probabilidad. La fuerza conductora es el compromiso desarrollado en etapas anteriores, que da energía a los empleados para resolver los problemas de coordinación fundamentales (véase la Figura 4-3). Cuando se han resuelto, se han adquirido las competencias necesarias en el puesto de trabajo, con el apoyo que pueden suponer la formación o la preparación. Si no se han adquirido las competencias, se han creado mediante la sustitución.

Lo que es igualmente importante, las pautas de mejoras en lo referente a compromiso, coordinación y competencia han llegado a reforzarse mutuamente. Para que el cambio en actitudes y comportamiento sea permanente, se ha de recompensar. El camino crítico establece una secuencia de intervenciones dirigidas a que los empleados tengan un mayor sentido de la eficacia. Este es un motivador poderoso para que se produzca una coordinación eficaz del equipo de trabajo en la nueva estructura *ad hoc*[13]. «Veo, cierta-

---

[13] Nos referimos aquí a la básica ley de efecto, fundamento de prácticamente toda teoría del aprendizaje. La noción de que un sentido de eficacia subjetivo puede actuar como refuerzo en el proceso de aprendizaje se ha convertido en parte de la

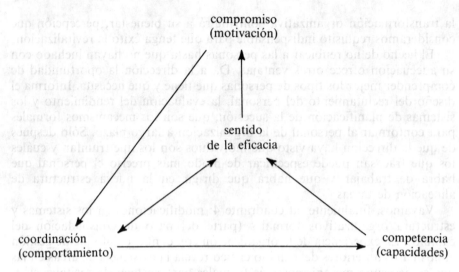

Figura 4-3. Un proceso de renovación de reforzamiento mutuo

mente, que mejoran las relaciones [de coordinación]», dijo un empleado de Instrumentos de Navegación. Además, cuando se resuelven los problemas mediante los nuevos medios de coordinación se estimula más la eficacia.

El hecho de trabajar en equipo incrementa también la capacidad de muchos empleados para funcionar de acuerdo con una nueva forma de organización. «Soy una persona distinta», dijo un supervisor afectado por la organización en equipos de Instrumentos de Navegación. Cuando la capacidad de los empleados se incrementa, éstos experimentan una mejora de su bienestar como consecuencia de un creciente sentimiento de eficacia. Su compromiso con la organización crece de manera correspondiente.

Hemos comprobado que la idea de que los cambios en personal, en la estructura formal y en los sistemas se deberían producir al final de la secuencia de cambio es muy controvertida. Después de todo, muchos de los cambios en la vida de las corporaciones comienzan con tales intervenciones. Esto puede tener sentido en aquellos casos en que los objetivos de las intervenciones no incluyen la revitalización. Por ejemplo, cuando se quiere provocar un cambio total en los beneficios se pueden efectuar reducciones

---

teoría de aprendizaje social. Véase A. BANDURA y R. H. WALTERS, *Social Learning and Personality Development* (Nueva York, Holt, Rinehart y Winston, 1963). Lorsch y Morse postulan que la necesidad que tienen los individuos de sentirse competentes hace que el diseño organizativo y el estilo directivo se supediten a la tarea. Véase J. W. LORSCH y J. J. MORSE, *Organization and Their Members: A Contingency Approach* (Nueva York, Harper & Row, 1974). Pero no se ocupan de cómo el mismo proceso de cambio puede influir sobre el sentido de la competencia, teoría desarrollada originalmente en R. WHITE, «Ego and Reality in Psichoanalistic Theory», *Psychological Issues,* 3 (1963), pp. 24-43.

radicales de personal y una reestructuración. Y en una organización innovadora nueva, han de tomarse decisiones iniciales respecto al personal, la
estructura y los sistemas.

Sin embargo, y tal como se desprende de nuestro debate sobre el cambio
programático, la revitalización mediante cambios del diseño formal no
suelen triunfar en unidades organizativas antiguas. Los cambios en personal, la estructura y los sistemas se pueden utilizar para iniciar la revitalización bajo circunstancias muy limitadas. Si *todos* los que participan en ellos
están de acuerdo en que tales cambios son necesarios, los empleados no se
desmotivarán y resistirán. Sólo bajo tales circunstancias se confiere energía
a la gente para efectuar ajustes en la estructura, de manera que ésta se alinee
más eficazmente con la tarea y con sus propias necesidades a lo largo del
tiempo.

LA RENOVACION SE ACTIVA, PERO NO SE IMPONE

Comenzamos este capítulo con la historia de dos ingenieros que se planteaban el diseño de una acera. ¿Deberían diseñar cuidadosamente los ingenieros los senderos y echarse el hormigón? ¿O se debería demorar el hormigo-
namiento hasta que la gente decidiera por dónde pasear y, con ello, aclarar
qué diseño ha de realizarse? Dijimos que estas elecciones son análogas a las
que suelen encontrarse los directivos que se enfrentan a un esfuerzo de
revitalización: comenzar por efectuar cambios de arriba a abajo con elementos organizativos formales «duros» o de abajo a arriba con elementos
informales «blandos».

El dilema está en que la gente no emprende cambios importantes en sus
vidas, a menos que se vean forzadas a efectuarlos. Pero el imponer cambios
en la estructura, los sistemas, la formación y el personal desde arriba
produce resistencia y rechazo. Así, el dilema central de una estrategia de
renovación que procure mejorar la coordinación e incentivar el compromiso
y la competencia está en cómo activar la coordinación sin imponerla desde
arriba.

Creemos que la solución eficaz del dilema es inherente con la secuencia
del camino crítico. El hormigonar inmediatamente las aceras impone la
disciplina mediante la autoridad, pero no permite efectuar adaptaciones
futuras, a partir de la experiencia. Esto es similar a la estrategia de
comenzar un esfuerzo de transformación con cambios formales duros. El
hecho de no hormigonar las aceras y dejar que la gente pase por donde
elijan no impone disciplina y resultados en un diseño al que falta coherencia
y que puede que no resuelva necesidades más amplias de la universidad.
Esto es equivalente a la abdicación de la autoridad directiva en un esfuerzo
de transformación.

La estructura de equipo *ad hoc,* alcanzada a través de la visión del
proceso de desarrollo que hemos trazado es análoga a dejar temporalmente
senderos de gravilla en las rutas que se han marcado a través de un análisis

y un consenso preliminar entre los ingenieros y los estudiantes que representan a la facultad. Esta solución crea una fuerte demanda para que los estudiantes traten de utilizar el sendero, pero también proporciona la flexibilidad necesaria para efectuar ajustes en el plan de la universidad a medida que se genera más información sobre los caminos que son necesarios y los que no lo son. En Instrumentos de Navegación se modificó varias veces la estructura de equipo, a medida que la experiencia demostraba que algunos equipos eran redundantes y que otros no se habían definido de modo adecuado a la realización de la tarea.

Las demandas de renovación que hemos descrito son autoimpuestas. El desarrollar el compromiso con una visión hace que los participantes claves se impongan a sí mismos una nueva pauta de gestión que les pide que cambien su comportamiento. Cuando los empleados descubren que un enfoque nuevo es más eficaz se sienten obligados a trabajar con unos cambios organizativos y de personal a los que se resistirían si se les impusieran desde arriba.

La estructura de equipos de Instrumentos de Navegación, así como el proceso participativo que creó la estructura, empujaron a la dirección de la división y a los miembros del equipo hacia la revitalización. Las demandas de renovación se vieron favorecidas también por la decisión de Jerry Simpson de permitir a los departamentos que volvieran a seguir el proceso del camino crítico, a pesar de que estaban reinventando la visión con sólo modificaciones menores para adaptarla a sus circunstancias.

El autodescubrimiento da a cada uno de los departamentos y a sus individuos la libertad de elegir dentro de líneas maestras bien comprendidas. Asegura el compromiso cuando los departamentos y los individuos «suben a bordo». El proceso de reinventar supera el sentido inicial que tienen los ingenieros de que un enfoque nuevo se está «atorando en la garganta» de su departamento. El proceso puede liberar una tremenda cantidad de energía. A su vez, esa energía y el alto nivel de compromiso resultante pueden ayudar a superar los errores iniciales en la concepción y el juicio cuando la gente demuestra flexibilidad y responde a problemas no anticipados.

En resumen, no consideramos al proceso de camino crítico duro ni blando, sino «fuerte». Genera los beneficios de comenzar con intervenciones blandas, que liberan energía y no amenazan, mientras impone la disciplina de la tarea y del entorno competitivo.

El problema de cómo activar la renovación sin imponerla desde la cumbre es, por supuesto, también el problema con que se enfrenta todo equipo de alta dirección que desea transformar toda la corporación. La imposición de programas lleva a transformaciones lentas y fracasadas en nuestros más atrasados ejemplos de revitalización corporativa. En cambio, la alta dirección de General Products, el líder de la revitalización de nuestra muestra, orquestó con éxito una estrategia para la transformación corporativa que «forzó» a la renovación en muchas unidades sin imponer programas. Se hizo así animando a las plantas y a las unidades de negocio a que siguieran el camino crítico.

5

Crear un clima para la renovación por el camino crítico

Si el camino crítico es el proceso por el que las plantas individuales o las divisiones de una gran corporación se revitalizan por sí mismas con éxito, la renovación corporativa sólo puede producirse cuando la alta dirección crea un clima que anima, o incluso pide, a todas las subunidades que sigan el proceso. Pocas son las plantas o divisiones que realmente intenten revitalizarse sin que la alta dirección realice explícitos esfuerzos por promover condiciones para la renovación a nivel de unidad. Los que hacen un intento permanecen aislados, lo que desanima a otras unidades de adoptar enfoques innovadores de gestión y, finalmente, provoca la regresión en unidades aventajadas. Así, la alta dirección puede animar activamente un clima que promueva el camino crítico en un número de divisiones y plantas cada vez mayor. Ese requisito se muestra en forma de otro círculo en el objetivo de la revitalización (véase Figura 5-1).

Cinco de nuestras seis corporaciones tenían unidades organizativas que habían seguido con éxito el camino crítico. En muchos casos, estos pioneros en la innovación de la organización y la gestión se encontraban en la periferia de las corporaciones. Había plantas alejadas de los cuarteles generales o divisiones en negocios totalmente distintos de los negocios fundamentales de la corporación. Esto les permitió experimentar con enfoques de gestión que se desviaban significativamente de los valores tradicionales y del estilo operativo de los ejecutivos corporativos.

Lo que distinguía a General Products y a Fairweather Corporation de nuestros rezagados en la revitalización era la capacidad que tenía la alta dirección para reconocer el valor de estas innovaciones, aprender de ellas y encontrar modos de difundirlas. Consecuentemente, los líderes de la revitalización tenían muchas plantas y divisiones que estaban siguiendo el camino crítico. Livingston Electronics y Scranton Steel, compañías que sólo cam-

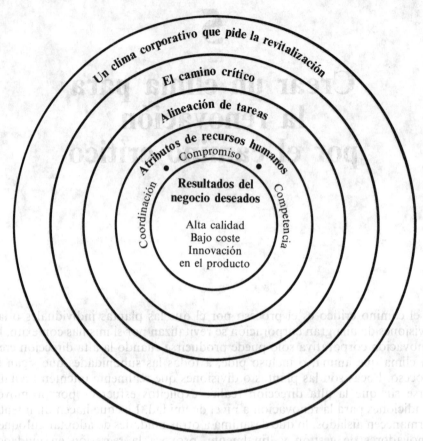

Figura 5-1: El círculo de la revitalización: El papel del clima corporativo

biaron moderadamente, tenían varias unidades innovadoras. No es sorprendente que Continental Glass & Container, una de las rezagadas, tuviera pocas unidades innovadoras y sólo hiciera esfuerzos modestos para aprender de ellas o para difundir sus innovaciones. Por ejemplo, en la compañía se desconocía generalmente que la planta de Crawfordsville de Continental, que presentamos anteriormente como modelo de alineación de tareas, se estaba renovando. El director de planta conducía la revitalización, sin ayudas, dentro de una división y una corporación que no le animaban. U.S. Financial, la otra rezagada en la revitalización, no tenía unidades de revitalización aventajadas de que aprender (véase la Tabla 2-2).

¿Qué hicieron la alta dirección de General Products y la de otros líderes de la revitalización corporativa para crear el clima necesario? Descubrimos que se utilizaron, generalmente, seis estrategias:

1.   Creación de un marco para la cooperación sindicato-dirección.
2.   Exigencia de un alto rendimiento e inversión significativa en recursos humanos.

3. Desarrollo de modelos de organización innovadores.
4. Inversión en formación mediante conferencias, visitas y educación.
5. Promoción y capacitación de directivos comprometidos con la renovación y preparados para conducirla.
6. Control de la revitalización.

La historia del esfuerzo de revitalización más eficaz a nivel de corporación de nuestro estudio, la de General Products, ayudará al lector a comprender de qué manera representaron su papel estas estrategias.

EL PROCESO DE DIRECCION DE LA RENOVACION EN GENERAL PRODUCTS

Después de una larga historia de liderazgo industrial a escala mundial, el poderoso posicionamiento en el mercado de General Products se vio amenazado por una creciente competencia extranjera y por la escalada del conflicto entre el sindicato y la dirección. Un competidor europeo, en particular, introdujo en el mercado un producto superior desde el punto de vista tecnológico que incrementó su cuota de mercado a nivel mundial a expensas de General Products, sustancialmente. General Products se vio obligada a competir tanto en calidad como en coste. Su presidente, Tom Watson, describió así la reacción de la compañía:

> Somos una compañía orgullosa y celosa. Vimos en peligro nuestro posicionamiento y somos muy buenos luchadores. De manera que, de repente, se había desencadenado la lucha. Comenzamos a invertir más en investigación y desarrollo y también en capital [planta y equipamiento]. También dijimos que teníamos que invertir más en recursos humanos. Esto no se planificó tanto como lo anterior.

General Products se apoyó ampliamente en la renovación, como resultado de sus intentos de solucionar la tensión sindicato-dirección y los problemas concomitantes de calidad y productividad. Después de una huelga particularmente severa, el CEO ordenó fundar una nueva planta no sindicada en Carolina del Norte. Contrató a Larry Polk, un especialista en desarrollo organizativo, para que le ayudara en la tarea. Polk había trabajado en otra compañía bien conocida por su éxito en instalar plantas no sindicadas.
«En ese momento, los altos directivos de General Products carecían de filosofía —recordaba Polk—. No veían qué era lo que se podía hacer en las plantas sindicadas; no veían posible la renovación organizativa.» La orden de crear una planta no sindicada se dio sin tener en cuenta en absoluto que se requeriría una filosofía de gestión radicalmente distinta.

Primeros experimentos e innovaciones

Polk comenzó a apremiar para que se adoptara una filosofía diferente trabajando con el equipo que había de poner en marcha la nueva planta de Carolina. Según Watson, la filosofía de gestión participativa de Polk no se aceptó inicialmente tanto por su novedad como por el hecho de que Polk fue incapaz, en una primera etapa, de traducirla en implicaciones prácticas para organizar y gestionar una planta con la tecnología de fabricación exclusiva de General Products. Watson, que era entonces el ejecutivo de fabricación responsable de la planta de Carolina del Norte, ayudó a Polk a obtener la aceptación de los directivos de la nueva planta.

La planta era muy importante para General Products, que realizó la mayor inversión de capital inicial de su historia, construyendo la instalación manufacturera más automatizada de su clase en el mundo. El equipo de arranque de Carolina del Norte pasó seis meses visitando otras plantas innovadoras desde el punto de vista organizativo y reuniéndose con consultores externos. El diseño organizativo resultante era altamente participativo; la dirección compartía con los empleados más información y les otorgaba más control sobre su trabajo que en las plantas sindicadas más antiguas de General Products. Los empleados de ia planta recibieron una extensa formación técnica y de relaciones humanas. «Se eligió a los directivos por su probada "inclinación al personal" a expensas, incluso, de la experiencia o la formación», según reza un documento corporativo. Un miembro del equipo de arranque explicaba: «Imaginamos un sueño con un mundo de gestión participativa en el que todos sonreían y en el que todas las decisiones se tomaban en grupo».

Dificultades de producción en los comienzos llevaron a efectuar algunas modificaciones en el diseño organizativo y a sustituir al primer director de planta, que estaba tan preocupado por la participación del empleado que descuidó la tarea principal: dirigir una operación eficiente y eficaz. El segundo director de planta prestó más atención que su predecesor a la demanda de obtener un elevado rendimiento y aunque estaba también comprometido con la filosofía global de la planta, utilizó la participación para alcanzarlo.

A pesar de estos crecientes inconvenientes de los comienzos, la planta de Carolina del Norte demostró ser un modelo con extraordinario éxito para General Products. La planta tenía los costes más bajos y la más alta calidad de toda la compañía, una tasa de rotación del personal menor del 1 por 100 y una tasa de absentismo del 1 por 100.

Aunque la planta de Carolina del Norte fue el ejemplo más radical del nuevo enfoque dado a la organización y a la gestión en General Products, no fue el primero. Los directivos de Carolina del Norte pudieron recurrir a la experiencia de otras plantas de General Products que habían comenzado a experimentar las prácticas de gestión innovadora en los años setenta:

- El director de planta de una instalación pequeña en Springfield alcanzó resultados impresionantes cuando incrementó grandemente los roles de los empleados en la gestión de su propio trabajo.
- El director general de una planta sindicada en Alabama comenzó a elevar el nivel de comunicación y confianza entre los empleados y la dirección e incrementó la implicación del empleado.
- En Burlington, el director de planta Watson, que llegaría a ser presidente de la corporación, introdujo un sistema de disciplina no punitivo.
- Un miembro del equipo de dirección de Burlington, de Watson, comenzó a arrancar una pequeña planta en Iowa que abolió los cronometrajes, dio mayor importancia a la participación del empleado y se organizó en torno a equipos. Ese individuo se convirtió luego en el director de una planta aún mayor sindicada, localizada muy cerca de las sedes corporativas, donde introdujo similares innovaciones de gestión.
- Unos nueve meses antes de que la planta de Carolina del Norte comenzara a producir, se amplió considerablemente una de las plantas sindicadas de General Products dirigida por William Bryant, que fue más tarde vicepresidente ejecutivo de fabricación a nivel mundial, con el fin de fabricar un nuevo producto. Esta ampliación de las instalaciones se aprovechó para efectuar otros experimentos de cambios en la organización y gestión de un escenario sindicado. Los cambios incluían la introducción de un sistema de participación en beneficios.

Después de que Watson se convirtiera en presidente y Bryant fuera promovido a vicepresidente ejecutivo de fabricación, General Products comenzó a difundir los nuevos métodos a otros lugares. Se siguió utilizando Carolina del Norte como laboratorio para desarrollar innovaciones organizativas. Varias sucursales nacionales e internacionales, así como el Centro Técnico de la compañía, emprendieron también esfuerzos de revitalización.

La «estrategia de la perfección» conduce la renovación

La fuerza conductora que estaba tras estas innovaciones fue la que se llegó a conocer como *estrategia de la perfección*. La estrategia de la perfección combinaba un conjunto de estándares de calidad del producto muy ambiciosos y otros objetivos operativos con apoyos corporativos para ayudar a las unidades a alcanzar esas metas. Esos apoyos incluían lo siguiente:

1. Personal de fabricación corporativo para asesorar sobre métodos y tecnologías de producción.
2. Se formó al personal del departamento de desarrollo organizativo de Polk y a una red de directivos de línea y de staff para que estudiaran con el director cómo seguir el camino crítico de la revitalización en sus unidades.

3. La corporación patrocinó conferencias en las que los directivos de línea intercambiaron experiencias con los de revitalización.
4. Se contrataron consultores externos para trabajar con la dirección corporativa y con el grupo de desarrollo organizativo de Polk para supervisar el progreso de la revitalización y aconsejar en el desarrollo e implantación de las estrategias para continuar el cambio.
5. Masivas inversiones corporativas en formación y educación.
6. Frecuentes visitas de Watson y de Bryant a las unidades innovadoras para elevar la moral.
7. Auditorías periódicas de las plantas innovadoras, cuyos resultados se presentaban a Bryant y/o a Watson en las sedes centrales, en presencia del director de la planta y del de recursos humanos.
8. Discursos de Watson y Bryant a los grupos de gestión de todo el mundo, ensalzando las virtudes y la urgencia de la renovación.

Bryant, el líder cotidiano del esfuerzo de revitalización, hablaba frecuentemente de la estrategia de la perfección y de la planta de Carolina del Norte, devanando estadística tras estadística para ilustrar el superior rendimiento de la planta. Como consecuencia de ello, Carolina del Norte se convirtió en un símbolo viviente de la revitalización mediante la estrategia de la perfección. Bryant dejó claro que él consideraba a Carolina del Norte «el perro conductor» de la traílla de las plantas de General Products. Animó a otros para que se adhirieran a la mejora continua de la calidad y a los estándares de productividad de la planta de Carolina del Norte, emulando sus enfoques de la fabricación y la gestión. «No hay lugar para el descanso», se oía decir a menudo a Bryant cuando urgía sobre la necesidad de efectuar continuas mejoras. En lo que se refiere a la difusión de la renovación, Carolina del Norte continuó siendo la que marcaba el paso, el laboratorio de la innovación.

A medida que se comenzaron a realizar esfuerzos para difundir las innovaciones en organización y gestión de Carolina del Norte a las plantas sindicadas, General Products comenzó a encontrar resistencia. Los sindicatos locales obstaculizaron los cambios propuestos en las normas de trabajo. La respuesta de la alta dirección consistió en insistir en ciertas concesiones en las normas de trabajo antes que hacer inversiones en la planta, en equipamiento y de realizar un esfuerzo de revitalización. Los sindicatos y los trabajadores comprendieron rápidamente que si querían beneficiarse de inversiones nuevas, su planta tenía que ser competitiva. La dirección efectuó grandes inversiones en varias plantas antiguas a cambio de concesiones. Esta decisión se acompañó generalmente de un esfuerzo conjunto sindicato-dirección por cambiar el enfoque de la organización y la gestión del trabajo de la planta.

La revitalización domina

Por la época en que completamos nuestro estudio de General Products, dos tercios de las aproximadamente 100 plantas en todo el mundo habían comenzado a marchar por el camino crítico hacia la revitalización. Las promociones a nivel de directivo de planta se estaban haciendo sobre la base de la conformidad y la adecuación a los enfoques de la nueva dirección. La división internacional y las unidades de negocio no implicadas en la fabricación del principal producto de la compañía estaban también comprometidas activamente en la renovación.

Sin embargo, el esfuerzo no dejó de encontrar escollos. La confianza en Carolina del Norte tenía sus limitaciones. Carolina del Norte era un modelo a seguir, pero, después de todo, era una instalación de fabricación. Los directivos de las otras partes de la compañía se preguntaban a veces sobre la relevancia que la estrategia de la perfección y la participación del empleado tenían para las funciones de marketing e ingeniería, o para los profesionales del Centro Técnico de General Products. Los esfuerzos llevados a cabo en operaciones no manufactureras se demostraron menos seguros que los de fabricación, aunque tuvieran éxito ocasionalmente.

Además, empezaron a borbotear las quejas de los directivos de las unidades innovadoras con referencia al staff corporativo. A medida que los directivos a nivel de unidad iban adelante con los esfuerzos de revitalización, se irritaban por lo que consideraban trabas tradicionales e inflexibles, impuestas por los grupos de staff. La planificación de la carrera y los forzados sistemas de pago impuestos por el departamento de relaciones industriales corporativo iba a contrapelo de las innovaciones que se estaban produciendo en Carolina del Norte, al menos de acuerdo con el equipo de gestión de la planta. Otros hicieron ver que los grupos staff tenían mucho poder y estaban controlando demasiado.

Ni Watson ni Bryant escaparon a tales quejas. Los directivos a nivel de unidad señalaron el estilo personal ejecutivo y supercontrolador de los dos líderes más responsables de pastorear la renovación. Algunos insistieron en que se había oído decir a Watson que «la gestión participativa es peligrosa». Otros vieron incoherencias entre su estilo cotidiano de dirección y la filosofía que se había adoptado de participación de los empleados.

UN CLIMA CORPORATIVO QUE PIDE LA RENOVACION

La historia de General Products ilustra claramente sobre las seis estrategias que hemos listado al comienzo de este capítulo. Nuestro cuestionario midió tres de ellas. Los datos que analizamos apoyaban fuertemente nuestras conclusiones (véase Tabla 5-1). General Products utilizó las tres estrategias más frecuente y consistentemente que Continental Glass y U.S. Financial; las otras compañías se encontraban en algún lugar en medio de ellas, generalmente [1].

---

[1] En la época en que realizamos el cuestionario no habíamos identificado tres de las estrategias —demanda de rendimiento, control de la renovación y creación de un marco de cooperación sindicato-dirección. Consecuentemente, no tenemos datos

Tabla 5-1. Estrategias de revitalización corporativa empleadas en las seis compañías[1]

	Porcentaje de todas las compañías	General Products 1	Fair-weather 2	Livingston Electronics 3	Scranton Steel 4	Continental Glass 5	U.S. Financial 6
Rango en la revitalización		1	2	3	4	5	6
Estrategias							
Organizaciones modelo	3,96	4,86[a]	4,20	4,17	3,00[b]	3,50[b]	2,67[b]
Inversión en aprendizaje[2]	3,43	4,82[a]	3,73[b]	3,20[b]	2,78[b]	2,25[b]	2,52[b]
Traslado de directivos comprometidos	3,01	3,71	2,73	2,82	2,77	3,37	2,50
USO GLOBAL DE LAS ESTRATEGIAS	3,47	4,46[a]	3,55[b]	3,40[b]	2,85[b]	3,04[b]	2,58[b]

Nota: Para un debate completo sobre estos datos, véase el Apéndice II.

[1] Medias que son significativamente diferentes en el nivel $p < 0,05$ tienen diferentes números sobre impresos. Por ejemplo, la media x,xx[a] es significativamente diferente de la media x,xx[b].

[2] Para obtener una puntuación de estrategia de aprendizaje combinamos dos temas del cuestionario, uno que preguntaba sobre el uso de la educación y otro que preguntaba sobre cómo utilizar las conferencias y las visitas a plantas modelo.

Debatiremos las seis estrategias corporativas en la secuencia en que creemos que se debería recomendar. Aunque en la interpretación de estas estrategias había un solape significativo, encontramos que cuando las compañías se desviaban sustancialmente de la secuencia preferente, se veía perjudicada, generalmente, la eficacia de su esfuerzo de renovación.

Creación de un marco para la cooperación sindicato-dirección

Las compañías sindicadas han de crear un marco para la cooperación sindicato-dirección como primer paso, una base sobre la que se deben edificar todas las otras estrategias. En general, descubrimos que es más probable que la revitalización avance en las plantas individuales cuando la corporación y el sindicato nacional establecen una relación de colaboración edificada sobre un conocimiento compartido de las demandas de la situación competitiva [2]. Este hallazgo no debería de sorprender, dado que los pasos segundo y tercero del camino crítico requieren una visión compartida y el establecimiento de un consenso entre todos los participantes. La creación de un contexto cooperativo dentro del que puedan operar los líderes del sindicato local y la dirección de la planta les hace más fácil el trabajo conjunto.

Dado que General Products, Fairweather Corporation y Livingston Electronics iniciaron sus esfuerzos de revitalización, en gran parte, a partir del deseo de emprender operaciones no sindicadas, puede parecer irónico hablar de una sociedad de revitalización entre la dirección y los líderes sindicales. Sin embargo, los altos directivos vinieron a comprender rápidamente que la competitividad última de sus compañías dependía también del éxito que tuvieran en la puesta en marcha de la renovación en aquellas porciones de su negocio que ya estuvieran sindicadas. Al realizar la tarea, estos directivos descubrieron que era indispensable entablar una relación de cooperación entre la alta dirección y los líderes sindicales nacionales para obtener el apoyo de los líderes sindicales locales. A su vez, el apoyo de los líderes sindicales locales era crucial para obtener el compromiso con la renovación de la masa laboral.

La cooperación sindicato-dirección se edificó generalmente en torno a una «cláusula de capacitación» del contrato entre el sindicato nacional y la dirección corporativa. Esta cláusula puso en marcha mecanismos que permitían avanzar a los esfuerzos de revitalización a nivel de planta. En Scranton Steel, por ejemplo, tal cláusula pedía el establecimiento de comités

---

cuantitativos de ellas. Sin embargo, nuestros datos clínicos sugieren que las empresas líderes de la revitalización tienden a utilizarlas más que las rezagadas.

[2] Para confirmación de esta tesis general, véase R. WALTON, *Innovating to Compete* San Francisco, Hossey-Bass, 1987), y T. A. KOCHAN, H. C. KATZ y R. B. MCKERSIE, *The Transformation of American Industrial Relations* (Nueva York, Basic Books, 1986).

trabajadores-dirección a todos los niveles de la compañía: corporativo, de planta y de departamento. La participación por plantas era voluntaria. Los comités, compuestos de supervisores y trabajadores seleccionados por los empleados, estaban copresididos por el jefe de esa unidad y un miembro del sindicato de los trabajadores del acero. Su objetivo, de acuerdo con el documento firmado por Scranton y el sindicato, era mejorar el rendimiento de la compañía y dar a los empleados participación, añadiendo dignidad y valor a sus vidas laborales.

Las cláusulas de capacitación facilitaban la renovación no sólo por los mecanismos de asociación formal que creaban, sino también por convertir a los funcionarios del sindicato nacional en aliados. Como quiera que los esfuerzos de revitalización de la planta requerían inevitablemente mayor flexibilidad de las reglas de trabajo, la revitalización no podía marchar en modo alguno sin el apoyo activo del sindicato[3]. A los directores de la planta les resultaba difícil obtener el apoyo del sindicato local cuando los nacionales eran escépticos o se oponían; pero cuando los líderes sindicales se comprometieron con la renovación, fueron capaces de impulsar los esfuerzos locales de unos modos que los directivos no podían conseguirlo.

Los acuerdos formales con el sindicato ayudaron también a los directivos de la planta local a entendérselas con el staff corporativo. Mostraron la postura de la alta dirección a un staff corporativo de relaciones industriales potencialmente recalcitrante y eliminaron con ello las barreras potenciales a las iniciativas locales. Además, estos acuerdos aseguraron una cierta uniformidad en las relaciones de trabajo en diferentes partes de la compañía, previniendo con ello la desconfianza que vimos surgir en algunas compañías cuando se aplicaban políticas inconsistentes.

Los líderes sindicales se convierten en socios del esfuerzo de revitalización cuando se les informa adecuadamente de la amenaza competitiva y se les implica en el diálogo con la dirección[4]. Por ejemplo, una reunión de tres días en Fairweather entre los directivos del sindicato de los camioneros y la dirección desarrolló la confianza entre ambos, al tiempo que resaltó la importancia de la calidad del producto. Ese proceso creó la atmósfera que capacitó a Jerry Simpson, de Instrumentos de Navegación, para desarrollar una relación de cooperación con los líderes de su sindicato local.

---

[3] Para ejemplos del papel catalizador clave del sindicato como promotor del cambio, véase BERT SPECTOR y PAUL LAWRENCE, «General Motors and the United Auto Workers», en M. BEER, B. SPECTOR, P. R. LAWRENCE, D. Q. MILLS y R. E. WALTON, *Human Resource Management: A General Manager's Perspective* (Nueva York, Free Press, 1985), pp. 683-710, y B. SPECTOR, «Blurring the "Proper Separation": Quality of Work Life and Contractual Agreements», *Labor Law Journal,* 37 (diciembre 1986), pp. 857-863.

[4] Un cierto número de compañías ajenas a nuestra muestra de seis han establecido relaciones de cooperación con sus sindicatos. Véase, por ejemplo, J. SIMMONS y W. MARES, *Working Together* (Nueva York, Alfred A. Knopf, 1983), y KOCHAN, KATZ y MCKERSIE, *The Transformations of American Industrial Relations.*

Sin embargo, era frecuente que las alianzas entre el sindicato y la dirección no se consiguieran fácilmente o sin que hubiera, al menos, una pizca de presión y coerción por parte de la dirección. Al aconsejar que las nuevas inversiones de capital se hicieran sólo en las plantas en que el liderazgo sindical participara plenamente en los esfuerzos de revitalización, el CEO de General Products enviaba este ultimátum a los líderes sindicales:

> [Les toca decidir a ustedes] si desean jugar fuertemente en la liga internacional o débilmente en ligas menores... He aquí las reglas básicas. No las escribimos, pero así es el mundo real y estamos dispuestos a gastar nuestro dinero aquí o en cualquier otra parte.

Sin embargo, al mismo tiempo, rechazó las recomendaciones que le hicieron unos cuantos ejecutivos claves de reemplazar plantas antiguas sindicadas por nuevas instalaciones no sindicadas: «Creo que el colmo de la irresponsabilidad corporativa es echar una bronca y decir: "fastidiaros, amigos..."; tenemos alguna gente que debe el sustento a General Products». En todas las instancias, los esfuerzos por la cooperación serían los primeros en realizarse.

De hecho, la combinación que se daba en General Products entre la preocupación por los empleados y la combatividad hacia su sindicato era totalmente típica también de las relaciones entre la dirección y los funcionarios del sindicato en las otras compañías. Cualquiera que fuese el enfoque con que nos acercáramos, no observamos casos en que el esfuerzo de revitalización fuera capaz de avanzar sin, al menos, el apoyo tácito sindical. La cooperación sindical activa lo aceleraba normalmente.

Exigencia de rendimiento e inversión en recursos humanos

Los cambios duraderos en la organización y gestión de los recursos humanos se producen sólo cuando van de la mano de las demandas del negocio y se compaginan con las tareas fundamentales de la organización. Por eso es por lo que el desarrollo de una visión de alineación de tareas es un paso esencial en el camino crítico. La alta dirección puede jugar un papel importante en la tarea de ayudar a los directivos de la planta y de la división a seguir el camino crítico al centrar a los directivos de la unidad en la tarea y el rendimiento. Al pedir la renovación, la alta dirección de las seis compañías prestó un servicio de boquilla a la importancia de incrementar la responsabilidad hacia el rendimiento. Sólo en las compañías líderes de nuestro estudio apoyó realmente la alta dirección estas palabras con las correspondientes actuaciones.

Continental Glass proporcionó un ejemplo de diferencia entre las palabras y los hechos. Los directivos expresaron un profundo escepticismo ante la seriedad del objetivo establecido por el CEO de crear «una nueva raza de ganadores» que serían tanto responsables de un rendimiento superior como recompensados por él. Observaron que las conexiones políticas demostraban ser, a menudo, un mejor modo de hacer carrera que el rendimiento individual. Mencionaron también unas decisiones que suscitaban dudas acerca de la intención de Continental de recompensar el rendimiento —entre ellas, la abolición de un plan de recompensas basado en el rendimiento para los directivos medios y la decisión corporativa de reducir plantilla mediante un plan de jubilación voluntaria.

En contraste, un componente crítico del esfuerzo de renovación de General Products fue incrementar la responsabilidad para satisfacer ciertos estándares de producto y operativos a todos los niveles de la organización. El presidente Watson dijo: «Tenemos que contratar a poca gente y hacerla responsable». Describió la nueva atmósfera que se respiraba bajo la revitalización como una «olla a presión». Se recolocó o se invitó a que aceptaran la jubilación anticipada a un cierto número de directivos que no fueron capaces de adaptarse a las nuevas demandas de rendimiento. A nivel de empleados, la dirección corporativa dejó claro, planta por planta, que el precio de la inversión corporativa continuada y, por tanto, de la continuidad en el empleo, era el incremento de la productividad y de la calidad del producto.

El incrementar las exigencias corporativas de un rendimiento superior puede ser necesario para dar a los jefes de unidad energía para comenzar el proceso de revitalización, pero no es suficiente para asegurar el éxito. Bajo tal presión, los directivos deben procurar la mejora sustancial del rendimiento del negocio, haciendo más de lo que han hecho siempre —superdirigiendo más que cambiando su enfoque fundamental de organizar y dirigir. Se precisa una dirección más específica. Como hemos aprendido, el éxito de la revitalización corporativa depende de hacer responsables a los directivos del cambio fundamental del modo en que gestionan los recursos humanos, además de hacerlos responsables de los resultados del negocio.

Lo que hicieron los altos directivos de General Products fue dejar claro por toda la organización que la mejora del rendimiento se produciría gracias a enfoques nuevos de organizar y gestionar el personal. Watson —y, más particularmente, Bryant— siempre vieron y resaltaron la interconexión entre la estrategia de la perfección y las mejoras en la gestión de los recursos humanos de la firma. La estrategia de la perfección, decía Bryant, movía a los directivos en dos direcciones importantes. Primero, les proporcionaba una comprensión significativamente más amplia de los aspectos del negocio, incluidos los recursos humanos:

> El director de la planta nunca pensó en nada que no fuese el aspecto técnico de la planta. No podía decirte cuál era la tasa de accidentes o la de pérdida de tiempo. No sabía nada acerca del personal. No se preocupaba de ello. No sabía un comino del sistema de contabilidad. Ahora, este concepto global está obligando al director de la planta a implicarse en cada una de estas áreas... Ahora, al forzarle a gestionar veinte elementos de una estrategia de perfección, y al formularle tantas

cuestiones sobre los diecinueve elementos no técnicos (seguridad, inventario de almacenes, inventario de materias primas, rentabilidad de la inversión, etc.) como de los técnicos, se le obliga a ensanchar su enfoque; ¡demonios!, que deje fuera el aspecto técnico.

Segundo, Bryant utilizó activamente la estrategia de la perfección para centrar a los directivos en la renovación. Cuando los directivos de planta se quejaban de la imposibilidad de alcanzar estándares de perfección, les mencionó el grupo de desarrollo organizativo de Polk y les hizo responsables de caminar por el camino crítico.

La perfección conduce a la participación. La participación no se justifica si no se tiene un objetivo de perfección... Es esencial para alcanzar la perfección. Es como el desarrollo organizativo. ¿Qué demonios es la necesidad de desarrollo organizativo? En muchos lugares es un programa. Aquí es más que un programa, porque con él se pretende alcanzar los objetivos. No se pueden alcanzar los objetivos por ningún otro condenado medio. Esto es por lo que resulta único en cuestión de estrategia. Es una meta obligada, y esa meta es la perfección.

Lo racional en el esquema de Bryant fue crear un sistema de demanda que sólo se podía satisfacer mediante un cambio fundamental en la gestión: «crear un mercado para el desarrollo organizativo».

La estrategia de la perfección fue eficaz en General Products, al menos en parte, porque indicaba una amplia dirección más que una solución específica. Incrementó la motivación por la revitalización, sin especificar de modo preciso los medios. Ordenó efectuar un proceso de renovación sin dictar su contenido.

Aunque General Products estaba ciertamente comprometida a cambiar el modo en que los directivos de las plantas y las divisiones organizaban y dirigían a sus empleados, los líderes corporativos descubrieron que los intentos de ordenar directamente cambios específicos organizativos y de gestión a nivel local no demostraron una eficacia terrible. Watson dijo:

Para tener éxito en cualquiera de estas cosas, tienes que tener una división que las pida y las desee para que el asunto marche. Tenemos muy poco éxito en esta compañía [cuando decimos]: «Aquí tienes una política y... condenada, realízala...». Chico, ellos pueden esculpir el humo y parecerá bien. [No funcionará] a menos que quieran aceptarla y adoptarla.

Tales órdenes caen en todas las trampas del cambio programático; lo que es más importante, fracasan a la hora de conseguir el compromiso de los directivos de línea que habrán de llevar a cabo necesariamente la revitalización.

En efecto, la alta dirección de General Products reconoció su limitado poder a la hora de ordenar llevar a cabo la renovación. Al igual que otros líderes de la revitalización corporativa eficaces, vio que su papel consistía en crear las condiciones que animaran a las unidades a llevar a cabo un proceso de autodescubrimiento.

Desarrollo de un círculo creciente de modelos organizativos

Aunque los cambios programáticos se dirigen generalmente a la corporación como un todo, la alta dirección de las compañías de nuestro estudio que más rápidamente cambiaron acertó a centrar su atención inicial en unas cuantas organizaciones modelo que ejemplificaban el nuevo enfoque de gestión. Una vez convencida de que los enfoques innovadores contribuían al rendimiento del negocio, animaron a un círculo creciente de plantas y divisiones a que siguieran el camino crítico.

En casi todos los casos, las demandas del entorno competitivo empujaron a la alta dirección a prestar atención a las plantas o divisiones de localidades remotas que habían empezado ya a experimentar innovaciones en la gestión. A pesar del uso relativamente modesto que se hizo de los modelos globales internos (véase la Tabla 5-1), un acontecimiento de la historia de Scranton Steel ilustra dramáticamente sobre cómo un modelo anterior puede jugar un papel crítico de catalizador inicial de la renovación corporativa.

En 1980, Scranton estaba sufriendo las consecuencias de la sobrecapacidad y grandes pérdidas a manos de los competidores japoneses. La industria japonesa del acero convertía el 90 por 100 de su acero laminado en producto laminado, mientras que en Scranton Steel los desechos llegaban a ser del 25 al 30 por 100. Los costes de trabajo fueron otra variable clara que ayudó a explicar el declive. Los salarios del sector del acero en los Estados Unidos eran los más altos de todos los trabajadores nacionales, y también los más elevados del mundo, tanto en dólares absolutos como en porcentaje sobre el coste total del acero terminado. Scranton tenía dificultades, particularmente porque sus costes laborales —superiores al 40 por 100 del total de los costes operativos— estaban entre los más elevados de la industria. Al mismo tiempo, las normas de trabajo restringían la iniciativa y la flexibilidad. «Estamos pagando a la gente una endemoniada cantidad de dinero para que produzcan desechos», observó un jefe de planta de forma no totalmente jocosa.

A fines del verano de 1980, el presidente de Scranton, Don Singer, visitó una fábrica de acero en Seattle, lejos de la sede central corporativa. El director de la planta, Ray Baker, había estado llevando a cabo en su instalación una experiencia de revitalización a nivel local:

> En un período de tres años, la planta pasó de estar regida autocráticamente a ser muy participativa. Hubo mucho trabajo duro: formación,

comunicación, proceso de dejar a un lado al personal autocrático. Y bastantes resultados positivos: un impacto positivo en el rendimiento, la producción, la productividad y las actitudes del personal.

Baker trabajó duramente para ayudar a Singer a ver los cambios positivos que se habían producido en la planta:

> Planteamos una visita en la que todos los jefes de nuestro departamento le hablaran de su negocio. Pero la cosa principal fue que llevamos a Singer por la planta e hicimos que le hablaran los capataces y los obreros. Fue excitante para mí ver la reacción de Singer. Era obvio que estaba animado.

Aunque Baker pensó que Singer estaba animado como consecuencia de su visita a Seattle, otras personas de la sede central corporativa pensaron que lo que estaba era «flotando». Llevó ese entusiasmo a la siguiente reunión del comité ejecutivo, que presidía. Su visita a Seattle había convencido a Singer tanto de las posibilidades de la renovación como de sus beneficios. «Necesito un incremento de la productividad del 16 por 100 —dijo Singer a los ejecutivos reunidos— y no conozco otra manera de obtenerlo.»

Cuando se comenzó a comprender el potencial del nuevo enfoque de organización y gestión se crearon explícitamente modelos organizativos. Estos fueron generalmente nuevos negocios como Instrumentos de Navegación o plantas como la de Carolina del Norte, que se convirtieron en laboratorios de desarrollo de otras innovaciones. Bryant dijo: «Carolina del Norte es el modelo en el que estamos poniendo lo mejor de nuestras ideas... todo lo que se produce de nuevo lo trasladamos allí, diablos».

La importancia de identificar o de desarrollar modelos internos con éxito se vio apoyada fuertemente por los datos de nuestra encuesta. Las compañías más rezagadas, U.S. Financial y Continental Glass, obtuvieron significativamente puntuaciones más bajas que General Products en el punto del cuestionario que decía: «Hay en esta compañía (en plantas, sucursales o divisiones) visibles organizaciones modelo que se utilizan para que la gente tome conciencia de los tipos de cambios deseados y de cómo emprenderlos». De todas las estrategias que utilizó General Products, la que más se citó fue la de los modelos de desarrollo (véase la Tabla 5-1). En el otro lado, los empleados de U.S. Financial que rellenaron nuestro cuestionario dieron al uso de modelos una puntuación muy baja y fueron incapaces de identificar ninguno cuando los entrevistamos.

Las organizaciones modelo tenían que percibirse como buenos negocios para que sirvieran de catalizadores eficaces de la renovación corporativa. Bryant trató de asegurarse que la planta de Carolina del Norte se considerara negocio. Utilizando un sofisticado sistema de medida, comparó el rendimiento de Carolina del Norte con el de las plantas tradicionales. Esa comparación favorable se efectuó frecuente y públicamente. Rechazó enfáticamente las quejas de los directivos de que las ventajas de Carolina del Norte se debían solamente a su superioridad tecnológica:

> Podemos ir realmente por Carolina del Norte y decir que cada pieza del equipo de la planta... es intrínsecamente mucho más eficaz que la de ustedes y podemos... decir: «Bueno... si operara exactamente como lo hace Carolina del Norte... su rendimiento por hombre-hora... mejoraría en un veinte por ciento». Anoten que no dije «treinta por ciento porque Carolina del Norte tiene una ventaja [tecnológica] intrínseca sobre ustedes del diez por ciento»... Podemos luego retroceder y mostrar una diferencia real entre Carolina del Norte y [otra planta] debido al entorno que se ha creado. El decir que ustedes deberían de ser capaces de hacer lo mismo en una planta tanto sindicada como no sindicada no da ningún crédito a la sindicación *versus* la no sindicación.

Las plantas innovadoras no crearon necesariamente modelos de revitalización triunfadores. Cuando fracasaron financieramente dañaron extraordinariamente la renovación corporativa. Continental Glass & Container tropezó dramáticamente en su intento de convertir una planta innovadora en un modelo de organización. La instalación fue la de Reidsville, en Georgia, una planta de embalajes que había implantado equipos de trabajo autogestionados. Reidsville, que fue la personificación de la intención de Continental de organizar y gestionar al personal de manera diferente, fracasó a la hora de alcanzar los objetivos de rentabilidad en un período de tres años. Consecuentemente, se desmantelaron los equipos y la planta regresó a una estructura de gestión tradicional.

Las razones del fracaso de Reidsville fueron muchas y complejas y en parte tuvieron que ver con unas condiciones de mercado pobres, inadecuado apoyo corporativo y pobre implementación de la revitalización [5]. Pero lo que es importante entender aquí es la interrelación existente entre el esfuerzo de Reidsville y la renovación corporativa.

Reidsville se convirtió, dentro de Continental Glass, en un símbolo de la «locura de la revitalización». Su fracaso permitió argumentar a quienes se oponían al cambio que los sistemas innovadores de trabajo no triunfarían en la compañía. Cuando los ejecutivos de los cuarteles generales corporativos comenzaron a referirse a las innovaciones de Reidsville como al «enamoramiento de Reidsville» dieron incluso a los partidarios de la revitalización en la compañía una poderosa razón para ser precavidos a la hora de iniciar el cambio en sus organizaciones. No ayudó el que los directivos de Reidsville no pudieran justificar las pretensiones de que el enfoque de

    [5] R. WALTON ha documentado bien los problemas de establecer y mantener sistemas de trabajo con un nivel de compromiso muy elevado en «Establishing and Maintaining High-Commitment Work Systems», en J. KIMBERLY y R. MILES, eds., *Organizational Life Cycle* (San Francisco, Jossey Bass, 1980), pp. 307-326.

equipo había mejorado la productividad y la calidad. La utilización en Reidsville de un sistema de medida que difería radicalmente de la norma corporativa hizo imposible comparar su productividad con las de otras plantas de Continental.

Dada la importancia de los modelos que tienen éxito, las corporaciones que pretenden renovarse han de tener en cuenta dos ingredientes claves que, según nuestro análisis, son importantes para desarrollar un círculo creciente de modelos organizativos:

1. Apoyar las innovaciones con recursos adecuados.
2. Centrar esos recursos en las unidades que tienen más potencial de éxito.

APOYAR LA INNOVACION CON RECURSOS ADECUADOS. En General Products quedó absolutamente claro a todos que la alta dirección apoyaba las innovaciones en la gestión. Tal proceder se manifestó a través de los discursos de Bryant y Watson; pero, lo que es más importante, se demostró por la enorme cantidad de tiempo, dinero y personal que se asignó al apoyo de las unidades innovadoras. Cuando éstas necesitaron nuevos directivos, consultores o apoyo de los grupos de staff, se les concedió lo mejor que la compañía podía ofrecer.

La situación de Continental Glass fue totalmente diferente. En el caso de Reidsville, los líderes corporativos prestaron poca atención al hecho de implicar a los directivos en los debates destinados a desarrollar los conocimientos y obtener apoyo para la nueva planta. Un directivo de nivel medio informó de lo siguiente:

> Reidsville no... no se compartió, no se debatió. No utilizamos o recogimos la aportación de nuestros mejores directivos para asegurar el éxito... Nuestros directores regionales ni siquiera se plantearon nunca tratar de este concepto.

Los directivos estaban hartos de la planta y rehusaron ayudar cuando se necesitaba apoyo. El mismo directivo medio dijo:

> Puedo recordar que estaba sentado en una reunión cuando Smith [el director regional responsable de la planta] dijo que necesitaba ayuda para cubrir este tipo de puestos en Reidsville, y permanecí impasible. No voy a darle a nadie. Nadie le dio a nadie. Y básicamente la respuesta que se le dio fue que te las vas a arreglar lo mejor que puedas con tu gente.

En Continental existía la sensación general de que incluso el individuo seleccionado para dirigir Reidsville, Patrick Walsh, estaba lejos de ser lo mejor que podía ofrecer la corporación. Las experiencias previas en ventas y planificación no lo prepararon para afrontar las exigencias de echar a andar a una operación de fabricación. La falta de apoyo de la alta dirección para la innovación de Reidsville quedó más ejemplificada aún por la negativa a reemplazar al director de planta tan pronto como quedó claro que estaba teniendo dificultades. Se le mantuvo en el puesto hasta que fue demasiado tarde para salvar tanto el rendimiento financiero de Reidsville como la credibilidad de las innovaciones en la gestión.

Los directores de planta competentes son fundamentales, pero no son el único recurso que se requiere para triunfar. Los excitantes aspectos de la innovación organizativa se han de afrontar con el cuidado por los detalles operativos que hacen que triunfe una planta. El director de desarrollo organizativo de Continental creía que la dirección corporativa no era capaz de hacer esto. Sugirió que el enfoque de la alta dirección era este:

> Decididamente, íbamos a hacer de esto un experimento que nos iba a ayudar a probar cómo motivar a la gente. Pero eso [sería] sólo un ingrediente del esfuerzo. En el camino de la innovación en ese área [la dirección corporativa] planteaba cosas tradicionalmente más importantes como: «asegurémonos de que ponemos a trabajar en la supervisión a personas [que] saben cómo hacer embalajes».

La dirección corporativa no puede permitirse ignorar o minimizar el significado de detalles tales como la contratación de empleados con capacitaciones técnicas adecuadas y el desarrollo de eficaces relaciones de trabajo con los directivos de otras partes de la compañía [6].

General Products nunca contempló la planta de Carolina del Norte como un mero experimento de recursos humanos; siempre lo trató, primero y principalmente, como una empresa comercial crítica. Ese enfoque —tratar a las unidades innovadoras como operaciones de negocio y apoyarlas al máximo posible— continuó a medida que la innovación se trasladó de una sede y de una división a otra. Cosa que no fue siempre fácil, debido al natural escepticismo de los directivos hacia las innovaciones efectuadas en otras funciones o partes de la compañía.

Como consecuencia de estas dificultades, los líderes más eficaces de la revitalización corporativa centraron sus recursos en una unidad que sirvió como «cabeza de playa» de la innovavión de los recursos humanos en cada nueva área de la compañía. La alta dirección consideró que estas decisiones eran cruciales y no las dejó a la función de recursos humanos. La metáfora de arrojar a la batalla suficientes soldados y equipos acapara la mente de la

---

[6] El papel que representan las capacitaciones técnicas inadecuadas en el fracaso de los sistemas de trabajo innovadores lo ha debatido también WALTON, «Establishing and Maintaining High-Commitment Work Systems».

alta dirección. Consideremos el plan de Bryant para trasladar la estrategia
de la perfección de General Products a Europa.

> De una manera o de otra tenemos que tener un éxito clamoroso en
> una operación internacional antes de que John Merrow [presidente de
> la división internacional] la compre totalmente. El la compra ahora,
> pero con condiciones... Hemos conseguido el mecanismo para llevar a
> cabo esto en Europa. Hay allí un par de países... que estamos
> arrasando precisamente... con fuego muy concentrado. Hemos conse-
> guido allí a un colega de formación de la máxima graduación. El
> mismo Steve Johnson [antiguo director de planta de Carolina del
> Norte y actualmente director de producción para Europa] es un
> condenado buen tipo en desarrollo organizativo. Sabe cómo utilizar
> esas instalaciones. Nos hemos quejado del apoyo técnico. Nos hemos
> quejado del apoyo del cuartel general y estoy intercediendo personal-
> mente ante él para que proporcionen ayuda técnica al Centro Técnico
> de Europa.

La discusión de Bryant sugiere la profundidad de su compromiso en la
provisión de todos los recursos que se necesitan para hacer que triunfen los
nuevos esfuerzos de revitalización. Bryant reconoció que las innovaciones
en recursos humanos sin operaciones eficaces están condenadas al tipo de
fallo cometido por Continental Glass en Reidsville.

**Concentración de recursos en las unidades que tienen la mayor potenciali-
dad de éxito.** Dadas las limitaciones de los recursos y el alto coste del
fracaso, los agentes de la revitalización de nuestras compañías líderes
dedicaron una buena cantidad de tiempo a identificar los lugares más
prometedores para la revitalización. Para tomar esta determinación, los
directivos confiaron en un cierto número de reglas empíricas implícitas, tres
de las cuales consideraremos brevemente.

1. *Construir sobre el cambio que se produce de manera natural.* Un
enfoque muy utilizado fue «llevar a cuestas» la renovación a otros cambios
importantes que se dan dentro de la tecnología, el liderazgo, las disposiciones físicas, el producto mix o la estrategia de mercado de una unidad
organizativa. Por ejemplo, el incremento de la capacidad de fabricación,
junto con la introducción de un producto importante nuevo en General
Products proporcionó la oportunidad de efectuar la experimentación organizativa en varias plantas, incluida la de Carolina del Norte. De manera
similar, los comienzos de la revitalización organizativa en el Centro Técnico
coincidieron con el traslado a una nueva instalación física. Las transiciones
en la dirección que se producen de manera natural, como la jubilación de un
antiguo directivo que se había opuesto a la renovación, proporciona a
menudo la oportunidad de promocionar a un directivo que apoyaba el
nuevo enfoque.

Tal «llevar a cuestas» ese «traslado» fue útil a la hora de minimizar la resistencia a las innovaciones organizativas propuestas. Se iba a producir algún cambio significativo; era simplemente una cuestión de forma. El compromiso procede primero de la constatación, a nivel de planta o de división, de que hay una necesidad de cambio, señalaba un especialista de recursos humanos de General Products:

> Estás buscando oportunidades siempre... nuevas líneas de producto, una nueva tecnología, un cambio en el liderazgo de la gestión, un rendimiento pobre. Este último puede producirse desde el punto de vista estadístico de la productividad [o] desde el de las relaciones humanas. Puede proceder de razones de competitividad dentro de la compañía... Esta planta va bien. Esa otra va mal. Tienen la misma línea de producto. Deberían estar haciendo lo mismo. O de razones de competitividad externas a la compañía. Podría proceder del hecho de que la planta estuviera insatisfecha con el lugar en que está. Y llaman y dicen: «Necesitamos ayuda. Estoy sufriendo todo tipo de presiones por parte de la corporación, y necesitamos ayuda».

El test de buena disposición más poderoso es el que una operación pida ayuda para la revitalización. «Queremos que las plantas la obtengan porque lo desean —señalaba el especialista de recursos humanos— y no porque se le fuerce. Lo hacen mejor si son ellos los que lo quieren.»

2. *Comenzar por las unidades fáciles.* Algunas unidades tienen más probabilidad que otras de constituir terrenos abonados para la revitalización. En general, es más fácil que triunfe la revitalización.

a)   en las unidades nuevas en lugar de en las antiguas;
b)   en las unidades pequeñas en lugar de en las grandes;
c)   en las unidades aisladas organizativamente más que en las centralizadas;
d)   en las unidades que son similares a modelos anteriores más que en las que no lo son.

Las unidades más pequeñas, más recientes y más periféricas desde el punto de vista organizativo fueron más fáciles de revitalizar por el simple hecho de que ponían menos barreras a la innovación: menos personal a convertir, menos normas y tradiciones incorporadas al engranaje que modificar y menos imperativos corporativos que negociar. Por eso es por lo que la mayor parte de las renovaciones corporativas comenzaron generalmente en plantas o negocios nuevos.

3. *Evitar las unidades organizativas que operan en mercados pobres.* Un factor importante en el fracaso de la planta de Reidsville de Continental Glass tuvo que ver más con su mercado que con sus equipos de autogestión. La localización de una planta de embalaje es crucial para su éxito económico. Tales plantas funcionan generalmente como negocios semiautónomos que proporcionan embalajes a la región circundante con sus propias organi-

zaciones de venta. Sin embargo, uno de los principales clientes locales de Reidsville nunca se materializó como tal. Mientras que la planta típica de embalaje vende dentro de un radio de 150 millas, los dos mercados principales de Reidsville estaban a 350 millas.

La planta de Mansfield de General Products fue un modelo de planta con éxito si nos atenemos a las medidas de la productividad y la calidad. Sin embargo, juzgada según estándares de rentabilidad, constituyó un fracaso. Los mercados de la planta estaban deprimidos, y operaba por debajo de su capacidad en modo sustancial. De acuerdo con Watson, de General Products, este hecho oscureció el éxito de la innovación en la gestión de la planta e hizo difícil que se la utilizara como modelo. Además, los directivos opuestos a la revitalización trataron de utilizarla ocasionalmente para desacreditar la innovavión en la gestión. Sólo el sofisticado sistema de medida del rendimiento de General Products permitió refutar este punto.

Invertir en aprendizaje

Las organizaciones de modelo innovador proporcionan a las corporaciones experiencia en nuevas formas de gestión de las que puede aprender la alta dirección. Las organizaciones modelo se pueden utilizar también para convencer y educar a otros sobre la eficacia de la gestión innovadora y sobre el proceso del camino crítico. Sin embargo, los modelos sólo pueden servir como catalizadores de una mayor renovación corporativa si otros son conscientes de su existencia. Irónicamente, en las compañías rezagadas de nuestro estudio encontramos un cierto número de plantas y divisiones individuales que estaban haciendo, de hecho, cambios sustanciales en sus enfoques de organización y gestión. Pero estos cambios se hacían de manera aislada. La dirección corporativa no había puesto como ejemplos a seguir para otros a las unidades innovadoras. De hecho, en un cierto número de casos, los directivos de otras unidades no eran conscientes de que dentro de su corporación había modelos potenciales.

En contraste, General Products —y, en menor medida, Fairweather Corporation y Scranton Steel— mostraron a los directivos los modelos innovadores y el proceso del camino crítico que llevaba a ellos. Existe un cierto número de estrategias para asegurar tal demostración y General Products utilizó esas estrategias pedagógicas significativamente de manera más frecuente que cualquiera de las otras compañías (véase la Tabla 5-1).

Conferencias. Los grupos de staff corporativo descubrieron que un modo eficaz de presentar a los directivos casos de unidades innovadoras triunfantes consistía en organizar conferencias a nivel corporativo. En este escenario, los altos directivos podían apoyar la dirección general de cambio, mientras que los directivos de línea podían presentar sus propias experiencias. Como señaló un especialista en desarrollo organizativo: «No hay nada como ver a algún veterano que ha estado con la compañía durante años levantándose ante sus iguales para decirles que ha visto la luz... y que ellos deberían engancharse al carro»[7].

Visitas a organizaciones modelo. Las visitas a las unidades que estaban en el proceso de revitalización ayudó a los directivos a comprender que el nuevo modo de gestión estaba en todas partes. General Products institucionalizó este tipo de enfoque enviando a los directivos a Carolina del Norte por un período de varias semanas dentro de su programa regular de formación. Los directivos aprenderían los detalles prácticos de la puesta en marcha de la renovación y, lo que era igualmente importante, podrían charlar con colegas que les hablarían de los beneficios reales de los cambios.

Formación. Todas las compañías pusieron en práctica programas de formación para incrementar los conocimientos y capacidades de los directivos. Tales programas sólo fracasaron cuando no estuvieron incluidos en los esfuerzos de la unidad local para seguir el camino crítico hacia la renovación. General Products invirtió millones de dólares en formación, mucho más que cualquiera otra de las cinco compañías. Sin embargo, la compañía se aseguró de que estos programas de formación no se convertirían en un costoso paso en falso, insistiendo en que los directivos asistieran a las sesiones sobre revitalización sólo después de que su unidad organizativa hubiera comenzado a caminar por el camino crítico.

Fomento y promoción de líderes de la revitalización

Dadas las cualidades que se requieren para llevar a una unidad organizativa por el camino crítico, no es sorprendente que la transformación corporativa dependa de la formación y promoción cuidadosas de directivos de planta y de división que puedan conducir los esfuerzos de revitalización. De hecho, constatamos que las innovaciones organizativas que triunfan tienden a producirse de una forma desproporcionada, a menudo, en aquellas plantas y divisiones dirigidas por directivos de talento determinados. Watson, por ejemplo, realizó cambios en los enfoques de gestión cuando fue director de planta de la instalación de Burlington. Como director de fabricación en General Products, fue responsable de supervisar el arranque de Carolina del Norte. Después de ascender a la presidencia, comenzó a difundir estos enfoques a toda la corporación. Varios de sus directivos de planta continuaron gestionando con éxito las revitalizaciones de las plantas. También en nuestras otras compañías encontraríamos el rastro de un «árbol de familia» de los esfuerzos de revitalización consecuente con la progresión en la carrera de unos cuantos directivos clave.

Desarrollo de líderes de revitalización. Las empresas que prestaron cuidadosa atención al fomento de un cuadro de directivos que pudieran llevar a una unidad por el camino crítico tenían una fuente mayor de directivos

---

[7] Howard Carlson, citado en Spector y Lawrence, «General Motors and the United Auto Workers», p. 694.

competentes entre los que elegir. De hecho, General Products concedió una alta prioridad al incremento del número de directivos capacitados desde el punto de vista organizativo que estuvieran disponibles para su promoción. Del mismo modo, otras compañías que se tomaron en serio la revitalización tendieron a contemplar la progresión en la carrera más en términos de desarrollo que en términos jerárquicos; los traslados no se hicieron con el propósito de que hubiera una movilidad vertical, sino con el de fomentar capacitaciones específicas que necesitaban los directivos para conducir la renovación.

En General Products se produjeron traslados laterales y se aceptaron traslados a puestos de recursos humanos. Por ejemplo, se trasladó a directores de planta y de otras posiciones en la línea principal a puestos de desarrollo organizativo para incentivar y comprobar sus capacitaciones de liderazgo en la revitalización.

Además de estos traslados laterales, los líderes corporativos utilizaron conscientemente sus plantas y divisiones más innovadoras como «invernaderos» de desarrollo de directivos, al modo en que los jardineros crían los plantones en condiciones ideales de crecimiento. Bryant describió el modo en que utilizó este procedimiento para crear un nuevo agente de cambio en los negocios internacionales de General Products:

> Tengo allí a un chico al que estoy tutorizando personalmente... Era el director gerente en Luxemburgo. Le traje aquí y le asigné a un plan de formación de tres meses, después de los cuales irá a dirigir una de nuestras grandes plantas en los Estados Unidos y después volverá a Europa...
>
> [Este directivo] ha pasado tres semanas en Carolina del Norte. Antes de dejarle marchar a Carolina, le preparamos durante dos semanas, de manera que sabía qué demonios tenía que mirar cuando fuera a Carolina del Norte. Esta semana tiene que venir para pasar un test para ver si aprendió todo lo que debía de haber aprendido en Carolina del Norte. Si no es así... se le devolverá a Carolina del Norte. Y él lo sabe. Mi test se ocupará de los conceptos y las teorías y las estrategias, que son los mismos en cualquier parte del mundo. No se diferencian un comino como consecuencia de la raza, la nacionalidad, la forma de gobierno local, la cultura o cualquier otra cosa. Los conceptos son exactamente los mismos. El modo de ponerlos en práctica, de llamarles, de denominar a tu estructura organizativa puede adaptarse a la cultura local, al gobierno nacional o a cualquiera otra cosa...
>
> [Este directivo] está ahora conforme con eso... Está comprando el sistema y dándose cuenta de lo bueno que es. Ahora piensa en términos de: «Está bien, ¿cómo puedo adaptar mi situación local para que utilice ese concepto?».

General Products fue más allá en la utilización de sus plantas avanzadas como «invernaderos» para la formación de directivos. Creó un Programa de

Liderazgo de Fabricación para «formar directivos de planta para los noventa». El programa comenzó con un grupo de directivos de planta y de directores de producción que trabajaron con el staff de recursos humanos corporativo sobre una lista muy detallada de las características del directivo ideal de planta. Esa lista se utilizó luego para reclutar a licenciados con altas calificaciones, que se asignaron a las plantas más sofisticadas desde el punto de vista organizativo de General Products, como la de Carolina del Norte. Se hizo a tales individuos una amplia exposición no sólo de cuestiones de revitalización, sino también de las distintas capacitaciones técnicas necesarias para funcionar como directores generales.

Gran parte de la práctica directiva tradicional va en contra de que se contemple de manera tan amplia la progresión de la carrera. Los directivos tienen una tendencia natural a contemplar el desarrollo de la carrera de los subordinados de modo que se adapten a los intereses de su planta, división o área funcional concreta[8]. Los directivos pueden proteger a sus mejores empleados de modo que dificulten el desarrollo a largo plazo tanto de los empleados como de la organización más amplia. Aquellas de nuestras empresas que más éxito tuvieron, presionaron mucho a los directivos de todos los niveles de la organización para que utilizaran las decisiones de sucesión para maximizar no sólo los objetivos de la unidad local, sino también los objetivos de renovación a largo plazo de toda la corporación.

El proceso descrito por Bryant, en General Products, es uno de los mejores ejemplos:

> Uno de los puntos del orden del día en las reuniones de los directivos de planta ahora es la evaluación del personal potencialmente capacitado de cada planta. Los directores de planta van... a la reunión... y devanan las cualidades de su personal potencialmente capacitado, su currículum, para qué están preparados. Realmente hemos llegado al punto en que un director de planta irá a la reunión y dirá: «Este es Ralph. Aquí está su historial educativo. Estos son los trabajos que ha desempeñado. Esta es la evaluación que ha obtenido. Mirad esto en lo que es condenadamente bueno. Y he aquí lo que necesita. No tendré el próximo puesto para él al menos en dieciocho meses, y tengo que trasladarle ahora. Me temo que si no lo trasladamos ahora tendremos problemas con este chico. ¿Tenéis alguno de vosotros un puesto para él? Dejadme deciros algo: me gustaría volverlo a tener conmigo antes de dos años, a menos que lo captéis antes».

Las transformaciones eficaces se caracterizan por el hecho de que la alta dirección se da cuenta de que la renovación corporativa depende tanto del descubrimiento y la potenciación efectivos de los líderes de la revitalización como del desarrollo de organizaciones eficaces. Sin líderes de renovación

---

[8] Véase J. P. KOTTER, *The Leadership Factor* (Nueva York, Free Press, 1988), para un perspicaz debate sobre esta cuestión.

altamente eficaces, no se podrían dirigir por el camino crítico las plantas y divisiones. Sin embargo, la compañía no puede descubrir y potenciar líderes eficaces si carece de modelos de organización innovadores altamente eficientes. Las compañías que realizaron la revitalización resolvieron este dilema del huevo o la gallina mediante cuidadosas ubicaciones de personas altamente capacitadas en unidades innovadoras, antes de promoverlas a nuevos objetivos de renovación. Las organizaciones innovadoras vinieron a ser, en esencia, centros de desarrollo de liderazgo.

Promoción de líderes de la revitalización. En General Products se orquestó cuidadosamente el traslado de los directivos de la revitalización a puestos claves de liderazgo, algo que sólo se produjo de forma fortuita, si es que se produjo, en las compañías rezagadas. Un directivo eficiente desde el punto de vista técnico, aunque no capacitado para conducir la revitalización, tenía tantas probabilidades de conseguir una promoción clave como otro que fuera competente desde el punto de vista técnico y fuera un líder eficaz de un esfuerzo de revitalización.

Al hablar de capacidades de liderazgo, nos referimos a la capacidad de un directivo para inspirar, compartir poder, implicar a otros y gestionar un esfuerzo de renovación, al tiempo que piensa en el rendimiento [9]. Los altos directivos de las compañías que cambiaron menos rápidamente entre las de nuestro estudio creyeron que estos temas del comportamiento estaban fuera de lugar. La alta dirección de las compañías rezagadas parecía sentir al tomar decisiones de promoción que el considerar las capacidades de liderazgo de un directivo constituía casi una invasión de la intimidad. Se decía a menudo que «no importa el modo en que gestione, siempre que obtenga resultados financieros». Un directivo de las compañías rezagadas de nuestro estudio explicaba las consecuencias negativas de esta actitud:

> ¿Cuál es la filosofía? La aleatoriedad. Yo puedo ser directivo [en esta empresa] con requisitos mínimos [en cuanto a comportamiento]. Esto [explica por qué] no somos el número uno en nada cada vez que hemos realizado una encuesta. Nunca seremos el número uno hasta que no nos ocupemos de la calidad de la gestión.

El resultado de este enfoque de *laissez-faire* fue la insuficiencia de los recursos en liderazgo para la revitalización.

El personal de los departamentos de recursos humanos corporativos de las seis compañías mantuvieron que la planificación de la sucesión era una prioridad creciente. Sin embargo, en las que tuvieron más éxito con la revitalización, la planificación de alta calidad de la sucesión no constituyó prioridad sólo para el personal de recursos humanos; fue igualmente importante para los directivos de línea corporativos. En General Products se trasladó de puesto a los líderes comprometidos con la revitalización de

---

[9] Para un extenso debate de las capacidades de liderazgo que exigen las corporaciones en entornos más competitivos, véase KOTTER, *The Leadership Factor*.

manera más sistemática y consistente que en cualquiera de las otras compañías (véase la Tabla 5-1), pero los altos ejecutivos de otras compañías aprendieron también lo cruciales que eran las decisiones de promoción. Consideremos la experiencia de James Weaver, que dirigió el Grupo de Defensa de Fairweather, líder de la revitalización en esa compañía:

> Realizamos una planificación del proceso de sucesión después de haber cometido media docena de errores [referentes a los directivos que no podían liderar la renovación] en la promoción de directores generales. Realmente no teníamos un plan del proceso de sucesión. Bueno, la gente de personal pensaba que lo teníamos, pero lo único que hicimos fue rellenar unos papeles. Eso no era real. Ahora estamos profundizando más. Empleamos mucho tiempo en ello [10].

Es seguro que las decisiones de sucesión no se tomaron siempre —ni siquiera en Fairweather o en General Products— con una atención equilibrada a las capacidades técnicas, comerciales y personales de la gente (para la relativamente baja proporción de esta estrategia comparada con las otras dos, véase la Tabla 5-1). El problema residía en que no había, sencillamente, suficientes individuos cualificados con el conjunto de capacidades que se precisaban para actuar como líderes de la renovación. De acuerdo con Watson:

> El problema es la lista de candidatos [para puestos directivos]. Con eso es con lo que tienes que habértelas. No es el proceso de selección. Seleccionamos lo mejor que tenemos, pero si tienes a dos chapados a la antigua, seleccionarás al mejor de esos dos.

Se puede tomar, por necesidad, la decisión de promocionar a un puesto importante o de mantener en un puesto tal a alguien que no tenga las cualidades requeridas para poner en marcha la renovación, pero eso tiene un coste, que se puede resumir en una palabra: cinismo. En prácticamente todas las compañías que visitamos, desde las líderes a las rezagadas, oímos mencionar a algún directivo clave, que parecía epitomizar los modos arcaicos de gestión y organización y «demostraba» que la alta dirección «no se tomaba realmente en serio» la revitalización.

Ni siquiera General Products, con su cuidadosa consideración de las cuestiones de sucesión, evitó totalmente esta trampa. El estilo autoritario e intimidador de un vicepresidente internacional —más de una persona había

---

[10] Los comentarios de WEAVER sobre la planificación de la sucesión en el Grupo de Defensa no cuadran con la puntuación global del cuestionario de Fairweather sobre el traslado de los directivos comprometidos de la Tabla 5-1, que no es muy diferente del de otras compañías que se encuentran en la zona media. Podemos especular que, de haber analizado las respuestas del Grupo de Defensa solamente, la puntuación del cuestionario hubiera sido más alta.

caído enferma como consecuencia de sus desafíos y exigencias— llevó a los directivos de ultramar a cuestionarse las afirmaciones de la alta dirección de que deseaba revitalizar la compañía. Insistieron en que no podría haber revitalización alguna mientras que no se reemplazara a tal vicepresidente.

El control de la revitalización

La noción de control del rendimiento de plantas y divisiones es totalmente rutinaria. Tradicionalmente, tal control implica sofisticados sistemas de información financiera para evaluar los resultados del negocio. Una de las prácticas que diferenciaban a las compañías más eficaces en la renovación de las que lo eran menos era la voluntad que tenía la alta dirección de dedicar también una alta cantidad de energía a controlar la calidad del mismo esfuerzo de revitalización.

Gran parte del control se efectuaba de modo informal. La alta dirección corporativa de Fairweather Corporation y de General Products empleó una gran cantidad de tiempo en informarse de cómo iban las cosas. Watson, de General Products, explicó cómo era, para él, este proceso:

> Desarrollas una cierta intuición. No sabes específicamente qué es lo que va mal, sino que te limitas a leer las señales. Haré una llamada telefónica o alguien vendrá a verme y me dirá: «Hola, estuve [en la planta X]. Tienen problemas». Puede que no le hagas caso la primera vez, pero puede que oigas a alguien más y puede que leas sus informes. Comienza a coincidir todo, y de repente digo: «Vayamos y echemos un vistazo». Vas, te sientas con ellos y dices: «¿Qué es lo que marcha y por qué no ocurre esto?». Investigas en torno a ello. Los sistemas tienen que estar controlados. Ellos no se ocuparán de sí mismos.

Como contraste, los ejecutivos de nuestras compañías rezagadas emplearon poco tiempo en este campo. El aislamiento de la alta dirección de Continental Glass quedó reflejado incluso en la disposición física de las sedes corporativas, en las que el garaje de los ejecutivos estaba unido a sus despachos por un ascensor aparte. Un informador describía así este escenario:

> El director general podía pasar todo un día sin ver a otro empleado que a su secretaria, o a su grupo de altos directivos en el piso 27. Y, de hecho, la mayor parte de los días ocurría así. Va a trabajar en el coche de la empresa, sube en el ascensor hasta el piso superior, permanece allí. Come allí. Regresa al garaje y a casa de nuevo.

También se utilizaron métodos más normales de control y evaluación de la renovación. La Fairweather Corporation confió en la encuesta sobre la actitud de los empleados como especie de sistema de alarma temprana para alertar a los directivos sobre la aparición de posibles problemas.

La General Products puso a punto un procedimiento que permitía hacer una evaluación más detallada y compleja del progreso de una unidad: las auditorías organizativas. Los miembros del equipo auditor —directivos de otras unidades y/o consultores externos— trabajaban de forma cooperativa con los directivos locales, formulando un diagnóstico del progreso de la revitalización. El personal ajeno a la empresa entrevistaba a los empleados y observaba las operaciones. Después de entrevistarse con la dirección local para informarse de su punto de vista y llegar a un acuerdo sobre la dimensión del progreso, informaban de los resultados de la auditoría a la alta dirección. En la reunión informativa estaban presentes miembros importantes de la unidad estudiada —por ejemplo, el director de planta y el director de personal—, así como otros ejecutivos importantes de la sede central.

El proceso auditor proporcionó a la alta dirección un medio de incrementar la responsabilidad en las unidades operativas hacia los resultados de los recursos humanos y reconducir el esfuerzo de revitalización si era necesario. También sirvió como un gran catalizador de aprendizaje organizativo —para la alta dirección, los directivos que realizaban la auditoría y los auditados. En la auditoría de una planta, el auditor externo sugirió que los trabajadores eran aún excesivamente dependientes de sus supervisores, en lo referente a la dirección. Cuando se planteó esta cuestión, un ejecutivo de fabricación responsable de otra planta innovadora pudo compartir los resultados de sus experiencias con un equipo de autogestión que estaba trabajando eficazmente en el turno de noche sin la presencia del supervisor. La auditoría finalizaba con el ruego de la alta dirección al director de planta de que investigara la posibilidad de incrementar la delegación de autoridad desde los supervisores de primera línea a los equipos de fabricación autogestionados.

LA SECUENCIA DE LA REVITALIZACION CORPORATIVA

Las estrategias de revitalización no se desarrollaron exactamente en el orden en que las hemos presentado en todas las compañías que estudiamos. En la mayor parte de las compañías se experimentaron varias estrategias simultáneamente. Para algunos, la renovación comenzaba poniendo el acento en las secuencias de la mitad o del final.

Sin embargo, dados los recursos limitados de tiempo y dinero de que disponen los altos directivos, nos gustaría sugerir que es preferible seguir, aproximadamente, la secuencia que hemos presentado. ¿Por qué?

Las compañías que empezaron por las secuencias de la mitad o del final tenían que retornar a estrategias anteriores para sostener y/o progresar más en la revitalización. Incluso cuando las empresas pusieron en práctica estas estrategias en el orden que hemos sugerido, más o menos, tenían que volver a menudo a un punto anterior de la secuencia cuando se estancaba el progreso en las estrategias de la mitad y del final. Esto ocurrió cuando se puso en evidencia que se había puesto en práctica inadecuada o incompletamente una estrategia anterior.

General Products se saltó la primera estrategia —desarrollo de un marco para la relación sindicato-dirección— cuando puso el acento inicialmente en la exigencia de rendimiento mediante la estrategia de la perfección (estrategia 2) y en el desarrollo de una planta manufacturera no sindicada, modelo, en Carolina del Norte (estrategia 3). A pesar del aparente éxito de sus esfuerzos, fue incapaz de conseguir que progresaran muchas de sus antiguas plantas sindicadas. Con el regreso a la estrategia 1, proporcionó recursos al desarrollo de un marco de cooperación sindicato-dirección. Luego obtuvo la cooperación del sindicato en la gestión de la revitalización de varias plantas antiguas que antes se resistían a cooperar.

Cuando los esfuerzos de revitalización comenzaron con inversiones en educación (estrategia 4), se percibieron como programas y fracasaron. Tanto Continental Glass como U.S. Financial cayeron en la trampa. En Continental, los programas educativos de gestión inspiraron el experimento de Reidsville. Sin embargo, al faltar el acento en el alto rendimiento y en el entendimiento de sus interconexiones con las innovaciones en recursos humanos (estrategia 2), la alta dirección contempló el experimento de Reidsville como de ciencia del comportamiento. Consideraciones operativas hicieron que volvieran las preocupaciones por la innovación de recursos humanos y cuando el plan fracasó, se supo que el esfuerzo era débil e ineficaz. Los escasos rendimientos de Reidsville minaron el apoyo a la innovación de recursos humanos en todo Continental. Pero aunque no hubiera fracasado Reidsville, hubiera sido probable que quedara aislada. Sin un acento corporativo en los estándares de altos rendimientos, hubiera habido dificultades para convencer a otros directivos para que emularan los esfuerzos de Reidsville.

Las compañías que estudiamos no hubieran podido presumir de haber utilizado la estrategia 5 —promoción y desarrollo de los líderes de la revitalización— en una etapa demasiado temprana del proceso. Los líderes de la revitalización salen de unidades organizativas modelo que han triunfado. Las estrategias que descansan en el traslado y el reemplazo de directivos no incrementarán materialmente el número de líderes de renovación promovidos hasta que se haya conseguido obtener un cuadro de líderes capacitados y experimentados.

Hay otra razón por la que los esfuerzos para difundir la revitalización mediante una mejor planificación de la sucesión no funcionan al comienzo de la secuencia. Los directivos necesitan comprender plenamente las características de un buen líder de revitalización si quieren promover a uno. No pueden saber qué es lo que hay que buscar hasta que no hayan trabajado intensamente con tales directivos. Esto no resulta posible hasta que la compañía no tenga un número suficiente de organizaciones innovadoras que proporcionen líderes de la revitalización. En ninguna parte quedó más claro esto que en el Grupo de Defensa de Fairweather, en el que el proceso de planificación de la sucesión descrito anteriormente tuvo un valor limitado hasta que se pusieron en marcha Instrumentos de Navegación y otras unidades innovadoras (estrategia 3).

U.S. Financial es la única compañía que comenzó por la estrategia 6, el control de la renovación. El departamento de recursos humanos corporativos realizó caras encuestas de actitud trimestralmente, y elevó informes al presidente desde el mismo comienzo del esfuerzo de revitalización. Sin embargo, nunca se implantaron organizaciones modelos (estrategia 3), dejando confusos a los directivos sobre los modelos que se habían proyectado. El programa cultural de U.S. Financial pedía una inversión en recursos humanos, pero no especificó las demandas de rendimiento y de tareas (estrategia 2) que se requieren para motivar el cambio en la organización y la gestión.

Aunque la renovación puede comenzar en cualquier parte de la secuencia, parece prudente que la alta dirección no sobrevalore estrategias de la mitad o del final del proceso antes de examinar hasta qué punto han preparado el camino otras estrategias previas. Es inevitable que una renovación corporativa implique algún movimiento de avance o de retroceso en la secuencia de estrategias. La comprensión de las consecuencias previsibles del movimiento puede ayudar a minimizar la desilusión que se produce cuando fracasan en la promoción de la revitalización experimentos aislados, como el de Reidsville, en Continental Glass, o el de la formación de alto nivel y el de encuestas a los empleados de U.S. Financial.

La razón básica de la secuencia de las estrategias de revitalización corporativa descansa en la necesidad de crear suficiente buena disposición administrativa en cada etapa del esfuerzo de cambio para permitir que se produzcan las etapas consiguientes.

La aplicación, con éxito, de cada una de las estrategias requiere ciertas condiciones, desarrolladas por estrategias anteriores. El desarrollo del compromiso con el cambio alcanzado mediante las estrategias 1 y 2 (creación de un marco de cooperación sindicato-dirección y exigencia de rendimiento e inversión en recursos humanos) crea la motivación para construir modelos de nuevas pautas de coordinación, alcanzadas a través de la estrategia 3 (desarrollo de un círculo creciente de organizaciones modelo). A su vez, las organizaciones modelo sirven de invernadero para el fomento de líderes con la necesaria competencia como para permitir la puesta en práctica de las estrategias 4 y 5 —educación, desarrollo y promoción de líderes de la revitalización a otras unidades organizativas propuestas para el cambio.

No es una coincidencia que esta secuencia de compromiso creciente que produce cambios en la coordinación lo que, a su vez, hace que la competencia sea mayor, sea idéntica a otra que vimos desarrollarse en el camino crítico a nivel de unidad. Esa similaridad se da porque ambas estrategias están construidas sobre el mismo conjunto de suposiciones en torno a la dinámica del aprendizaje organizativo.

RESUMEN DEL CONTRASTE ENTRE DOS ENFOQUES DE LA REVITALIZACION CORPORATIVA

La orquestación eficaz de las estrategias de renovación corporativa crea un clima que capacita a las unidades individuales de la compañía para conseguir el camino crítico. Estas estrategias promueven también un proceso orgánico de aprendizaje corporativo que difunde la revitalización de unidad en unidad. Creemos que ese proceso es, al mismo tiempo, diferente del cambio programático y más eficaz que él.

En contraste con el cambio programático, que comienza por los altos directivos de la corporación y los ejecutivos de recursos humanos, el proceso de aprendizaje que hemos descrito comienza con directivos de unidad muy alejados del núcleo corporativo. Esta distancia permite a los directivos de unidad experimentar nuevos enfoques sin riesgo de interferencia de la sede central. Sin embargo, y hasta cierto punto, los altos directivos comienzan a aprender de las innovaciones que tienen más éxito. Ese aprendizaje puede proceder de su propia implicación en la innovación en alguna etapa anterior de sus carreras y/o de contemplar extraordinarias mejoras en el rendimiento de las unidades innovadoras. Poco a poco se convencen de que la innovación ofrece un paradigma alternativo de organización y gestión que la corporación debería adoptar en sus esfuerzos por hacerse más competitiva. A medida que desarrollan convicciones más sólidas, los altos directivos comienzan a conducir el esfuerzo de revitalización de forma más agresiva, urgiendo que se realicen más innovaciones y difundiéndolas por medio de las estrategias descritas en este capítulo.

Como indica la Tabla 5-2, las razones subyacentes del cambio, la responsabilidad por efectuar el cambio y los métodos de cambio difieren marcadamente en estos enfoques de la revitalización corporativa. De manera igualmente significativa, los enfoques difieren dramáticamente en sus supuestos de aprendizaje organizativo. El enfoque programático asume, a veces falsamente, que los intentos de cambiar el modo en que piensa la gente mediante imposiciones de cometidos o de programas de formación producirán cambios útiles en el modo en que se comporta la gente en el trabajo. En contraste, nuestros hallazgos sugieren que la gente aprende nuevas pautas de comportamiento primero mediante su interacción con otros en el trabajo. Consecuentemente, un modo esencial por el que los esfuerzos de revitalización que tienen éxito promueven aprendizajes organizativos son las organizaciones modelo. El trabajar en ellas expone al personal a demandas que le «fuerzan» a actuar de modo diferente y, a su vez, le llevan a variar el modo de pensar. El pensar de modo diferente permite a los directivos producir experiencias educativas y tomar decisiones de promoción que son mucho más eficaces que las producidas por el cambio programático. El pensar de modo diferente lleva también a revisar las políticas y las prácticas corporativas que, a su vez, promueven un comportamiento nuevo.

Tabla 5-2. Comparación de dos enfoques de revitalización corporativa

	Enfoque del cambio programático	Enfoque de gestión del clima corporativo
Relación entre la sede central y la instalación.	Esfuerzo independiente por desarrollar cambios en las sedes centrales, para utilizarlos en el campo, que ignora la innovación producida en localidades remotas.	Cambio aislado en determinados lugares del campo que llevan al cambio coordinado centralmente en otros lugares y que se trasladan gradualmente hacia el centro.
Razones del cambio.	Primero, ejemplo de otras compañías o valores personales de la alta dirección. Segundo, de acuerdo con los resultados del negocio.	Resultados del negocio.
Responsabilidad principal del desarrollo e implantación del cambio corporativo.	La dirección de línea la delega en el personal de recursos humanos y en consultores externos.	Asumida por la dirección de línea en las sedes centrales y en otros lugares. Asistida por el staff de RH y por consultores.
Métodos de cambio.	Programas de formación, establecimiento de misiones, cambios en los sistemas y procedimientos de toda la corporación (por ejemplo, evaluación del rendimiento, planificación de la sucesión y retribución).	Experimentos con éxito de nuevos métodos de organización y gestión difundidos mediante la sucesión directiva, visitas a plantas, conferencias y asistencia corporativa.
Relación supuesta entre palabras, pensamiento y comportamiento.	Basada en la observación, lectura y reflexión, desarrollo de métodos para cambiar el modo de pensar de la gente (mediante formación y establecimientos de misión), que, a su vez, cambiará el modo de actuar.	Basada en prueba y error en distintos lugares, desarrollo de métodos que hacen a la gente actuar de modo diferente. Sólo después comenzarán a pensar de forma diferente, lo que se puede presentar luego en programas de formación y en planteamientos de misión.
Relaciones supuestas entre los procedimientos corporativos y el cambio de comportamiento.	El cambio de los procedimientos y sistemas corporativos cambiará el modo de actuar del personal.	El cambio en los comportamientos inducirá cambios en los procedimientos corporativos.

6

Filosofía y recursos: condiciones que permiten la renovación

Vimos que la alta dirección puede utilizar seis estrategias para difundir la revitalización en una compañía. ¿Por qué, sin embargo, la alta dirección de General Products no sólo estaba más capacitada para utilizar estas estrategias, sino que también era más probable que las pusiera en práctica más eficazmente que los líderes de la revitalización en Continental Glass y U.S. Financial?

A medida que profundizábamos más en los datos de nuestra encuesta y reflexionábamos sobre lo que habíamos aprendido acerca de las seis compañías, identificábamos tres condiciones que facilitaban el que la alta dirección liderara eficazmente los esfuerzos de revitalización corporativa:

- Equilibrio entre la ambiciosa reducción de costes y los objetivos de inversión en recursos humanos.
- Equilibrio entre la preocupación por las tareas y la preocupación por el personal.
- Una red de personal de recursos humanos y de consultores externos que ayudaban a la alta dirección a facilitar la revitalización de toda la compañía.

Las dos primeras condiciones reflejan una postura filosófica que la alta dirección tenía o desarrolló a medida que se extendió la renovación. La tercera fue resultado de la filosofía de la alta dirección y, a su vez, llevó consigo que se acentuara el equilibrio entre la reducción de costes y la inversión en recursos humanos y entre la preocupación por las tareas y la preocupación por el personal. En conjunto, las tres condiciones capacitaron a la alta dirección para actuar sobre las seis estrategias que produjeron un clima corporativo favorable a la revitalización. Forman el anillo siguiente en el disco de la revitalización (véase la Figura 6-1).

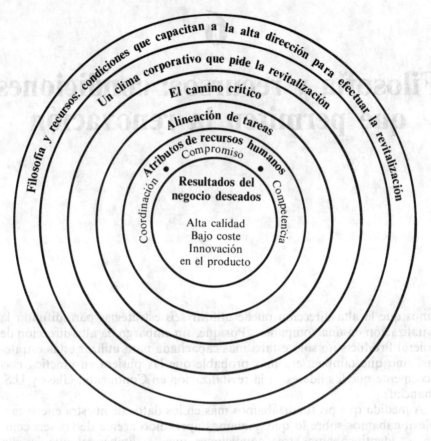

Figura 6-1: El círculo de la revitalización: El papel de la filosofía y los recursos en la capacitación a la alta dirección para que efectúe la revitalización

EQUILIBRIO ENTRE LA REDUCCION DE COSTES Y LA INVERSION EN RECURSOS HUMANOS

El incremento de la competencia es un tema agobiante, particularmente dada la presión que ejerce la necesidad de obtener beneficios cada trimestre, impuesta por los mercados financieros estadounidenses. Todas las compañías que estudiamos se sentían motivadas para renovarse por las intensas presiones que soportaban para reducir costes y mejorar los beneficios. Para conseguirlo, se comprometieron en diversos grados a reducir salarios, subsidios (particularmente costes de prestaciones sanitarias) y fuerza laboral a niveles de producción y de gestión. Su posibilidad de sobrevivir y competir otro día más dependía, en gran parte, de su capacidad para efectuar recortes rápidamente. Tales presiones hicieron difícil sostener una inversión continuada en recursos humanos.

El enfoque de alineación de tareas para la revitalización triunfa en un entorno orientado al rendimiento, en el que fracasan los programas de recursos humanos como consecuencia de la atención que ha de prestarse a las exigencias del negocio a corto plazo. Sin embargo, las mejoras en el rendimiento que se producen mediante la alineación de los esfuerzos del personal con las tareas no siempre afectan a los resultados de la organización con la misma rapidez que las reducciones directas en fuerza laboral o el cierre de instalaciones. Las mejoras significativas en la calidad del producto de la planta de Crawfordsville de Continental y el rápido ritmo de desarrollo de un nuevo producto en el Centro Técnico de General Products no mejoraron los márgenes operativos de manera tan inmediata como lo podían haber hecho medidas a más corto plazo.

Lleva considerablemente más tiempo estimular la renovación mediante el camino crítico en todas las partes de una compañía que decretar una reducción salvaje de personal. Esto último sólo requiere un acuerdo. Lo anterior requiere capacidades de liderazgo y, además, desarrollar la confianza, crear organizaciones modelo innovadoras y formar al personal. La alta dirección ha de tener paciencia. Debe proporcionar los recursos necesarios para sostener la renovación en un período de tiempo mucho mayor que el típico ciclo trimestral de ganancias por el que los mercados financieros juzgan el valor de las acciones de la compañía —mucho mayor, además, de lo que cuesta preparar una oferta de venta.

¿Es la revitalización un lujo que los negocios que luchan por sobrevivir a corto plazo no se pueden permitir? ¿Consiste, quizá, la respuesta en efectuar inversiones en la revitalización a largo plazo y, al mismo tiempo, racionalizar los activos reduciendo costes de trabajo y vendiendo instalaciones no rentables? Aunque este enfoque puede combinar lo mejor de los dos mundos, descubrimos que, en la práctica, es difícil que coexistan las dos estrategias. Las dificultades que afrontan los directivos al emprender tales políticas simultáneas quedan bien ilustradas por el caso de Continental Glass.

CONTINENTAL GLASS & CONTAINER RESPONDE A LA PRESION

Después de efectuar algunos experimentos, a lo largo de un período de tres años, con estrategias de desarrollo de recursos humanos a niveles directivos y de taller, la dirección corporativa de Continental se fue preocupando cada vez más por los bajos beneficios globales de la compañía. Las amenazas de adquisición y las presiones procedentes de Wall Street aumentaron las preocupaciones. Un estudio de la organización, realizado por consultores externos, contribuyó a que la alta dirección se convenciera de que la escasez de beneficios se debía, en primer lugar, a la excesiva capacidad de fabricación y a los inflados gastos operativos en relación con el bajo crecimiento previsto en los mercados en que operaba la compañía. La dirección respondió con una serie de pasos específicos:

- Reducción radical de la plantilla laboral en general y del tamaño del staff corporativo.
- Reducciones de las indemnizaciones.
- Cierre de algunas plantas de recipientes de vidrio y modernización de otras.

La respuesta, en término de beneficios a corto plazo de Continental, fue impresionante. 1986 fue el año de más beneficios de la compañía. Fueron tantos los competidores en el negocio de los recipientes expulsados del mismo que la demanda para ocupar totalmente las pocas plantas que le quedaron a la compañía fue más que suficiente. Como quiera que estas plantas se habían modernizado, la división de envases de Continental quedó también en una posición envidiable para ser el productor a más bajo coste de la industria.

Pero si la racionalización de activos tuvo sentido para Continental Glass, al menos en términos de beneficios a corto plazo, no se compaginó fácilmente con los objetivos de racionalización de la empresa. La filosofía del director ejecutivo era enfocar las estrategias de manera secuencial, en lugar de simultáneamente («Déjenme poner orden en el negocio primero y después nos podremos ocupar del personal»). Tal mentalidad hizo que el CEO se centrase totalmente en los beneficios financieros como medio de movilizar energías para el cambio. La respuesta de los empleados no fue positiva. El segundo paso que había previsto el CEO —atención al personal— pareció que no se iba a dar nunca. Los empleados no vieron un cambio real en el enfoque de organización y gestión de la compañía.

Aunque el CEO expresó aún su apoyo a las actividades de desarrollo de recursos humanos, pareció también que estaba desorientado sobre el modo de integrar las innovaciones en recursos humanos con los esfuerzos de reestructuración de la compañía. La muerte de la estrategia de renovación de recursos humanos quedó ejemplificada por dos hechos. Primero, hacia el final de 1986, la función de recursos humanos corporativos había quedado reducida en tamaño y competencias tan significativamente, que ya no pudo apoyar de manera eficaz la renovación. No fue sorprendente que el vicepresidente que se había contratado a finales de los setenta para que dirigiese el cambio planeara marcharse y que muchos otros empleados de talento se hubieran ido ya. Segundo, el director de operación que se acababa de nombrar no sentía muchas simpatías por la revitalización.

Cuestión de equilibrio

¿Acertó el CEO de Continental al dar prioridad al negocio sobre el personal? Pensamos que no. No sostenemos que la racionalización del activo y la reducción de costes sean estrategias inadecuadas. Pero recomendamos precaución a la hora de hacer que la racionalización del activo se convierta en el único foco de la mejora. El hacerlo así origina escepticismo en lo referente al compromiso de la organización con sus empleados, un escepticismo que podría inhibir perfectamente las intervenciones en la revitalización deseada en una etapa posterior. Al posponer la renovación hasta después de que se haya puesto orden en el negocio, la organización despilfarra uno de sus recursos más preciados: tiempo.

¿Por qué no equilibró Continental su necesidad de responder a las presiones del corto plazo con un compromiso con la renovación a largo? Continental Glass no estaba siendo liquidada. Aunque algunas áreas de la compañía estaban retrocediendo, otras se encontraban en expansión. Algunas plantas de vidrio se cerraron, pero otras se mejoraron. Después de asentada la polvareda, la dirección seguía teniendo un negocio que gestionar y podía fabricar productos. Los productos habrían de competir finalmente en algo más que en el coste. La alta calidad, y quizá unos moderados niveles de innovación, podrían aportar también los atractivos márgenes de beneficios que demandaba la intensificación de la competencia. El éxito final de la corporación al permanecer siendo rentable dependería de la fuerza laboral, de sus competencias al desarrollar y aplicar respuestas creativas a las condiciones cambiantes del negocio y de su capacidad para comunicarse y coordinarse funcionalmente. Dada la importancia de las presiones de los beneficios trimestrales y la importancia, a largo plazo, de invertir en un proceso de aprendizaje organizativo, resulta lógico concluir que las renovaciones corporativas que triunfan dependen del equilibrio entre estos objetivos.

Por desgracia, las presiones continuas para la reducción de costes pueden centrar tanto la atención de un director en los resultados financieros mensuales que se detraiga energía de los objetivos de inversión a largo plazo, incluyendo las innovaciones en la gestión del personal[1]. William Bryant, de General Products, comprendió bien hasta qué punto pueden las presiones a corto plazo minar fácilmente el compromiso con la renovación:

> Las burocracias corporativas están colgadas de los estractos de pérdidas y ganancias trimestrales y semestrales. Normalmente, los resultados financieros se prevén trimestralmente. Pero si tienes problemas, lo haces mensualmente. A veces, nos planteamos esta condenada cuestión semanalmente.

---

[1] Del impacto de los objetivos a corto plazo sobre las inversiones a largo plazo en I + D, planta y equipamiento se han ocupado muchos otros eruditos. Véase, por ejemplo, R. H. HAYES y W. ABERNATHY, «Managing Our Way to Economic Decline», *Harvard Business Review,* 58 (julio-agosto 1980); R. H. HAYES y D. A. GARVIN, «Managing As if Tomorrow Mattered», *Harvard Business Review,* 60 (mayo-junio 1982), pp. 70-79; R. H. HAYES, STEVEN C. WHEELWRIGHT y KIM CLARK, *Dynamic Manufacturing: Creating the Learning Organization* (Nueva York, Free Press, 1988).

Ahora bien, la primera vez que estas presiones se presentan, los directivos comprometidos con la perfección [la estrategia de la perfección fue el paraguas de la renovación corporativa de General Products] no se molestan. Pero cuando se presentan semana tras semana, acabas por ocuparte de esas pobres bastardas. Ahora esos directivos dicen que no se pueden ocupar de nada que no sean los beneficios y los retornos de la inversión. Y acaban por hacer cosas que verdaderamente no nos ayudan a largo plazo, pero que hacen que los retornos de la inversión aparezcan bien a finales de año.

En teoría, podría argumentarse que el equilibrio se puede vencer del otro lado, cuando los directivos se centran en las cuestiones de desarrollo de los recursos humanos a largo plazo e ignoran las presiones de los costes a corto plazo. Aunque esta forma particular de desequilibrio se produjo en un pequeño número de unidades, fue menos frecuente que el exceso de atención a las presiones de corto plazo. La explicación la dan los mercados financieros y las amenazas de adquisición.

Las presiones para reducir costes a corto plazo fueron grandes en las seis compañías, de acuerdo con la encuesta que realizamos entre los empleados (véase la Tabla 6-1). Sin embargo, la atención que se le prestó *no* fue la misma en todas las compañías. U.S. Financial y Continental Glass, las rezagadas en la revitalización, y Scranton Steel, que sólo fue ligeramente más afortunada en los esfuerzos de revitalización, estuvieron sustancialmente por encima del promedio en cuanto al grado de presión para reducir costes que percibieron sus empleados. En el otro lado, los empleados de las compañías líderes, General Products y Fairweather, estuvieron por debajo en el mismo concepto.

Lo que es más importante, General Products y Fairweather consiguieron un equilibrio mucho mejor entre reducción de costes e inversión en recursos humanos que Continental Glass y U.S. Financial. Fairweather superó incluso a General Products. Sin embargo, de acuerdo con los empleados, la dirección de Fairweather no redujo costes de modo tan agresivo como General Products, lo que dio a la renovación de Fairweather un carácter más suave. El grito de convocatoria a la revitalización del presidente del Fairweather fue la autoestima de los empleados, más que la mejora del rendimiento.

Es importante poner de relieve también que, de acuerdo con los empleados, las seis compañías pusieron el acento más en la reducción de costes que en la inversión en recursos humanos. Esto no resulta sorprendente, dadas las presiones por los resultados a corto plazo que experimentaron estas compañías, pero suscita importantes cuestiones que esta investigación no puede contestar. Si las presiones para reducir costes en las compañías rezagadas de nuestro estudio hubieran sido menores, ¿hubieran tenido mejor oportunidad de renovarse? ¿Qué acento habría de poner una compañía en la inversión en recursos humanos, comparada con otras estrategias de mejora del redimiento? ¿Le hubiera ido mejor a General Products si

Tabla 6-1.—Acento relativo en la reducción de costes y en la inversión en recursos humanos en las seis compañías [1]

	Media de todas las compañías	Compañía					
		General Products 1	Fair-weather 2	Livingston Electronics 3	Scranton Steel 4	Continental Glass 5	U.S. Financial 6
Rango de revitalización		1	2	3	4	5	6
Reducción de costes	4,46	4,36	3,80[b]	4,44	5,00[a]	4,90[a]	4,83[a]
Inversión en recursos humanos [2]	3,27	3,71[a]	3,56[a]	3,28	3,25	2,55[b]	2,76[b]
Diferencia [3]	1,19	0,67[a]	0,24[a]	1,16	1,75	2,35[b]	2,07[b]

[1] Medias que son significativamente diferentes para $p < 0.05$ tienen diferentes números sobreescritos. Por ejemplo, la media x,xx[a] es significativamente diferente a la media x,xx[b].

[2] El resultado se compone de varios puntos tales como incremento de la responsabilidad, coordinación intergrupal, delegación, competencia de los empleados y confianza.

[3] Las menores diferencias son índice de un mayor equilibrio.

hubiera acentuado la renovación corporativa, y a Fairweather si hubiera acentuado la reducción de costes? ¿Cuándo se percibe el acento en la reducción de costes como falta de preocupación por el personal y mina, por tanto, la revitalización?

¿Qué capacitó a la alta dirección de General Products para equilibrar las presiones de reducción de costes con la inversión en recursos humanos de modo más eficaz que a la de las otras? Un factor importante parece ser el convencimiento que tenga la alta dirección en cuestiones de revitalización. Watson habló claramente acerca de cómo los cambios en la forma en que se organizaba y dirigía al personal podrían hacer a una compañía más competitiva, cómo se podría mejorar la calidad y reducir los costes. Esto fue algo que la compañía no hizo por hacerse simpática a la gente o por estar en boga. Bryant habló de cómo el único medio de conseguir la «perfección» era la gestión participativa.

Los altos directivos de las compañías restantes, por el contrario, fueron menos claros a la hora de exponer el papel que iba a jugar la revitalización en sus esfuerzos por mejorar la competitividad de sus empresas. Tomemos el acento puesto por Fairweather en el incremento de la autoestima de los empleados. Ese objetivo nos parecía mucho menos integrado con los objetivos del negocio que la estrategia de la perfección de General Products. Cuando le pedimos que expusiera los cambios realizados en Livingston Electronic, el CEO Brand Longstreet mencionó el mayor énfasis en la rentabilidad y en los beneficios, pero se olvidó de ligarlos a los esfuerzos de renovación efectuados en su compañía incluso después de que se le hubiera presionado para que los pusiera en conexión.

Los directivos de Continental Glass tenían la sensación de que la revitalización se inició porque estaba de moda. «Todos estábamos inmersos en una especie de murmullo adormecedor», dijo un directivo. Las actuaciones de los directivos de Continental, si no sus palabras, sugieren que a un nivel más básico se contemplaba a los empleados como costes variables más que como activos humanos potenciales. Esta mentalidad es la antítesis de la que se precisa para un liderazgo eficaz en las renovaciones corporativas.

El entorno exterior

Como se deduce de nuestra comparación entre las compañías líderes y las rezagadas, el equilibrio de gestión alcanzado entre la reducción de costes y la revitalización se ve profundamente afectado por los valores y las presunciones de directivos de línea individuales, así como por la cultura organizativa de la que forman parte estos directivos. Sin embargo, debería reconocerse también que, con independencia de estos valores, la intensidad de las demandas externas para mejorar el rendimiento financiero puede complicar grandemente la tarea de mantener el equilibrio.

De hecho, parece haber un equilibrio óptimo entre presiones externas demasiado intensas y demasiado débiles. Las presiones demasiado débiles pueden evitar que se produzca el ímpetu que se necesita para vencer la inercia y la resistencia al cambio que existe tanto a nivel de individuos como de organizaciones [2]. En un estado tal no puede darse ni reducción de costes ni inversión en actividades de recursos humanos, Inversamente, una presión externa demasiado intensa puede mover a una organización a abandonar un enfoque a largo plazo, especialmente cuando se combina con un débil espíritu de resolución de los líderes corporativos para continuar invirtiendo en recursos humanos.

Severas presiones externas animaron a las tres compañías rezagadas de nuestro estudio (Scranton Steel, U.S. Financial y Continental Glass) a pasar de la revitalización a la racionalización de activos y a la gestión de cartera como medio de alcanzar rápidas mejoras de los resultados:

- En Continental Glass, la alta dirección comenzó a preocuparse por la adquisición y puso en marcha la racionalización de las plantas de fabricación y programas de jubilación voluntaria en masa, para reducir costes.
- En U.S. Financial, grandes pérdidas minaron la credibilidad entre el CEO y su Consejo de Administración. Esto produjo una total reversión de la estrategia de revitalización emprendida por el CEO cuando tomó el poder un sucesor conocido por su falta de simpatía por la revitalización.
- Del mismo modo, el Consejo de Administración de Scranton Steel respondió a las grandes y continuas pérdidas sustituyendo a Don Singer por Ed Shields. El cambio se produjo sin ninguna intención explícita de apoyar o dificultar el esfuerzo de revitalización en marcha. Pero el esfuerzo encontró dificultades. El enfoque de *laissez-faire* de Shields ante la renovación eliminó la atención y la perseverancia, tan importantes para alcanzar el éxito.

Los directivos establecen diferencias

El hecho de que el exceso de presión pueda hacer que una renovación descarrile y la falta de presión pueda impedir el comienzo de la misma sugiere que la alta dirección puede no tener el control total del equilibrio entre la reducción de costes y la inversión de recursos humanos. Sin embargo, la alta dirección puede controlar su destino hasta cierto punto. Puede comenzar el proceso de revitalización mucho antes de que los problemas de rendimiento se hagan tan severos que no haya tiempo suficiente para plantearse un enfoque de desarrollo a largo plazo. Además, la experiencia de General Products sugiere que, cuando se tienen los

---

[2] El impacto de la demasiada y de la poca presión sobre la renovación industrial ha sido bien documentado por P. R. LAWRENCE y D. DYER, *Renewing American Industry* (Nueva York, Free Press, 1983).

propósitos suficientemente claros, es posible mantener una inversión sostenida en recursos humanos, a pesar de las fuertes presiones externas.

EQUILIBRIO ENTRE TAREAS Y PERSONAL

Los directivos pueden elegir, implícita o explícitamente, entre poner el
acento en las tareas o en el personal. Esto es cierto también en lo referente a
los esfuerzos de cambio organizativo. Algunos tienen como objetivos primarios realizar cambios organizativos relacionados con las tareas, como son
incrementar la delegación de responsabilidades en los empleados y hacerles
más responsables de los resultados. Otros esfuerzos de cambio ponen el
acento en objetivos más relacionados con el personal, tales como incremento de la confianza, compartición de poder, incremento de la influencia de los
empleados y desarrollo del personal.

No resulta sorprendente que los datos de nuestra encuesta sugieran que,
en comparación con las compañías rezagadas, tales como Continental, la
preocupación de General Products por las tareas y por el personal en sus
esfuerzos de revitalización estuviera más equilibrada (véase la Tabla 6-2).
La dirección que está más preocupada por que esto ocurra así es más
probable que sea capaz de poner en práctica varias de las estrategias de
revitalización corporativa: por ejemplo, creación de un marco para la
cooperación sindicato-dirección, incentivación del rendimiento del negocio
y la inversión en recursos humanos y desarrollo de líderes de la revitalización. Además, una preocupación por el personal suficientemente intensa
provocará que los empleados contemplen las innovaciones como algo que
coincide con sus intereses. Como ya informamos, la percepción por parte de
los empleados de que los cambios en la compañía están motivados por la
preocupación por el personal estaba muy relacionada con la dimensión del
cambio y el apoyo al mismo que se percibía [3].

Debemos añadir una advertencia importante. En conjunto, se vio que
las compañías tendían significativamente menos a poner el acento en los
cambios que sugerían preocupación por el personal que en los que demostraban preocupación por las tareas. De hecho, el compartir el poder, igualar
los estatus y otorgar poder a los empleados se enfatizaba menos en las seis
empresas que ninguno de los otros cambios realizados, aunque General
Products y Fairweather fueron por delante de otras compañías a este
respecto (véase, para más detalle, el Apéndice II). Este hecho representa un

---

[3] La idea de equilibrio entre orientación a la tarea y preocupación por el
personal tiene una larga historia en la investigación sobre el liderazgo. Muchos
estudiosos han sugerido que tal equilibrio es importante para la supervisión y la
eficacia organizativa. Véase, por ejemplo, R. R. BLAKE y J. S. MOUTON, *The New
Managerial Grid* (Houston, TX, Gulf Publishing, 1978); ídem, *Corporate Excellence
Trough Grid Organization Development: A Systems Approach* (Houston, Gulf Publishing, 1968).

Tabla 6-2.—Preocupación relativa por las tareas y por el personal en las seis compañías[1]

	Media de todas las compañías	Compañía					
		General Products	Fair-weather	Livingston Electronics	Scranton Steel	Continental Glass	U.S. Financial
Rango de revitalización		1	2	3	4	5	6
Preocupación por las tareas	3,48	3,77[a]	3,68[a]	3,54[a]	3,44	3,00[b]	2,96[b]
Preocupación por el personal	3,06	3,64[a1]	3,43[1]	3,01[1]	3,05[1]	2,10[b2]	2,57[b]
Diferencia[2]	0,42	0,13[a]	0,25	0,53	0,39	0,90[b]	0,39

[1] Medias que son significativamente diferentes para $p < 0,05$ tienen diferentes números sobreescritos. Por ejemplo, la media x,xx[a] es significativamente diferente a la media x,xx[b].

[2] Las menores diferencias son índice de un mayor equilibrio.

problema potencial a largo plazo. Los niveles de compromiso con la revitalización en nuestras empresas líderes procedían de la confianza, que estaba basada en la creencia de que los nuevos enfoques de la gestión eran más que un intento de manipular a los empleados para conseguir que se sacrificaran. Descubrimos que los empleados y los sindicatos cooperaron porque creían que los cambios que se estaban realizando les permitirían ejercer más influencia. Estos incrementos de la influencia de los empleados se produjeron, indudablemente, en especial en nuestras compañías líderes. Sin embargo, los datos sugieren que los empleados creen que el deseo de la dirección de hacerles responsables del rendimiento es mucho mayor que la voluntad de compartir poder o de igualar los estatus.

¿Qué efecto tiene, si es que tiene alguno, en la eficacia de la revitalización a largo plazo, el que los empleados perciban que la dirección está más interesada en hacerles responsables que en compartir poder? ¿Mantendrán los empleados su compromiso de mejorar la calidad y reducir los costes si no se acaba por producir la compartición del poder? Si se marchita el compromiso, ¿qué ocurrirá cuando la próxima crisis requiera más sacrificios y fuerce a la dirección a efectuar difíciles transacciones entre los beneficios y el bienestar de los empleados.

En esta etapa, sólo podemos especular sobre que si la renovación tiene que mantenerse por sí misma, la dirección tiene que considerar más la provisión de los mecanismos necesarios para que los empleados tengan influencia. Además, para mantener a largo plazo el compromiso del personal, puede que esta influencia necesite ir más allá de las decisiones diarias y ampliarse a estrategias y políticas corporativas que tengan efectos sobre el bienestar del personal a largo plazo [4].

MANTENIMIENTO DE LA REVITALIZACION

Nos hemos ocupado, a nivel filosófico, de la importancia de enfatizar la inversión a largo plazo en la revitalización como parte de la respuesta corporativa global a las presiones competitivas externas. A un nivel más práctico, tal énfasis implica la provisión de recursos que mantengan el proceso de revitalización día a día. Descubrimos que los directivos de línea tienen que liderar la revitalización. Sin embargo, se encuentran a menudo

---

[4] En su reciente estudio sobre las pautas de relaciones industriales en evolución en la industria USA, Kochan, Katz y McKersie llegan a conclusiones similares. La dirección ha permitido a los sindicatos —y, a través de ellos, a los empleados— un mayor nivel de influencia sobre las decisiones relativas a la forma de desempeñar el trabajo, incluso de decisiones relativas a la formulación de algunas políticas de relaciones industriales. Ha sido considerablemente más renuente a dar el siguiente e importante paso: permitir que influyan sobre la estrategia y las políticas corporativas. Véase T. A. KOCHAN, H. C. KATZ y R. B. MCKERSIE, *The Transformation of American Industrial Relations* (Nueva York, Basic Books, 1986).

con que las innumerables complejidades del cambio son difíciles y absorben-
tes y necesitan que se les ayude a recorrer el camino crítico hacia la
revitalización.

La alta dirección de General Products y de Fairweather proporcionó tal
apoyo continuado en forma de personal de recursos humanos y de consultores externos. Estos profesionales fueron más que consejeros de los directivos
de línea en algunas unidades; fueron agentes y socios de la alta dirección,
animándola, apoyándola y facilitando la renovación por toda la compañía.
Cuanto más intensa sea la asociación, estos expertos en revitalización
podrán ayudar más eficazmente a la alta dirección a aprender a partir de la
experiencia de los niveles más bajos, a los directivos de niveles más inferiores a aprender sobre las intenciones de la alta dirección y a los directivos de
todos los niveles a aprender de la experiencia de otros.

Observamos que la función de recursos humanos y los consultores
externos jugaron un papel más importante en el apoyo a la revitalización en
nuestras compañías líderes que en las rezagadas. General Products mantuvo
una extensa red de agentes de renovación interna y de consultores externos,
mientras que Continental Glass y U.S. Financial no habían desarrollado en
absoluto tales redes.

El personal de recursos humanos como catalizador

En las revitalizaciones eficaces, los profesionales de recursos humanos
corporativos jugaron un papel vital en la guía de las unidades por el camino
crítico. En particular, hicieron lo siguiente:

- Ayudaron a los directivos corporativos a planificar y controlar la
  revitalización.
- Facilitaron la compartición del aprendizaje de una unidad por otra y
  sirvieron como recursos a los que se podía acudir para obtener
  información sobre la revitalización.
- Hicieron de profesores de los directivos de línea que no poseían
  plenamente las necesarias capacidades de relación interpersonal y de
  liderazgo para negociar con éxito la revitalización.

General Products dio algunos pasos importantes al comienzo de su
esfuerzo de revitalización para desarrollar una función de recursos humanos
corporativos capaz de proporcionar tal apoyo. Larry Polk reunió y dirigió
un grupo de consultores de desarrollo organizativo internos. Uno de los
empleados de Polk explicó el papel del grupo:

> [Somos un recurso] de las actividades de desarrollo organizativo que
> se están llevando a cabo en nuestras plantas y en nuestras sucursales.
> Somos realmente consultores internos... Vamos a las plantas y les
> ayudamos a que se analicen: sus fuerzas y debilidades, y oportunida-
> des... Les permitimos desarrollar el modelo futuro. Luego trabajamos

con ellos con el fin de elegir los procesos que les lleven desde donde están a donde quieren estar.

Nuestra estrategia consiste en... ayudarles a que cada uno aprenda las lecciones de los otros, comprendiendo que cada uno de nuestros lugares tiene una unicidad. No son copias hechas con papel carbón... Celebramos muchas sesiones educativas, conferencias, seminarios y somos también el grupo que les pone en contacto con el tipo adecuado de consultores externos... con el tipo adecuado de seminarios públicos, con el tipo adecuado de lecturas y con el plan adecuado de visitas.

Una razón vital del éxito del grupo de Polk fue que la alta dirección no temió nunca que se apoderase del esfuerzo de revitalización. La renovación de General Products la condujo la alta dirección. Nunca se permitió que el personal corporativo fuese el principal conductor de la misma. Según el punto de vista de Watson:

Larry Polk es algo así como nuestro pastor. Realmente, no es nuestro ejecutor, *per se*. Su grupo proporciona recursos. Una vez que una persona decide [que ellos quieren] hacer esto, dicen, «Necesitamos ayuda. Oigo lo que me está diciendo Bryant que haga... [pero] no sé cómo hacerlo». [Respondemos] «Bien, ve a hablar con Larry». De manera que Larry es el pastor. Les predica y les da ideas, les indica una dirección, y les ayuda a efectuar análisis y a realizar un programa, pero el programa tiene que salir de quienes desean tenerlo.

Los agentes principales de la renovación continuaron siendo los directivos de línea, quienes crearon la demanda de servicios del grupo del staff mediante sus exigencias de mejores resultados del negocio y de los recursos humanos.

Sin embargo, el grupo de Polk hizo mucho más que proporcionar apoyo pasivo cuando se le pedía. En cuanto «pastor», Polk recorría la corporación con sus discípulos, difundiendo el Evangelio e incrementando el interés y el ritmo del esfuerzo de cambio. Polk y sus colegas exploraron la organización para descubrir los lugares en que podían actuar como catalizadores del cambio. Cuando los directivos de los lugares que encontraban prometedores no comprendían inmediatamente que necesitaban ayuda, Polk y su grupo les persuadían amablemente. Dicha persuasión, de acuerdo con una persona del staff de Polk, implicaba la demostración de las interconexiones existentes entre el rendimiento y los recursos humanos:

Desde el punto de vista del negocio, tratamos de ayudarles a ver que la gestión de recursos humanos es una estrategia de resultados y que los negocios más eficaces son, en la mayoría de los casos, negocios que cuentan con los procesos más eficaces de implicación del personal, la formación más eficaz, las comunicaciones más eficaces, los más eficaces sistemas de retroalimentación, etc. Enviaremos personas de una de nuestras plantas que no lo esté haciendo tan bien a una de las plantas [la de más éxito de las nuestras] y les ayudaremos a ver qué es lo que está... ocurriendo. También hacemos lo mismo con plantas que no pertenecen a la compañía... El modo principal de hacerlo es exponerles experiencias y darles información.

El grupo de Polk consiguió combinar dos roles: satisfizo activamente las necesidades de la alta dirección en la revitalización orquestada centralmente y continuó siendo responsable de las diversas necesidades de las plantas y divisiones en el campo. Polk trabajó constantemente para equilibrar los dos roles. Muchas de las otras funciones de recursos corporativos no tenían ni la capacidad ni la credibilidad suficientes para mantener este difícil equilibrio.

Limitaciones de la función. Históricamente, lo más frecuente fue que se pidiera a los ejecutivos de recursos humanos de las seis compañías que fueran agentes de policía. De acuerdo con un profesional de recursos humanos de Fairweather, «la alta dirección nos pedía siempre que les mantuviéramos libres de preocupaciones». Una de sus principales responsabilidades era asegurar que la corporación se expusiera lo mínimo a violar la ley en lo referente a trabajo, sanidad y salud. Al controlar las posibles violaciones en las unidades de campo, los de recursos humanos se convirtieron en artistas del decir que no. Como nos dijo un ejecutivo de recursos humanos corporativos, «decimos no, y después preguntamos de qué se trata».

Muchos ejecutivos de recursos humanos formados de modo tradicional fueron cautos a la hora de apoyar las innovaciones en organización y gestión. La resistencia a la renovación fue a menudo particularmente seria en los departamentos de relaciones laborales responsables de las relaciones con los sindicatos y de la negociación de los contratos. Cuando Donald Singer, en cuanto presidente de Scranton Steel, comenzó a hablar de la necesidad de revitalizar los recursos humanos con el fin de recuperar competitividad, uno de los primeros ejecutivos en expresar dudas fue su director de Relaciones Industriales (RI). De hecho, algunos ejecutivos de Scranton Steel comenzaron a referirse a RI como a la función de «Resistencia Interna».

El hecho de que los grupos dedicados a la revitalización como el equipo de desarrollo organizativo de Polk despacharan generalmente con vicepresidentes de relaciones industriales de mentalidad tradicional creó muchos problemas. En tal situación, los imperativos de un contrato de trabajo o de las políticas de personal influían en las decisiones más que los imperativos de la revitalización. Los directivos de personal cuyas carreras estaban sujetas a las decisiones de los ejecutivos de relaciones industriales tradicionales evitaban el contacto y la cooperación con los departamentos dedicados a la revitalización.

Watson reconoció que en General Products existían estos problemas:

Nuestra división de personal [tenía como] objetivo número uno... procurarnos el mejor contrato posible cada tres años... Casi la mitad del tiempo de ese período trabajaban para tenerlo listo. Polk solía venir [por mi despacho] totalmente frustrado, preguntándose qué demonios habría hecho. Su problema número uno era su jefe, el director de [relaciones] industriales o de recursos humanos de la compañía... Aunque [el director de relaciones industriales] creía que necesitaba a Larry Polk, su prioridad [era el contrato]. «No me aburras, tengo que ocuparme de un contrato y tan pronto como lo haya despachado quizá tenga un momento para hablar contigo.»

General Products acabó solucionando el conservadurismo y el comportamiento opuesto a la asunción de riesgos de los directivos de personal realizando cambios estructurales: Polk pasó a despachar con un nuevo vicepresidente de relaciones industriales que tenía más autoridad que el director de relaciones industriales, y todos los directores de personal de las plantas innovadoras despachaban directamente con Polk.

En el único tema en que se pidió tradicionalmente a los ejecutivos de recursos humanos que se mantuvieran activos fue en el «mantenimiento de la moral del personal». En instalaciones no sindicadas de compañías tales como Livingston Electronics, esta actividad se consideró importante como protección contra posibles campañas de organización. Sin embargo, la mayoría siguió considerando al personal de recursos humanos «directores sociales».

Consecuentemente, los directivos de línea consideraron que la función de recursos humanos estaba comprometida en actividades periféricas o incluso antitéticas con la tarea primaria de llevar adelante el negocio. Dado el bajo estatus de la función, muchos tenían la sensación de que recursos humanos era un lugar al que iban todos los que fracasaban en cualquier otra parte. Generalmente, nosotros nos sentimos verdaderamente impresionados por la inteligencia y el grado de compromiso de los que trabajaban en recursos humanos, aunque encontramos que los años de preocupación por mantener a sus jefes «libres de preocupaciones» no sirvió como preparación útil para su nuevo rol de agentes activos de la renovación.

Los directivos de línea sospechaban a veces incluso de los que formaban parte de los grupos de desarrollo organizativo corporativo que presumiblemente tenían las mejores experiencias como agentes de revitalización corporativa. Tal sospecha surgió de la asociación entre la etiqueta «desarrollo organizativo» y un conjunto de programas orientados interpersonalmente tales como grupos de formación sensitiva y análisis transaccional que los expertos de desarrollo corporativo promulgaron en los años sesenta y setenta. A veces se consideró que los expertos de desarrollo organizativo estaban más preocupados por «humanizar» la corporación que por resolver los problemas del negocio.

Creación de una función de recursos humanos orientada al cambio. Como consecuencia de esta debilidad, percibida y real, la alta dirección corporativa tuvo a veces necesidad de supervisar el esfuerzo de revitalización dentro de la función de recursos humanos antes de trasladarla a la compañía. Sin este paso preliminar, la función no hubiera podido proporcionar eficazmente apoyo a la alta dirección para el esfuerzo de cambio más amplio. La revitalización de la función de recursos humanos implicaba generalmente tres componentes comunes:

- Creación de un departamento nuevo dentro de la función para dar apoyo a la revitalización.
- Adscripción de personal nuevo a recursos humanos corporativos.
- Desarrollo de programas de formación para mejorar la capacitación de los profesionales de recursos humanos que trabajan ya en la función.

Estas estrategias desarrollan un conjunto de capacitaciones y predisposiciones diferentes de las que se encuentran generalmente en los departamentos de personal tradicionales. Los individuos que destacan en las negociaciones de los contratos o en la administración de incentivos y beneficios no tienen por qué servir necesariamente como «pastores» y estrategas de la renovación corporativa.

Generalmente, uno de los primeros signos de cambio en la dirección de la función de recursos humanos corporativos fue la creación de un grupo separado que se pudiera centrar en el apoyo a la revitalización, tal como el departamento de desarrollo organizativo de General Products. En Fairweather, Scranton Steel y Continental Glass se crearon grupos similares. Sin embargo, es interesante constatar que Continental Glass abolió gradualmente este grupo cuando la alta dirección intensificó las medidas de reducción de costes y perdió interés por la revitalización. U.S. Financial, nuestra otra empresa rezagada, nunca creó un grupo como ése. Scranton Steel, sometida a severas presiones para reducir costes, redujo sustancialmente su compromiso de mantener un grupo de consultores internos.

En efecto, la provisión de personal a los grupos consultivos internos no fue siempre fácil. Como hemos visto, las actividades de recursos humanos tradicionales no forman generalmente profesionales que estén al mismo tiempo capacitados para gestionar la revitalización y tengan la credibilidad de los directivos de línea en el negocio. La estrategia principal que utilizaron nuestras compañías para incrementar rápidamente la capacitación básica consistió en reclutar personal de recursos humanos de alto nivel de distintas fuentes externas a la función. Algunos de los reclutados fueron directivos de línea de la corporación que triunfaron. Otros, tales como Polk, en General Products, procedían de otras compañías.

Con el fin de incrementar la credibilidad de las unidades operativas, se proporcionó a los miembros del personal de recursos humanos recién reclutados una formación intensiva como consultores internos y como catalizadores. La creación de un grupo de consultores internos se produjo de forma más sistemática en General Products y en Scranton Steel. Al principio de sus esfuerzos de revitalización, Scraton creó una «organización sombra» de asistentes especiales en cada una de las plantas y divisiones incursas en la renovación. Despachaban directamente con el director general y a veces se referían a ellos como «los guerrilleros». Un consultor externo que ayudó a diseñar el proceso de selección de asistentes especiales los describió de este modo:

> Decimos que el asistente especial debería ser una persona de operaciones y voluntario. Tendría un estilo abierto y sería respetado por otros tipos de operación. Y se le consideraría una promesa, una persona con un futuro real en la compañía. Eso haría del puesto —que implicaba dejar la línea durante varios años— una especie de riesgo. Para asegurarnos de que conseguimos gente buena tenemos que ofrecer una garantía verbal: se apreciará un trabajo tal, tendrá una duración fija y se les recompensará de forma no especificada, pero importante, cuando regresen a la línea... Este fue el proceso y el resultado fue que se consiguió, en parte, gente muy buena y, en parte, otros que utilizaron el puesto de trabajo para matar el tiempo.

La elección de personal de apoyo de la organización de línea no garantiza la eficacia, pero tiende a incrementar la credibilidad de los agentes de la revitalización de los recursos humanos entre los directivos de línea. Pero las diferencias en la orientación y en las capacitaciones que hicieron a estos agentes de la revitalización más creíbles a los directivos de línea condujeron a menudo a que se les viera con sospecha dentro de la función de recursos humanos.

Con frecuencia, los colegas de este personal de recursos humanos que actuaban de consultores internos para la revitalización nos lo describieron como interesado, sobre todo, en la promoción personal y carente de una base sólida en gestión de personal. Estas caracterizaciones fueron la otra cara de las afirmaciones que oímos a los miembros de los grupos de desarrollo organizativo y al personal de recursos humanos comprometido en la obra de revitalización. Estos consideraban al personal de recursos humanos tradicional demasiado precavido e incapacitado para el diagnóstico organizativo y las técnicas de la revitalización. En Fairweather, donde el grupo de desarrollo organizativo trabajó estrechamente con la alta dirección, las tensiones crecieron hasta tal punto que el vicepresidente de recursos humanos y sus subordinados clave formaron equipos para mejorar la coordinación y el trabajo en equipo.

Una de las estrategias más eficaces para enfrentarse a estas tensiones interdepartamentales consistía en programas de formación que proporcionaba a la función de recursos humanos conocimientos más amplios. En Continental Glass, el jefe de la función de desarrollo organizativo confeccionó un programa educativo para los directivos de recursos humanos tradicionales. Los participantes en el programa aprendieron cuestiones que iban desde la estrategia del negocio y los enfoques innovadores de organización y gestión a los detalles de las técnicas de intervención. El programa se impartió en múltiples módulos y se pidió a los participantes que aplicaran lo que habían aprendido a un proyecto de consultoría, a la vuelta al puesto de trabajo.

Los consultores externos como catalizadores

La función de recursos humanos corporativa no fue capaz, generalmente, de apoyar por sí misma el esfuerzo de revitalización. Las seis compañías utilizaron bastantes consultores externos, que desempeñaron una variedad de roles.

Los consultores externos ayudaron a las compañías a poner en práctica el cambio programático, también con frecuencia. Diseñaron y facilitaron personal a los programas de formación corporativos, redactaron informes de misión corporativa, diseñaron programas de reparto de ganancias y pusieron en marcha círculos de calidad. Tales programas se adaptan idealmente al rol de los consultores externos. Son fáciles de describir a los clientes potenciales. Como son programáticos, se pueden trasladar de una compañía a la siguiente. Como los clientes compran un producto conocido, pueden estimar con precisión el tiempo y el coste de aplicación del nuevo programa. Generalmente, los programas que no requieren cambios duraderos en el comportamiento de los empleados no constituyen una amenaza. Pero aunque tales programas son fáciles de vender a las compañías, no promueven la revitalización.

No todos los consultores externos vendieron programas. Algunos estaban especialmente capacitados para apoyar la revitalización ayudando a los directivos a diagnosticar los problemas, a buscar soluciones y a poner en práctica diversos cambios. Estos consultores eran más generalistas en eficacia organizativa que especialistas en un problema o técnica de organización particulares.

Los consultores externos disfrutan a menudo de más credibilidad ante los miembros de la organización de línea que ante los estaff interno, debido quizá al tradicionalmente bajo estatus de la función de recursos humanos y/o a sus inadecuadas capacitaciones para el diagnóstico y a la revitalización organizativa. Esta credibilidad fue especialmente útil en los casos en que existía una alta discrepancia entre los sindicatos y la dirección o entre los miembros de un equipo de altos directivos. En estos casos, los consultores actuaron como expertos en cuyos puntos de vista e intervenciones se confiaba más, precisamente por su experiencia y neutralidad [5]. En estas ocasiones, los empleados se encontraban más cómodos hablando con una tercera parte desinteresada que no tenía control sobre su futuro que con sus jefes o incluso con el personal de recursos humanos interno. Cuando los niveles de confianza no eran lo suficientemente altos como para que los directivos pudieran discutir las cuestiones difíciles entre ellos mismos, los consultores podían asumir el útil rol de «decir lo indecible». A diferencia del personal interno de recursos humanos, estos consultores no arriesgaban sus carreras.

---

[5] R. E. WALTON, *Managing Conflict: International Dialogue and Third-Party Roles* (Reading, MA, Addison-Wesley, 1987).

El personal de recursos humanos reconoció a menudo la dificultad y el riesgo de «ser profeta en la propia tierra», persuadiendo a la alta dirección de que invitara a consultores externos a que les asesoraran sobre formas nuevas de organización y gestión. Cuando se establecía una relación a largo plazo entre el consultor y los altos directivos y se integraba en el proceso de planificación y trazado de la estrategia de la renovación corporativa, la utilización de los consultores externos era eficaz. Esta relación proporcionaba al consultor un conocimiento más profundo de la cultura de la corporación y de sus barreras a la revitalización. La utilización eficaz de los consultores por los directivos de línea dependía de la comprensión por parte de la dirección de su rol y de su contribución potencial.

El hecho de disponer de tales consultores no reduce la necesidad que tiene una compañía de desarrollar el mismo tipo de capacitaciones en su personal de recursos humanos. Los mejores consultores internos desarrollaron la misma relación eficaz con los ejecutivos principales y los líderes sindicales y tenían la misma capacitación para ocuparse de las cuestiones difíciles emocionales y arriesgadas.

Hemos puesto de relieve los medios por los que los consultores externos ayudaron a una organización a aprender tanto sobre el proceso de revitalización como sobre sí misma. El conocimiento de sí misma fue crítico porque la renovación corporativa no es «un traje que se ajuste a todos». Debe responder a las circunstancias y necesidades individuales de una organización dada. Sin embargo, hay ciertas características comunes a las revitalizaciones que triunfan. Como quiera que los consultores trabajan en distintas compañías, una extraordinaria función que desempeñan es la de ayudar a los clientes a saber qué lo que están haciendo otras organizaciones. Muchos consultores se forjaron inicialmente sus credenciales trabajando como agentes internos de la revitalización en otras compañías. Cuando trabajan con clientes nuevos, pueden recurrir a su experiencia para guiarles en las dificultades. También es común, especialmente durante las primeras etapas de la renovación, que los consultores concierten visitas a las unidades aventajadas de otras compañías.

LOS DIRECTIVOS DE LINEA
EN CUANTO ORQUESTADORES

Aunque la función de recursos humanos juega un papel importante de apoyo en los esfuerzos de revitalización, la dirección de línea es la clave de la misma. Los directivos de línea deben tener la visión de apoyar la revitalización a pesar de las presiones para reducir costes. Tienen que equilibrar la preocupación por las tareas con la preocupación por .el personal. Son los que hacen posible que la función de recursos humanos y los consultores externos sostengan eficazmente la revitalización. La habilidad y capacidad de los líderes en la gestión del cambio es la que marca la diferencia [6].

La alta dirección de General Products tenía una mucho mejor comprensión de todos los aspectos del proceso de revitalización que los directivos de las otras compañías. Cuando hablamos con ellos, articularon de manera más clara que otros una visión del nuevo enfoque de la organización y la gestión, así como de la estrategia de cambio que estaban utilizando.

El más ardoroso agente de cambio de Livingston Electronics, un vicepresidente ejecutivo de su negocio principal, constituyó un ejemplo de liderazgo menos eficaz. Habló apasionadamente de la necesidad de renovación y particularmente del modelo japonés. Todo el mundo en la empresa sabía que estaba promoviendo la renovación. Sin embargo, fue incapaz de articular una estrategia de cambio para revitalizar la compañía. Su estrategia implícita era producir la revitalización limitándose a urgirla.

En Continental Glass, la alta dirección había detenido, sencillamente, la persecución activa de la renovación. El CEO admitió su propia confusión ante el tema de la revitalización. «Realmente, no he sabido cómo impulsarla», dijo, «y otros no me han asesorado muy [bien] sobre cómo podría funcionar».

¿Cuáles son las diferencias de compromiso y capacidad entre los líderes de la revitalización? ¿Cómo se manifiestan realmente esas diferencias en el comportamiento? Estas son algunas de las cuestiones de que nos ocuparemos en el capítulo 7.

---

[6] Walton llega a una conclusión similar acerca de la importancia de las capacidades de la alta dirección para llevar adelante la transformación. Véase R. E. WALTON, *Innovation to Compete: Lessons for Diffusing and Managing Change in the Workplace* (San Francisco, Jossey-Bass, 1987).

7

Líderes de la revitalización: Un recurso escaso

La renovación corporativa no es un proceso impersonal que se desarrolle espontáneamente. Sólo es posible cuando los directivos a nivel de unidad y corporativo se comprometen lo suficiente y tienen la capacidad requerida.

Nosotros descubrimos que los líderes a nivel de unidad habían de estar dispuestos a romper con tradiciones de gestión y de relaciones de trabajo que podían tener muchos años de existencia. Para hacerlo, provocaban la insatisfacción con el *status quo* articulando con cierta urgencia las tareas centrales —mejora de la calidad, reducción de costes y/o incremento de la innovación de productos— que tenían que realizar sus organizaciones para competir con éxito. Después, gestionaban un esfuerzo de cambio participativo que alineaba a la organización y al proceso de gestión con la tarea fundamental del negocio. Todo esto requería comprometerse con la renovación, así como capacitaciones conceptuales y de obtención de consenso.

A nivel corporativo, la alta dirección tenía que implantar un clima que animara la revitalización en todas las unidades de la compañía. Esto se realizó permitiendo a los planteamientos innovadores de organización y gestión enraizarse en unas cuantas organizaciones modelo, difundiendo después estas innovaciones por medio de la educación y de la transferencia y promoción de los directivos comprometidos con la innovación. La alta dirección tiene que persistir en este esfuerzo durante bastante tiempo. En nuestras compañías líderes pudo hacerlo manteniendo delicados equilibrios entre la reducción de costes y la inversión en recursos humanos y entre la preocupación por las tareas y la preocupación por el personal.

El hecho de que los líderes sean tan importantes en todos los aspectos del proceso de revitalización es lo que nos hace representar al liderazgo como el factor que corta todos los anillos de nuestro círculo de revitalización (véase la Figura 7-1). Y, por la misma razón, prestaremos una

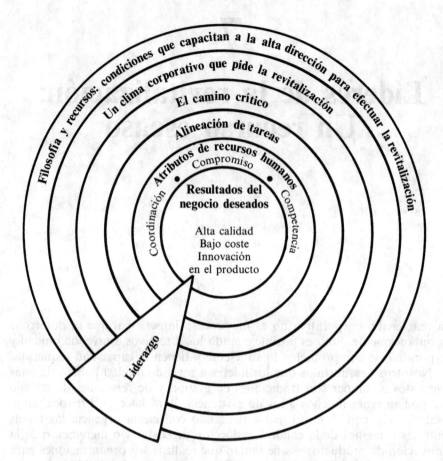

Figura 7-1: El círculo de la revitalización: El papel de los líderes

detallada atención a los líderes de la revitalización. ¿Quiénes eran? ¿Qué atributos tenían? ¿Cómo pueden forjarlos las empresas?

Cuestiones claves si consideramos que la oferta de tales líderes es escasa. Tom Watson, de General Products, era plenamente consciente de que los líderes de la revitalización eran un recurso valioso y escaso:

> Es fácil para nosotros sentarnos aquí, decir todas las cosas que estamos diciendo y hacer que nos brillen los ojos... Pero cuando pasas el testigo [y dices a alguien] que salga y lo haga, creedme que sólo hay un pequeño grupo que sea capaz de hacerlo.

Esta escasez provocó fracasos en la revitalización e hizo difícil a las compañías difundir la revitalización a los niveles en que les hubiera gustado difundirla.

¿QUIENES ERAN LOS LIDERES DE LA REVITALIZACION?

¿Quiénes eran los miembros del pequeño grupo capaz de llevar el testigo de la revitalización? Los empleados de las seis compañías vieron que la fuerza mayor de las que estaban tras la revitalización era la alta dirección, pero no se produjeron diferencias significativas entre las compañías a la hora de percibir en cuál de ellas desempeñaba este papel más extensamente (véase la Tabla 7-1).

Para nuestra sorpresa, descubrimos que incluso en los casos en que la revitalización se realizó con éxito, este grupo de líderes corporativos no incluyó necesariamente al máximo ejecutivo. Los CEOs de General Products y de Fairweather no participaron activamente en la gestión de la revitalización, aunque ninguno de ellos se opuso a la misma. Sin embargo, los líderes claves estaban en niveles altos: un vicepresidente ejecutivo de un gran grupo de negocio, un vicepresidente de fabricación, un director ejecutivo. Tenían la responsabilidad de segmentos de la compañía lo suficientemente extensos como para poner en marcha la revitalización y generalmente influyeron en otras partes de sus compañías por sus poderes de persuasión y, a menudo, por su traslado de un segmento a otro.

En General Products, el CEO se convirtió en el líder clave de la revitalización. En la compañía más rezagada en la revitalización, U.S. Financial, el líder de la revitalización hizo de máximo ejecutivo en todo el esfuerzo de cambio. De manera que, aunque el hecho de contar con el apoyo del máximo ejecutivo corporativo hace que el esfuerzo de revitalización tenga éxito, los datos encontrados por nosotros ponen de relieve que el hecho de que la renovación emane de la misma cumbre de la compañía no garantiza el éxito.

El apoyo de la alta dirección corporativa resultó útil para que los directivos a nivel de unidad impulsaran sus propios esfuerzos de revitalización. Sin embargo, para que la revitalización a nivel de unidad triunfara fue esencial que el director general se comprometiera activamente como líder de la misma. Debido quizás a su menor tamaño y a su relativa homogeneidad, no vimos ejemplos de revitalización con éxito a nivel de unidad que no hubieran sido liderados por el director general. Por el contrario, vimos muchos fracasos cuando faltó el liderazgo del director general.

Por esta razón, el éxito de la renovación corporativa requirió el compromiso de numerosos directivos a nivel de planta y de división. No resulta sorprendente que las tasas del alcance relativo en que los directivos de nivel medio —directores de división y de planta, por ejemplo— sirvieron como iniciadores del cambio fueran totalmente en paralelo con la extensión de la revitalización (véase la Tabla 7-1). Esto sugiere que la diferencia entre el éxito y el fracaso puede estar en la capacidad de una firma para incentivar la formación de líderes de la revitalización.

No se consideró que la función de recursos humanos corporativos desempeñara un papel importante de liderazgo en el impulso de la revitalización en ninguna de las seis compañías (véase la Tabla 7-1). Tal hecho sirve incluso para el caso de U.S. Financial, donde el vicepresidente de recursos humanos trabajó en estrecha relación con Lester.

En ninguna de las seis compañías fueron líderes de la revitalización los sindicalistas (véase la Tabla 7-1). Esto no quiere decir que los líderes sindicales no puedan desempeñar, o no desempeñen, un papel de liderazgo. Irving Bluestone y Don Ephlin, del sindicato de trabajadores del automóvil, fueron líderes de la revitalización en General Motors y en Ford Motors, respectivamente, dos compañías que estudiamos de modo menos intenso. El liderazgo de estos dos hombres permitió a la dirección trabajar asociadamente con el sindicato en la revitalización de sus compañías. Sin embargo, este tipo de liderazgo no caracterizó generalmente a los líderes sindicales de las compañías que estudiamos[1]. Llevado a un cierto punto de generalización, este hallazgo plantea muchas cuestiones sobre el futuro de los sindicatos en un entorno que cambia rápidamente; implica que la relación entre la corporación y sus empleados se puede redefinir sin el liderazgo activo del sindicato.

CARACTERISTICAS DE LOS LIDERES DE LA REVITALIZACION

Aunque había líderes de la revitalización a todos los niveles de la organización, encontramos que, generalmente, compartían un conjunto de atributos.

A nivel de unidad, encontramos tres atributos que distinguían a los directivos que tuvieron más éxito en dirigir la revitalización:

1. Convencimiento de que la revitalización es clave para la competitividad.
2. Capacidad de articular esta convicción en forma de visión creíble y apremiante.
3. Capacidad de poner en práctica esta visión mediante una pauta coherente de palabras y comportamientos.

Los atributos de los líderes de la revitalización eficaz a nivel corporativo se solapaban, con una importante excepción. La coherencia entre las palabras y las actuaciones fue mucho menos importante para los líderes corporativos que dirigieron las revitalizaciones que triunfaron que para los directivos de las unidades correspondientes. Nuestro debate sobre los atributos del liderazgo tendrá en cuenta tanto el solape como las diferencias debidas al nivel organizativo.

---

[1] La falta de liderazgo sindical en las innovaciones laborales, se ha señalado en otro lugar. Véase, por ejemplo, M. BEER y J. DRISCOL, «Strategies for Change», en J. R. HAKMAN y J. L. SUTTLE, eds., *Improving Life at Work: Behaviorial Science Approaches to organizational Change* (Santa Monica, CA: Goodyear Publishing, 1977), pp. 364-453.

Tabla 7-1. Fuentes de liderazgo corporativo para la revitalización en las seis compañías

	Media de todas las compañías	General Products 1	Fair-weather 2	Livingston Electronics 3	Scranton Steel 4	Continental Glass 5	U.S. Financial 6
Rango en la revitalización							
Fuente del liderazgo							
Alta dirección	4,13	4,42	3,93	3,62	4,55	4,25	4,50
Directivos medios	3,39	3,92	3,86	3,35	2,88	2,75	2,67
Recursos humanos	2,62	3,00	3,20	2,05	2,88	1,88	2,5
Sindicatos [1]	1,82	1,75	2,33	1,47	2,33	1,5	

[1] En U.S. Financial no hay sindicato, por lo que no se le aplica esta dimensión.

Perseverancia en el convencimiento

Los líderes de la revitalización eficaz compartían un convencimiento. Creían que los cambios fundamentales en la forma de organizar y dirigir al personal tendrían un impacto significativo sobre la marcha de sus organizaciones. Cuando faltaba ese convencimiento, faltaba también el compromiso necesario a largo plazo para vigilar el complejo proceso de la renovación de todo el sistema.

Convicción. ¿Cuál era la naturaleza de la convicción que distinguía a los líderes de la revitalización que tuvieron éxito de los que fracasaron? Watson y Bryant, de General Products, demostraron la convicción por su comprensión de la interconexión entre la revitalización y el éxito final en un entorno cada vez más competitivo.

Comparemos su respuesta con la del CEO Jim Taylor, de Continental Glass & Container, una de nuestras compañías rezagadas. Su filosofía orientada primero al negocio y después al personal, indicaba que, a pesar de adherirse a la necesidad de renovación, no estaba convencido de que el fomento del lado humano de la empresa contribuyese a mejorar el rendimiento de Continental.

La falta de convicción se puso de relieve en los altos directivos de nuestras compañías líderes que estaban menos implicados en la renovación. Joseph Brown, CEO de la Fairweather Corporation, no fue el líder de la revitalización de su compañía. Aunque la apoyó, no creía sinceramente en que el cambio en el modo en que se dirigía al personal condujese inevitablemente a la mejora del rendimiento final. Cuando le pedimos que explicara el proceso seguido por su compañía en la renovación, habló de cambios demográficos, de cambios en las actitudes y valores de la «gente joven», pero nunca de cómo la renovación mejoraría directamente el rendimiento de su compañía.

La falta de fe de Brown salió a la superficie cuando tomó la palabra en una conferencia sobre calidad de la vida laboral en Fairweather. «Este tipo de cambios está bien siempre y cuando incrementen el beneficio. Si no es así, nos limitamos a interrumpirlos y emprendemos cualquier otro.» Un directivo frustrado comentó: «Pensé que habíamos superado ya la duda de si estos cambios mejorarían nuestro rendimiento o no».

Perseverancia. La perspectiva a corto plazo, como la de Brown, la creencia en la renovación sólo cuando comienza a producir beneficios no mantendrá el compromiso de un líder a lo largo de la inevitable variación en los beneficios, se producirá probablemente durante el largo proceso de revitalización.

Los líderes de la revitalización eficaz comprendieron la importancia de consolidar los resultados financieros a corto plazo de sus compañías, pero también creyeron que era igualmente importante poner las bases de una rentabilidad sostenida a largo plazo. Los esfuerzos de revitalización se mostrarán como mejoras en el tiempo más que inmediatamente.

El alto nivel de convencimiento de estos líderes les permitió mantener su

compromiso con la renovación ante muchas presiones. Mantuvo los esfuerzos de General Products mientras que la compañía procuraba el equilibrio
entre ambiciosos objetivos de reducción de costes y de inversión en recursos
humanos.

Bryant, de General Products, dedicó una gran cantidad de energía
durante la mayor parte de una década a llevar adelante el esfuerzo de
revitalización a través de una serie continuada de charlas, seminarios,
reuniones de grupos y reuniones fuera del lugar de trabajo. Prestó atención
constante al proceso de sucesión. ¿Qué directivos de la organización representaban el modelo de gestión coherente con el esfuerzo de revitalización?
¿Se les formaba y perfeccionaba adecuadamente? Cuando una planta estaba
incursa en un proceso de revitalización, decía: «Vivo en ella, me paso todo el
condenado día en la planta».

Bryant creó un sentimiento de inquietud y perseverancia en toda la
organización con el fin de «conseguir que todos —los diseñadores, los
químicos, el personal de producción, el sindicato, el personal de control de
calidad, el de compra y los suministradores— sueñen, piensen, impulsen y
piensen en todos los aspectos de la perfección».

La atención y la perseverancia de Bryant contrasta con el liderazgo de la
revitalización en Scranton Steel. Hacia fines de 1986, el proceso de revitalización corporativa en esa compañía se interrumpió. Creemos que una gran
razón para la regresión fue la falta de una voluntad perseverante de llevar
adelante la revitalización por parte del nuevo CEO, Edward Shields.

Shields, antiguo jefe de Operaciones del Acero, reemplazó como presidente a Don Singer, líder de la revitalización. Mientras que Singer conducía
la renovación desde el puesto de presidente, Shields adoptó una actitud de
laissez-faire. Shields explicó este enfoque:

> Nos propusimos promover un mayor trabajo en equipo y más apertu-
> ra, y triunfamos. Ahora hemos alcanzado el punto en que no necesita-
> mos decir a los directivos de planta qué es lo que tienen que hacer. Si
> quieren promover equipos, estupendo. Si no, estupendo también. Lo
> que importa es el tonelaje por hombre-hora.

Finalmente, la voluntad de los líderes de persistir en la revitalización
depende de la naturaleza y la fuerza de sus creencias. ¿Estaba satisfecho y
complacido el líder por los cambios que se habían producido ya en la
organización? ¿O estaba inquieto, insatisfecho, tratando de obtener más
beneficio?

Las palabras de apertura de Shields en la cita anterior ofrecen un
excelente ejemplo de complacencia. «No podemos echarnos atrás de nada
de esto —concluyó Bryant, reflejando su perseverancia—. No hay lugar
para el descanso.»

Capacidad de imaginar y articular la visión

La revitalización eficaz, a cualquier nivel, no se puede producir sin tener una visión del estado futuro de la organización, una visión que aúne las nuevas pautas de gestión con el rendimiento de la tarea central de la organización. No es sorprendente, pues, que los líderes de la revitalización corporativa y de unidad eficaz posean capacidades de conceptualización que les permitan imaginar este estado futuro.

Pero las capacidades de conceptualización, por sí solas, no son suficientes. Los líderes eficaces tenían también la capacidad de presentar su visión de modo que atraía a sus poderdantes. Tal atractivo permitía a los empleados comprometerse a cambiar emocionalmente, no intelectualmente.

Capacidades de conceptualización. Al desarrollar una organización alineada por tareas, los líderes superan generalmente la jerarquía, las reglas y los procedimientos tradicionales para encontrar modos más eficaces de mejorar la coordinación organizativa. Por ello, los líderes de la revitalización deben de ser capaces de imaginar las consecuencias que los cambios propuestos tienen para los mecanismos organizativos y los procesos de gestión.

Encontramos que un número sorprendentemente grande de los directivos que contemplamos eran relativamente débiles a la hora de conceptualizar a la organización como un gran sistema. Esta carencia les hacía difícil imaginar cómo se podría rediseñar el proceso organizativo y de gestión para que se ajustara más eficazmente a la tarea central. Bryant describía las dificultades encaradas por un directivo tal en General Products:

> Emplea una endiablada cantidad de tiempo conceptualizando, tomando el concepto y poniendo alguna carne y hueso en él para regresar luego [repetidamente] a los distintos niveles [de la organización] y tratar de ver cómo podría ajustarse el concepto a cada uno de esos niveles. ¿Qué problemas podría haber? ¿Cómo puedes abordarlos? ¿Qué políticas podrían aplicarse a cada uno de estos niveles?... Y no es que él no sea lo suficientemente sagaz... Es que nunca piensa de ese modo.

No resulta sorprendente que, a nivel corporativo, Watson y Bryant nos proporcionen la visión más articulada y persuasiva de cómo los cambios propuestos en la organización y la gestión pueden provocar una mejora en la eficacia organizativa. En nuestra entrevista con Bryant, nos describió las complejas consideraciones implícitas en la transformación de una gran instalación manufacturera. Dicha descripción demostraba una capacidad para ver las complejas relaciones existentes entre el poner la información en manos de los trabajadores de producción, vía la nueva tecnología de la información, y sus objetivos de modificar la estructura de autoridad de la planta, reduciendo los niveles jerárquicos y cambiando los roles de la dirección de la planta, desde los directores y controladores hasta el personal de apoyo.

Si pongo información suficiente ahí, las preguntas que surgen desde el nivel inferior serán lo suficientemente persistentes como para penetrar en toda organización... Ahora las decisiones se van a tomar ahí [a nivel de operación] y los datos vendrán todos aquí, de manera que [el director de planta y el staff] se conviertan en el grupo de apoyo. Ellos [el director de planta y el staff] no conducen el vagón... Son los que facilitan... [Los empleados de talleres se convierten] en profesores... y profetas de la perfección. Esa es la nueva gran revolución que se produce, y se produce porque pones la información allí [al alcance del trabajador de la factoría].

Aunque los ejecutivos de la Fairweather Corporation y de Scranton Steel tenían el sentido de adónde estaban tratando de llevar a sus organizaciones, pocos articularon sus visiones de modo tan claro y tan global como Bryant.

Una visión atrayente. La gente que trabaja en las organizaciones desean sentir que están contribuyendo a objetivos llenos de significado y que sus instituciones contribuyen a un mundo mejor. Cuando se da esa percepción, se puede estimular una base moral para la motivación que complemente al control y a los incentivos[2]. Los líderes eficaces tienen la capacidad de presentar la revitalización de modo que proporcionen tal percepción. Lo hicieron así aparejando objetivos como calidad de los productos y calidad de la vida laboral con los objetivos del negocio. También articularon el modo en que estos objetivos eran una extensión de la historia de la organización, su propósito original y el modo de hacer las cosas. Todos los poderdantes pueden estar de acuerdo en que estos objetivos merecen la pena. La dirección entiende que la lucha por la calidad de los productos acarrea una mayor cuota de mercado y menores costes. Como la calidad tiene más atractivo para los empleados que la reducción de costes o la mejora de los beneficios, muchos líderes utilizaron este tema para fomentar el compromiso con la revitalización.

Con el fin de ilustrar lo que queremos decir con lo de hacer más atractiva la visión de la revitalización, volvemos a Irving Bluestone, del sindicato de trabajadores del automóvil. El, en cuanto que era uno de los líderes del esfuerzo de revitalización de General Motors, tenía que convencer a las bases de que debían comprometerse con el programa de calidad de la vida laboral que General Motors y el sindicato estaban patrocinando conjuntamente. La calidad de la vida laboral representaba una dirección nueva —y para muchos sindicalistas peligrosa— en las relaciones trabajo-dirección[3]. A nivel filosófico, muchos líderes sindicales se preguntaron si el

---

[2] La noción del cambio desde el control burocrático al compromiso de base moral la estableció A. ETZIONI, *Comparative Analysis of Complex Organizations: On Power, Involvement, and Their Correlates* (Nueva York, Free Press, 1961).

[3] Se pueden encontrar detalles del esfuerzo laboral de General Motors en B. SPECTOR y P. R. LAWRENCE, «General Motors and the Unites Auto Workers», en

programa no suponía el abandono del rol tradicional del sindicato como defensor militante de los intereses específicos de los trabajadores. A un nivel más operativo, los líderes locales, los enlaces sindicales y los miembros del comité se cuestionaron el posible impacto que tendría sobre sus propios roles y posiciones el hecho de que los trabajadores entablaran con la dirección una relación redefinida y entendida de un modo vago.

En su intento de asociar al sindicato con la dirección de la industria automovilística, Bluestone trató de articular una visión del futuro de su sindicato en la que incluía como pieza maestra al programa de calidad. Afirmó que el sindicato se había preocupado de la calidad de la vida laboral de sus miembros desde los años treinta. Al contrario que sus colegas de la dirección de General Motors, Bluestone situó la cuestión de satisfacción en el empleo en el contexto de una ofensiva por la democracia industrial. Con ello quería significar no sólo el derecho a negociar de forma colectiva, sino también la extensión de la influencia y responsabilidades que tienen los trabajadores en la gestión de su trabajo y en las decisiones de la empresa. La negociación colectiva que se traducía en ventajas materiales y en el nivel de seguridad en el empleo era el primer paso necesario hacia la democracia industrial. Bluestone creía que el segundo era desafiar la responsabilidad única en la toma de decisiones de la dirección y sus prerrogativas.

Esa visión representaba un elemento clave de la capacidad de Bluestone para «vender» la idea del programa a los líderes del sindicato. En lugar de ver el programa como una ruptura con el pasado del sindicato, lo situó en el contexto de una extensión natural de sus esfuerzos históricos.

Aunque la visión de Bluestone y de otros líderes triunfadores de la revitalización se alineó con la tarea central de la organización —conseguir mejores condiciones de trabajo en el caso del sindicato o seguir siendo económicamente competitiva en el caso de la corporación— se planteó en términos más amplios que el mero rendimiento final.

La visión del sindicato de Bluestone pareció actuar en dos niveles simultáneamente: se relacionó con los factores claves del éxito de la organización y los sobrepasó, en un nivel de expresión más elevado. Afirmó que el programa de calidad de la vida laboral ayudaría al sindicato a representar mejor a los trabajadores —la tarea central del sindicato— al tiempo que resaltaba los valores superiores de la democracia industrial.

No es sorprendente que nuestra compañía líder en la revitalización, General Products, encontrara también una visión que fue eficaz a dos niveles. La visión de Bryant de «la gran revolución» en General Products incluía tres elementos:

1. La gestión participativa obligada por el perfeccionamiento de la calidad.
2. La creciente extensión del control a que forzaría la expansión de la toma de decisiones por toda la organización.

M. BEER y otros, *Human Resource Management: A General Manager's Perspective* (Nueva York, Free Press, 1985).

3. La información en manos de los trabajadores, de manera que pudieran expresar ideas y opiniones y tomar decisiones.

«Perfección», «participación», compartición de información y toma de decisión a nivel de trabajadores —estos conceptos se fusionaron netamente en una visión de alineación de tareas que se conjugaba también con el deseo de los empleados de desempeñar un papel más central en la producción de un producto de «calidad perfecta».

Puesta en práctica de la visión

Una ronda aparentemente sin fin de discursos, conferencias, reuniones y otros métodos permitieron a los líderes de la revitalización articular la visión y difundir la idea de la necesidad de cambio. Estos foros ayudaron a las personas de la organización a comprender qué era la revitalización y adónde estaba conduciendo. Mantuvieron la tensión para que el movimiento siguiera adelante. Los que rellenaron nuestro cuestionario percibieron que los líderes de General Products estaban ligeramente adheridos a la necesidad de la revitalización más que los de otras compañías, aunque esta estrategia se utilizó comúnmente en los seis casos (véase la Tabla 7-2).

Los discursos y las afirmaciones públicas de los líderes de la revitalización corporativa tenían aparentemente un impacto en sus organizaciones mucho mayor que las relaciones públicas. Garantizaban también el permiso para revitalizar a lo largo de toda la organización. Al explicar una de las revitalizaciones de más éxito a nivel de unidad en nuestro estudio, dentro de Fairweather Corporation, el director general de la división señaló la garantía de permiso contenida en las afirmaciones públicas de sus superiores, particularmente las del vicepresidente, Hugh Dorsey:

> Hugh Dorsey sancionó el que las cosas se hicieran de modo diferente. Nadie me decía exactamente qué era lo que tenía que hacer, pero yo me informaba en la alta dirección, especialmente a través de sus discursos. Ahora podíamos cuestionar los modos de gestión tradicionales.

A menudo, la noción de sanción por parte de la alta dirección podía superar el escepticismo ante la renovación de los supervisores inmediatos y de los iguales. El director de una factoría de Fairweather fue traído a ella específicamente para que determinara por qué había tantos problemas laborales en la planta y para que los corrigiera. El diagnóstico que hizo y las acciones que emprendió para solucionar los problemas sorprendieron a algunos de los directivos de su división: «Decidí que nuestro trabajo en equipo era pobre, que no había comunicación ni espíritu de calidad en la planta».

Tabla 7-2. Adhesión de la alta dirección a la revitalización y coherencia entre las palabras y la acción en las seis compañías

	Media de todas las compañías	General Products	Fair-weather	Livingston Electronics	Scranton Steel	Continental Glass	U.S. Financial
Rango de extensión de la revitalización según el investigador		1	2	3	4	5	6
Coherencia de la dirección							
La alta dirección se adhirió a la revitalización	3,78	4,14	3,77	3,41	3,94	3,88	3,58
Las palabras y las actuaciones de la alta dirección fueron coherentes	2,68	2,61	2,71	2,84	2,29	3,00	2,39

Los pasos concretos que dio para solucionar esas carencias —círculos de calidad, reemplazo de supervisores de primera línea tradicionales por supervisores «orientados al personal», esfuerzos conjuntos con el sindicato para fomentar la flexibilidad en el empleo y la remuneración basada en la capacidad, y el compartir la información con los trabajadores eventuales sobre las finanzas y el control de calidad— no se acogieron todos favorablemente. «Me siento solo en esto», recordó el director de planta. Algunos colegas pensaron que estaba loco. ¿Por qué, entonces, se sintió seguro al continuar impulsando tales innovaciones? El director explicó: «Si crees en lo que dice Hugh Dorsey, la gente que está a la cabeza de esta organización apoya esta clase de cambio».

De vez en cuando, los directivos a nivel de unidad decían que los discursos de los líderes de la revitalización eran la razón por la que promovían la revitalización en sus propias unidades. Los directivos locales se implicaban incluso en innovaciones con las que sus iguales y sus supervisores inmediatos no estaban entusiasmados.

Coherencia. Los líderes de la revitalización comunicaban valores e intenciones no sólo mediante palabras, sino también mediante acciones. En Instrumentos de Navegación, la baza principal de Jerry Simpson, a los ojos de algunos de los directivos de esa unidad, fue su capacidad para dirigir de manera coherente con la filosofía que había expuesto. Los aspectos más importantes de esa filosofía eran la capacidad de afrontar los problemas y la disposición para que se recurriera a él. Uno de los directivos de Simpson señalaba:

> Una parte importante del cambio cultural es que el privilegio del rango —o de ser capaz de circular sin desafíos— desaparece. Las preguntas difíciles se dirigen ahora hacia arriba, a Jerry Simpson. Y él está dispuesto a resolver este tipo de cosas. Se las apaña bien con ellas.

Hubo un considerable apoyo en todo Sistemas de Navegación a la conclusión de que Simpson «practica lo que predica» sobre el comportamiento abierto.

¿Hasta qué punto es importante practicar lo que se predica cuando se lidera un esfuerzo de renovación? En un estudio del liderazgo, *The Leader: A New Face for American Management,* Michael Maccoby considera que la coherencia en el comportamiento tiene una importancia crítica. Maccoby afirma que entre los atributos claves de los líderes de gestión que triunfan está la capacidad y voluntad de comportarse de modo coherente con los cambios que tratan de implantar en sus organizaciones. Estos líderes son personalmente «participativos», «no tratan de controlar a todos», «comparten las funciones de liderazgo sin sentirse inseguros por ello», mientras que, al mismo tiempo, «son capaces de afirmar su autoridad en cuestiones de principio». Y cuando estos atributos no surgen natural o fácilmente, los nuevos líderes están dispuestos a y se sienten capaces de «desarrollarse» para luchar «con sus defectos de carácter» y «pedirse mucho a sí mismos y utilizar la consulta y la participación para compensar su debilidad y estimular el desarrollo interno»[4].

Nuestra propia experiencia sugiere una conclusión algo más compleja. Aunque Simpson es ciertamente un ejemplo del «nuevo» líder de Maccoby, ninguno de nuestros líderes de la revitalización de la alta dirección de mayor éxito acordaba ni siquiera aproximadamente con tal perfil. El resultado del cuestionario resumido en la Tabla 7-2 sugiere que en las seis compañías, los altos directivos predicaban la renovación con gran fuerza y convicción, pero la coherencia con que practicaban lo que predicaban no era mucha. La alta dirección de General Products no demostró más coherencia que la de los altos directivos de Continental Glass y de U.S. Financial.

Watson, que afirmó su creencia de que «en este día y en esta época no pienso que puedas gestionar ya de ese modo», no ofreció signos evidentes de que hubiera cambiado su estilo personal de dirigir de forma dura y de arriba a abajo. Ni siquiera mostró una ligera inclinación hacia la autoevaluación y voluntad de luchar contra los defectos de su carácter que hubieran operado en él el desarrollo interior a que aludía Maccoby.

Pero Watson llevó a su organización mucho más allá que Brad Longstreet, de Livingston Electronics, o que Henry Lester, de U.S. Financial —cuyos comportamientos como directores eran, de acuerdo a nuestras observaciones, más coherentes con los valores centrales de la revitalización. La coherencia de las creencias, la introspección personal y la voluntad de cambiar y desarrollar son características que no poseen los líderes de la revitalización a nivel corporativo que más éxito tuvieron entre los nuestros.

Sin embargo, no se puede decir lo mismo de los líderes de la revitalización a nivel de unidad. De hecho, una de las relaciones más fuertes que encontramos en los datos de nuestro cuestionario fue la existente entre la extensión del cambio percibido por los empleados en su unidad y la capacidad del líder y de sus inmediatos subordinados para actuar coherentemente y/o luchar para ser coherente con la filosofía expuesta (véase la Tabla 7-3). Además, aunque hubo desfase entre el apoyo verbal a la revitalización de los directores de unidad y la coherencia de sus actuaciones, este desfase fue menor que el de la alta dirección corporativa. No es sorprendente, pues, que las dos revitalizaciones a nivel de unidad que tuvieron más éxito en nuestra muestra estuvieran lideradas por directores cuyos propios comportamientos eran coherentes, de hecho, con la dirección en la que estaban intentando empujar a sus organizaciones.

Para entender lo que parece ser una contradicción, necesitamos centrarnos más explícitamente en la cuestión de la coherencia entre palabras y acciones a diferentes niveles de la organización.

Incoherencia en la cumbre. Apenas si había duda de que el presidente de Scranton Steel, Don Singer, no practicó lo que predicaba.

---

[4] M. MACCOBY, *The Leader: A New Face for American Management* (Nueva York, Simon & Schuster, 1981), pp. 223-225.

Tabla 7-3. Efecto de la adhesión y coherencia de las palabras y acciones de los líderes de unidad sobre el alcance de la revitalización

Palabras y acciones de los directores de unidad	Media	Alcance de la revitalización
Alta dirección de la unidad que se adhiere al cambio	3,83	0,43*
Coherencia entre las palabras y los actos de la alta dirección de la unidad	3,23	0,63**

N = 26 plantas y divisiones.
 * p < 0,05.
** p < 0,001.

Un directivo con experiencia personal directa informaba: «Por lo que he visto y oído, no creemos que se tome una decisión en colaboración cuando está implicado en la misma Singer. Es un dictador». Ningún otro directivo contradijo este comentario sobre el comportamiento de Singer. Consideremos el ejemplo siguiente:

Cuando se encargó a Bud Boyson del esfuerzo de mejorar la calidad de la vida laboral en la división de construcción de Scranton, encontró que la mayor barricada contra la revitalización era el escepticismo del vicepresidente de la división. Ese escepticismo emanaba del comportamiento personal del jefe del vicepresidente, Singer. Al principio del esfuerzo de revitalización, Boyson informó de un incidente particular que creía que reforzó la opinión que tenían quienes despachaban con el presidente de que el deseo de Singer de colaboración y participación no era real y que, por tanto, no se le podía hacer caso:

> Singer pidió a todos sus vicepresidentes que regresaran a sus grupos y vieran cuál sería la reacción del personal a su cargo si les quitábamos una semana de sus vacaciones. En la reunión siguiente, mi jefe [el vicepresidente de la división] informó de que sería un desastre. Esa fue la información que se obtuvo. Pues bien, Singer se puso inmediatamente frenético con mi jefe. «¡Ustedes, los piojosos hijos de perra de Construcción! No me extraña que anden todos fastidiados.» Y todos los otros vicepresidentes que asistían a la reunión guardaron silencio.

Boyson creía que las actuaciones de Singer en este caso decían más que cualquier llamada al cambio en el comportamiento gerencial. Estas acciones convencieron a los vicepresidentes asistentes a la reunión de que no había un cambio real en su propio estilo de gestión autocrático y no participativo. La incoherencia entre las palabras y las actuaciones de los altos directivos ralentizaron claramente cualquier posibilidad de revitalización en la cumbre, en lo que hemos venido a llamar la «unidad de alta dirección» (el CEO y los ejecutivos claves de la línea y del staff que despachan con él) de las compañías que estudiamos. Sin embargo, ello no detuvo el que se produjeran progresos sustanciales en el resto de Scranton Steel y en nuestras compañías líderes. ¿Cómo fue posible?

De hecho, la mayor parte de los directivos de Scranton Steel, particularmente los de las plantas en las que se había centrado la mayor parte del esfuerzo de revitalización, carecían de acceso inmediato a Singer. Eran muchos más los directivos que tenían como referencia sus discursos que su comportamiento. «Singer tiende a ser más participativo [que el presidente anterior] y su apoyo a la gestión participativa impregna toda la organización», insistía un directivo. Tal directivo citaba como prueba un discurso que Singer daba frecuentemente sobre las «nuevas reglas de oro de la gestión» en Scranton Steel. «Singer no vacila en este tema —continuó diciendo el directivo—. Vamos a cambiar nuestro estilo. Cada una de esas reglas de oro supone una diferencia con nuestra anterior filosofía. Ahora me guío por ellas, y lo mismo hacen los demás.»

En su papel de líder de la revitalización, la alta dirección se aleja de las operaciones diarias de la empresa. Es mucha más la gente que oye lo que dice de la que ve cómo se comporta. Incluso los directivos de toda la organización que reconocieron las incoherencias por parte de los líderes corporativos tales como Singer o Watson tendieron a tolerarlas. «No tiene más remedio que actuar de ese modo si tenemos en cuenta las presiones a que se ve sometido por parte de los accionistas y del Consejo de Administración», fue una razón que se escuchó frecuentemente al informar del comportamiento incoherente de un líder corporativo. Como apuntó más sucintamente un directivo de Scranton Steel: «Estoy dispuesto a seguir adelante con toda la porquería si Don nos continúa llevando en la dirección adecuada».

La coherencia a nivel de unidad. La falta de voluntad para considerar las incoherencias por parte de los directivos de planta y de división se toleró mucho menos y fue más dañina. Ninguna de las unidades de nuestro estudio progresó notablemente en la revitalización cuando el jefe de la unidad dirigía de modo incoherente con los preceptos de implicación, participación y trabajo en equipo. Una unidad para la que el comportamiento de su líder constituyó una rémora fue la de Productos Especializados, de Fairweather.

A principios de los ochenta, el Grupo de Defensa de Fairweather, del que formaba parte Productos Especializados, intentó promover la revitalización enfatizando los comportamientos abiertos a la colaboración y a la solución de los problemas con una comunicación franca tanto horizontal como vertical. Esto se acompañó de un plan de negocios que enfatizaba la gestión de los activos, el control de costes y el incremento del retorno de la inversión. Sin embargo, el director general de la unidad de Productos Especializados, Herbert Folk, sofocó la innovación y la revitalización, a pesar de su apoyo público al cambio. Un ingeniero de Productos Especializados puso de relieve que «cuando llegué al departamento de ingeniería encontré tanto miedo, tanta paranoia que nadie estaba dispuesto a asumir riesgos, a expresar ideas. Era una organización muerta, una organización sin futuro». Otro ingeniero dijo: «Nuestros costes eran terriblemente altos y no teníamos ni un simple plan. Era una pesadilla».

A pesar de las presiones para que se obedeciera, el estilo de gestión de Folk chocó directamente con el nuevo estilo adoptado desde arriba. «Directivo», «autocrático», «punitivo», «insensible» y «arrogante» fueron los adjetivos que utilizaron los directivos para describir ese estilo. «Era una personalidad dura, agresiva, endiablada», dijo un directivo de Productos Especializados. «Cada vez que le veía —recordó otro— me saludaba diciendo: "¡Hola, Bob! ¿Qué has fastidiado hoy?". Era algo desmoralizador.» Aún otro informó de que la atmósfera impuesta por Folk era tal que casi todos evitaban la comunicación abierta y honesta, guardándose las noticias —especialmente las malas— para sí mismos. «Tenemos un par de "goteras" [superación de costes previstos] porque tuvimos miedo de hablar de nuestros problemas hasta que fue demasiado tarde para poder hacer algo.»

El mismo Folk reconoció que, en cuanto director de Productos Especializados, continuaba siendo un obstáculo para la revitalizacón. Los directivos que se encontraban por encima y por debajo de él estuvieron también de acuerdo en que no se produjo cambio alguno en el modo de operar hasta que no se sustituyó a Folk por un director general cuyo estilo personal se ajustaba más al modelo que se promovía desde arriba.

No es difícil comprender cómo las incoherencias en una unidad operativa pueden ser mucho más dañinas para el proceso de la revitalización que las incoherencias en la conducción de la renovación corporativa por parte de los altos directivos. Sencillamente, el comportamiento incoherente en las unidades es más visible. El modo en que se comporta el líder a nivel de unidad forma parte de la vida diaria de esa unidad y, por tanto, reforzará o minará el esfuerzo de revitalización.

La mezcla de la dureza y la suavidad en la gestión. Aunque el comportamiento interpersonal de algunos líderes corporativos puede haber sido incoherente con los ideales expuestos por ellos, no hay ningún área de la práctica de la gestión en que los líderes de la revitalización llevada a cabo con éxito a todos los niveles actúen de manera coherente y capaz al mismo tiempo. Fue su capacidad para tomar decisiones de gestión la que mantuvo un delicado equilibrio entre alcanzar objetivos de tareas «duros» y de desarrollo de recursos humanos «blandos».

Los líderes de la revitalización eficaz a todos los niveles fueron impacientes y preocupados por las tareas; establecieron altos estándares de rendimiento. Sin embargo, esta llamada orientación dura se mezcló con una orientación blanda que les llevó a preocuparse por el desarrollo de los recursos humanos de sus organizaciones[5]. Esta capacidad les permitió

---

[5] Un considerable cuerpo de investigación se ha ocupado del liderazgo duro y suave, aunque los términos utilizados para describir las dos dimensiones difieren. Buena parte de la investigación sobre lo que se ha llamado también liderazgo orientado a la tarea y liderazgo orientado a las relaciones humanas se resume en B.

mantener un equilibrio adecuado entre la reducción de costes y la inversión en recursos humanos.

Gene Bonner, vicepresidente de Scranton Steel, fue un buen ejemplo de un alto directivo incapaz de poner en práctica una visión de la revitalización bien desarrollada a causa de su enfoque exclusivamente blando. A lo largo de los setenta, Bonner produjo una profusión de ideas para transformar su compañía; esfuerzos de productividad conjuntos sindicato-dirección, círculos de calidad, iniciativas de calidad de la vida laboral. Para muchos directivos de la función de recursos humanos, Bonner fue una especie de héroe. Su plétora de ideas le ganó los sobrenombres de «el humanista de la compañía» y «el visionario». Pero no realizó virtualmente ningún cambio organizativo. Otro directivo señalaba:

> Leía un artículo sobre los círculos de calidad y enviaba una nota diciendo que por qué no se hacía esto. Luego leía otro sobre la calidad de la vida laboral y enviaba otra nota diciendo que por qué no se hacía aquello.

El mérito de las ideas de Bonner no se puede cuestionar. De hecho, cierto número de ellas se incorporaron al esfuerzo de revitalización de Scranton Steel. Pero Bonner era incapaz de promover la revitalización real con ideas razonablemente duras. La excesiva suavidad minó su capacidad de expresar una visión orientada a las tareas. Promovió la revitalización como programas de círculos de calidad y de calidad de la vida laboral en lugar de como maneras de mejorar la capacidad de su compañía para afrontar la crisis competitiva. Cuando el presidente Singer promovió más adelante muchas de estas ideas como modos de recortar los costes laborales, mejorar la productividad y la calidad y responder a los competidores japoneses, se pusieron en práctica.

Los directivos que deseaban mezclar lo duro y lo suave luchaban a menudo con el modo de hacer que su preocupación por el personal fuera más dura, de traducirla en algo más que un simple estar a gusto. Los más eficaces, como Simpson y Bryant, pusieron mucho interés en el modo en que sus subordinados dirigían al personal, al tiempo que les seguían haciendo responsables de los resultados del negocio. Los que mezclaron eficazmente la dureza con la suavidad fueron también los más dispuestos a sustituir a los directivos ineficaces. Consideremos el caso de Al Parker, que dirigió la operación de mercados medios de U.S. Financial. Su mezcla de dureza y de suavidad quedó reflejada en su afirmación relativa a la eficacia directiva:

> Una cosa que tienen que entender todos mis directivos es que no hay «producto» en este negocio; se trata sólo de un negocio de personas. Y

M. BASS, *Stogdill's handbook of Leadership: A Survey of Theory and Research* (Nueva York, Free Press, 1981). Véase también R. R. BLAKE y J. S. MOUTON, *The New managerial Grid* (Houston, TX, Gulf Publishing, 1978).

puede estar condenadamente seguro de que utilizo los datos de una encuesta de actitud. Hago a mis directivos absolutamente responsables de los resultados de la encuesta. Si hay problemas en la comunicación o en alguna otra cuestión, espero que mis directivos los resuelvan. Si no pueden, los traslado. Acabo de trasladar a mi director de medios. Estaba oyendo decir a la gente que no era comunicativo y los datos de la encuesta lo confirmaron. Ahora comprenderá que mi deseo no es que todo el mundo sea perfectamente feliz. No busco resultados del ciento por cien. Deseo que este lugar sea fuerte. Ese director regional no estaba desempeñando bien su tarea.

Parker mezcló eficazmente la suavidad en el trato a los empleados con una dura insistencia en que el trabajo debía de hacerse bien. Para Parker, estas características de suavidad y de dureza no representaban una dicotomía. Eran dos caras de la misma moneda.

El equilibrio entre lo duro y lo suave no se produce fácilmente; implica la toma de nuevos caminos creativos que muchos de nuestros líderes de la revitalización que tuvieron más éxito reconocieron como una lucha constante. Bryant puso de relieve esa lucha cuando dijo: «Ahora no sé cómo demonios puedes evitar la confrontación en todos los lugares salvo en la mesa de negociaciones. Puede que haya algún modo de hacer esto, pero aún no lo hemos hallado».

COMO SE FORMAN LOS LIDERES

Hemos visto que los líderes de la revitalización eficaz habían desplegado un profundo convencimiento en una visión de una organización revitalizada, así como las capacidades verbales y de actuación necesarias para poner en práctica dicha visión.

Pero estos atributos se pueden desarrollar. No fuimos capaces de distinguir a los líderes eficaces de la revitalización de sus colegas por su superior inteligencia, por su carisma o por sus características personales inigualables. Descubrimos más bien que estos líderes se formaron a través de un conjunto único de experiencias organizativas.

Experiencia operativa

Sólo aquellos líderes que tenían una experiencia de gestión operativa profunda parecían ser capaces de poner en práctica con éxito su visión de una organización revitalizada [6]. Algunos de los fallos más manifiestos se produjeron cuando el líder no tenía tal experiencia. Watson explicaba:

---

[6] Este hallazgo es totalmente coherente con otra investigación que ha mostrado la importancia de conocer el negocio para una gestión general eficaz. Véase, por ejemplo, J. P. KOTTER, *The General managers* (Nueva York, Free Press, 1982).

Tienes que conocer el negocio. Tienes que conocer cómo se hace el producto. Tienes que saber qué supone hacer buenos productos. Tienes que conocer el equipamiento. Y tienes que saber qué es lo que hace que el negocio marche mejor.

La falta de conocimiento operativo mina fatalmente la capacidad de efectuar la renovación organizativa, por varias razones: inhibe la capacidad del líder para visualizar y articular una razón fundamental del negocio para la revitalización, impide promulgar innovaciones en la gestión que se alineen con la marcha de una operación eficaz y efectiva y limita la credibilidad del líder entre los directivos de línea. Estas son las capacidades y características necesarias para poner en práctica un enfoque de alineación de tareas para la revitalización.

La falta de experiencia operativa infestó a los líderes de la revitalización a todos los niveles de la organización. Los lectores recordarán que cuando Ed Carline, jefe de la división de envases de la Continental Glass, trató de crear una planta participativa modelo en Reidsville, contrató a Patrick Walsh como director para que la pusiera en marcha. El sabía que Walsh era un directivo inteligente y arriesgado y esperaba que estas características pesaran más que su casi total falta de experiencia en la fabricación.

A pesar del optimismo de Carline, la experiencia de Walsh en planificación y ventas no le preparó para enfrentarse a los requerimientos de poner en marcha una nueva operación de fabricación. Esa falta de experiencia operativa le llevó a crear un equipo de gestión que algunos consideraron ingenuo y que otros denunciaron como incompetente. Se describió a Walsh diciendo que se «despreocupaba» de las operaciones de la planta y lo mismo se dijo de su director de fabricación. Las operaciones de Reidsville se vieron plagadas de vastos problemas. A los tres años, la corporación sustituyó a Walsh y desmanteló sistemáticamente todas las innovaciones introducidas. La falta de cualidades operativas de Walsh había minado sus buenas intenciones.

La planta de Carolina del Norte, triunfadora en General Products, fue un ejemplo de integración eficaz entre ideas innovadoras y experiencia operativa. El director de desarrollo organizativo de la compañía, Larry Polk, se encontró con que los directivos de línea se resistían a aceptar sus ideas hasta que no las hubiera amoldado un directivo de operaciones experimentado. Esa experiencia operativa era la del director de fabricación, Watson, que señaló:

[Los directivos de línea] comenzaron apartándose de sus recomendaciones [de Polk]... De manera que tuve que poner de acuerdo a ambos grupos varias veces... Estos chicos estaban «en la calle» y Larry les predicaba desde la Biblia. Tenía que haber un terreno intermedio.

Los presidentes de las compañías verían también cómo sus esfuerzos se deterioraban por la falta de experiencia operativa, al igual que los de los directores de planta o los de los vicepresidentes. Un cierto número de las críticas a los esfuerzos de Henry Lester para promover la renovación en U.S. Financial señaló esta falta de experiencia operativa. Lester fracasó a la hora de hacer que el pilar de la innovación y el cambio en el banco fuera el dirigir el negocio de forma más eficaz y provechosa. Ciertamente, el programa cultural no fue ese pilar, y su esfuerzo de renovación acabó mal.

Los líderes de experiencia y capacidad de gestión operativa parecían más capaces de pedir más a los miembros de la organización. Su historial hacía que otros de la organización parecieran más dispuestos a seguir su dirección. Esa credibilidad ayuda desde luego a explicar el éxito de Watson al conseguir que se aceptaran las ideas de Polk.

La experiencia operativa proporciona también capacitaciones y perspectivas que incentivaron directamente el liderazgo de la revitalización. Esa experiencia desarrolló a menudo en los líderes muchas de las competencias necesarias para que triunfara la revitalización. La experiencia proporcionó a los líderes capacitaciones críticas para la revitalización cuales: cómo hacer que la gente trabaje, cómo hacer que se comprometa el personal y cómo hacer competentes a los subordinados.

Además, los líderes con experiencia operativa fueron más aptos para formar parte de la organización que estaban tratando de cambiar. Esa conexión les permitió articular una visión y actuar de manera que no pareciera excesivamente revolucionaria a los miembros de la organización. Es imposible imaginar que una persona de fuera o de dentro que tenga poca experiencia o carezca de ella se gane la credibilidad que tuvieron un Watson o un Bryant.

Fomento del convencimiento y de la capacitación

La experiencia operativa general fue una condición necesaria, pero no suficiente por sí misma para el liderazgo eficaz de la revitalización. Los líderes necesitaban desarrollar también el convencimiento de la importancia de la revitalización y la capacitación necesaria para actuar de acuerdo con dicho convencimiento. Descubrimos que los líderes habían desarrollado convencimiento y capacitación del mismo modo que habían desarrollado su experiencia técnica —no mediante programas de formación o como consecuencia de haber oído discursos, sino mediante la experiencia en el trabajo.

Experiencias autorreveladoras. Un cierto número de líderes de la revitalización, todos a nivel de directivos medios, se acabaron convenciendo por experiencias laborales que les obligaron a enfrentarse con sus propias limitaciones. Estos directivos aprendieron a creer en la eficacia de la revitalización a nivel personal cuando se vieron obligados a afrontar el hecho de que el modo de comportarse influía en la eficacia de sus unidades de trabajo.

Charles Post, director de la división de cuentas por pagar de Scranton Steel se hizo partidario de la revitalización cuando una encuesta de actitud le reveló que sus empleados le encontraban frío y reservado, demasiado directivo, poco dispuesto a estar con su gente y descaradamente sexista. «Me sorprendí», confesó. Dado el acento puesto por la compañía en la revitalización, esta coherencia recién descubierta permitió a Post plantearse su comportamiento y cambiarlo con cierto éxito.

La experiencia de Post es similar a la de muchos otros directivos de organizaciones en proceso de revitalización. A medida que sus unidades comenzaron a revitalizarse, las exigencias del trabajo en equipo, junto con un entorno más abierto, les obligaron a tomar en consideración el efectuar cambios en sus enfoques de la dirección. Las encuestas de actitud, los informes de recursos humanos y la realimentación directa de aquellos empleados a los que se otorgó poder condujeron a un entorno abierto. Hicieron revelaciones sobre el estilo de gestión y dieron lugar a que examinaran afirmaciones sobre la dirección que no son posibles en las organizaciones jerárquicas tradicionales. Si se quiere sobrevivir en el nuevo entorno, los directivos no deberían ignorar la realimentación.

Un modelo de rol personal. En ocasiones, los directivos desarrollan convicciones, e incluso comportamientos nuevos, a partir de la observación del comportamiento de otros directivos. Los modelos positivos y negativos ayudaron a poner en claro en la mente de James Weaver a dónde deseaba llevar a su organización. Cuando llegó a primer vicepresidente del Grupo de Defensa de Fairweather, decidió que el estilo de gestión de la división «no estaba de acuerdo con los tiempos que corrían». Estaba preocupado especialmente por lo que llamó el «estilo represivo de la dirección» que impregnaba a la organización. «Eramos muy autocráticos, muy mandones, muy exigentes, muy disciplinados.»

Weaver admitió que «realmente no sabemos con qué sustituir el viejo estilo». Mientras que lucubraba con la cuestión del estilo de dirección, se fijó en dos individuos que venían a representar, al menos para él, los modelos de dónde estaba su organización y de dónde tenía que estar. Primero señaló a un «villano»: su antiguo jefe. «Tuve un jefe frío, negativo, insensible, y no me gustaba», recordaba Weaver. Pero también encontró un «héroe» en la persona de Bob Lee, vicepresidente primero. «Obtuvo resultados y una gran lealtad por parte de su personal. Se convirtió en nuestro modelo de dirección.»

Un cierto número de líderes de la revitalización de nivel medio señalaron también que los modelos positivo y negativo habían tenido, asimismo, una influencia importante en el desarrollo de su convicción y de su visión.

Un modelo operativo. Para la mayor parte de los líderes corporativos y para muchos directivos medios, la creencia de que el rendimiento corporativo y el desarrollo de los recursos humanos estaban interconectados procedía de experiencias mucho menos personalizadas. La observación directa de operaciones innovadoras y de su eficacia, cara a los rendimientos, a lo largo del tiempo, constituyó un importante campo de cultivo para las creencias de estos directivos.

Como recordará el lector, Singer, CEO de Scranton Steel, comprendió por primera vez el potencial inherente a la participación del personal después de visitar una planta de la Costa Oeste y de ver los resultados de la cooperación entre los trabajadores y la dirección. Jerry Simpson y su equipo de planificación sacaron su convicción y su visión de una visita a una planta innovadora organizada en torno a equipos.

EL DESARROLLO DEL RECURSO ESCASO

Si la revitalización organizativa se produce en gran parte como consecuencia de la presencia de líderes de la revitalización eficaces, las organizaciones necesitan pensar de forma más activa en cómo pueden asegurarse un suministro eficaz de estos líderes. Los hallazgos de nuestro estudio sugieren que los líderes eficaces de la revitalización se «hacen» más que «nacen»[7]. Además, el proceso de «hacer» a un líder de la revitalización parece surgir de experiencias relativamente coherentes.

Dos conclusiones posibles se pueden sacar. Una es que la organización puede esperar que un gran número de directivos tendrán estas experiencias por sí mismos y que se desarrollarán hasta convertirse en líderes eficaces de la revitalización. Tanto nuestra experiencia como el sentido común sugieren que este enfoque de espera-y-esperanza tiene peligrosas grietas. Los altos directivos de nuestras compañías líderes consideraron que los líderes de la revitalización eficaz eran su recurso escaso. Su escasez amenaza continuamente el progreso en el camino de hacer a la compañía más competitiva.

Estamos a favor de la segunda conclusión: las organizaciones deben exponer sistemática y conscientemente a los directivos a experiencias que se aproximen a las que hemos encontrado asociadas con el desarrollo del convencimiento, la visión y la capacitación. La experiencia operativa, la experiencia autorreveladora, los modelos de comportamiento positivos y la experiencia de modelos de éxito se obtienen más fácilmente integrando a los previsibles líderes de la revitalización en organizaciones de perfil innovador. De ese modo se puede incrementar sustancialmente la probabilidad de exponer a los directivos a experiencias de desarrollo que los directivos que describimos tuvieron fortuitamente. Este es exactamente el papel representado por la planta de Carolina del Norte de General Products en el desarrollo del creciente número de líderes de la revitalización en esa compañía.

Dicho sencillamente, para que surjan organizaciones eficaces, las organizaciones necesitan desarrollar· líderes eficaces. Esto se realiza mejor, como hemos dicho, creando un contexto organizativo que incite el desarrollo de capacidades de liderazgo en sus miembros. Sin embargo, y como quiera que los líderes corrientes son, en muy alto grado, parte del contexto que se debe

---

[7] J. P. Kotter presenta el mismo argumento acerca de la escasez de líderes y de la necesidad de forjarlos frente a un entorno cada vez más competitivo en *The Leadership Factor* (Nueva York, Free Press, 1988).

alterar para desarrollar líderes de la revitalización, las corporaciones se enfrentan con un dilema. ¿Cómo pueden desarrollar un nuevo contexto corporativo líderes que no han aprendido nuevas actitudes y comportamientos?

La respuesta reside en la estrategia de revitalización que hemos presentado, que, según nuestro punto de vista, no es sólo una estrategia eficaz de desarrollo organizativo, sino también una estrategia de desarrollo altamente eficaz. Los altos directivos que pueden no ser capaces por sí mismos de modelar los comportamientos que saben que son necesarios para que la revitalización sea eficaz pueden desencadenar el proceso. Si se promueve a los líderes más prometedores de estas unidades, ellos conformarán el contexto más amplio de la corporación. Una vez comenzado, el proceso puede perpetuarse a sí mismo.

Este continuo y mutuamente reforzante proceso de liderazgo y de desarrollo organizativo sugiere, una vez más, que la renovación corporativa se debe de pensar como un proceso a largo plazo. Sin embargo, para que la corporación mantenga el proceso y desarrolle la capacidad de que la renovación continúe, la misma alta dirección tiene que acabar por desarrollar capacitaciones de liderazgo renovador.

Nuestra comprensión de esta fase final de la revitalización se vio limitada por el relativamente corto marco temporal de nuestra investigación —tres a cinco años, según la compañía. Sin embargo, y con base en el modo en que la revitalización se desarrolló en el marco temporal que contemplamos, podemos extrapolar el modo en que la alta dirección y los grupos corporativos deben de acabar implicados en la revitalización si una corporación quiere institucionalizar la capacidad de readaptación y renovación.

8
Mantener la revitalización

¿Qué llevará a las compañías líderes de nuestra muestra a mantener el progreso en la revitalización, conseguido con tantas dificultades? Es necesario efectuar una renovación continua si no se quiere desfallecer cuando la fuerte competencia global continúe imbatida en el siglo XXI.

Tanto General Products como Fairweather Corporation estaban comenzando a plantearse nuevos asuntos que, si no se resolvían, podían retener la renovación. A medida que las plantas y las divisiones continuaban promoviendo innovaciones, los directivos de estas unidades comenzaron a considerar a las políticas y al staff corporativo como significativas barreras para la continuación de la renovación. Era necesario, insistían, efectuar un cambio en la cumbre.

Al mismo tiempo, las presiones de los mercados financieros y las amenazas de adquisición obligaron a la alta dirección a reexaminar su cartera de negocios. Aunque se consideró la venta de algunos negocios, la alta dirección comenzó también a centrarse en los modos en que se podían explotar más eficazmente las energías potenciales entre negocios. Así, la cuestión de cómo mejorar la coordinación en torno a mercados, clientes, tecnología y recursos físicos y humanos comunes se convirtió en un problema al que cada vez tenían que hacer más frente las compañías.

La incoherencia entre las palabras y las actuaciones de la alta dirección suponían una barrera. Si quería mejorar el trabajo en equipo a nivel corporativo y replantear las políticas corporativas y las prácticas del staff que, según la percepción de las unidades innovadoras, obstaculizaban la continuación del progreso, la alta dirección tenía que aplicarse el proceso de revitalización a sí misma. La unidad de la alta dirección tenía que convertirse en el foco de la revitalización.

Cuando vimos signos de tensiones entre la cúpula y la parte más inferior de la compañía desencadenadas por el proceso de revitalización corporativa, nos dimos cuenta de que las conclusiones acerca de la renovación corporativa que hemos presentado sólo son aplicables a los primeros años de una transformación corporativa. En esta fase, la alta dirección autorizó y orquestó la revitalización en varias unidades de la compañía. No intentó transformar sus propias prácticas de gestión o las que gobernaban la toma de decisiones en la cumbre.

¿Cuánto tiempo lleva la primera fase del cambio? Dentro de nuestro líder de la revitalizción, General Products, una compañía con aproximadamente 10.000 millones de dólares de cifra de negocios y unas 100 plantas por todo el mundo, la alta dirección tardó diez años en recorrer esta fase con éxito. Esto no sugiere que esta fase haya finalizado para General Products. Después de una década de esfuerzo, había aún algunas plantas, mayormente ultramarinas, que no habían realizado progresos significativos en la revitalización. No obstante, la alta dirección entendió claramente cómo dirigir esta fase del proceso de revitalización y estaba bien preparada para completarlo.

Es imposible saber exactamente cuánto llevará completar la primera fase de la renovación, si es que hay verdaderamente un punto de finalización, dado el cambio continuo que se produce en el entorno. Lo que está claro es que diez o más años no constituyen un período de tiempo irreal. El acento que pusimos en el capítulo 7 en la necesidad de que los líderes demostraran perseverancia adquiere más significado cuando se considera este marco temporal.

La distinción entre la fase de cambio que hemos descrito en este libro —innovación a nivel de unidad orquestada por la alta dirección— y la que vemos como siguiente fase necesaria —cambio en el propio comportamiento de la alta dirección— se representa en la Figura 8-1. Sin embargo, nos apresuramos a señalar que estas fases se solapan en el tiempo.

LA SEGUNDA FASE: REVITALIZACION EN LA CUMBRE

A lo largo de los primeros años, las presiones procedentes primero del entorno competitivo y, después, de la alta dirección proporcionan energía para el cambio. Aunque estas fuentes de presión continúan obviamente, una nueva fuente entra en función a medida que más unidades emprenden la transformación. Cuando las incoherencias en el comportamiento y las políticas de los grupos de staff corporativos comienzan a interferir con la revitalización de las unidades, éstas comienzan a presionar para que se produzca un cambio en la cumbre. La evaluación del rendimiento, la compensación, la planificación de la sucesión, la presupuestación y el sistema de fijación de objetivos se convierten en una fuente cada vez mayor de frustración. Más adelante, cuando los mercados de capital exigen retornos financieros más elevados, estas presiones pueden llevar a examinar las

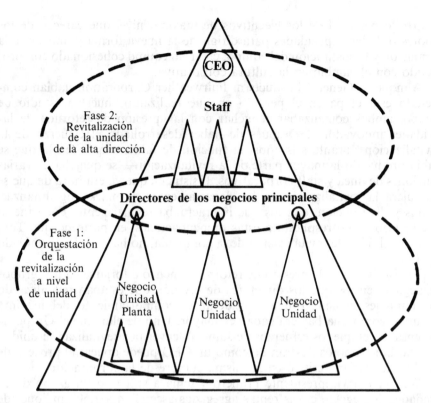

Figura 8-1: Fases de la revitalización: desde las unidades de nivel más inferior a la unidad de la alta dirección

sinergias e interdependencias existentes entre los negocios y reforzar las presiones internas para que se produzca la revitalización en la cumbre.

El CEO no puede limitar ya su papel en el proceso de cambio corporativo a animar, apoyar y dotar de recursos a los esfuerzos de revitalización a nivel de unidad. Tiene que hacer que la revitalización sea un objetivo del grupo de la alta dirección y de la organización corporativa y convertirse en un eficaz líder de la revitalización a nivel de unidad. Como cualquiera otra revitalización a nivel de unidad, el fracaso del CEO en la modelización del trabajo en equipo minará la renovación en la cumbre.

El CEO debe llevar a la unidad de la alta dirección por los pasos del camino crítico. Tales pasos incluyen el insuflar energía a los subordinados inmediatos para que abracen el cambio fundamental; clarificar y, si es necesario, cambiar la estrategia corporativa; y desarrollar una visión estratégicamente alineada de cómo las unidades de negocio, línea y staff, sindicato y dirección y operaciones domésticas e internacionales se deben coordinar en un esfuerzo de equipo que produzca la máxima sinergia posible. El CEO, al igual que los líderes a nivel de unidad que han tenido éxito, debe fomentar el consenso de que el cambio es necesario, apoyar el desarrollo personal de los ejecutivos de máximo nivel que carecen de los valores o de las capacidades para dirigir de la nueva forma y, mediante la formación y la sustitución del equipo, crear un equipo cohesionado comprometido con el cambio en la cultura corporativa.

Aunque ni General Products ni Fairweather Corporation habían completado esta etapa en el período en que realizamos nuestro estudio de campo, ambas comenzaban a luchar con la «presión de retorno» de las unidades innovadoras. Después de haber desarrollado el esfuerzo de la revitalización durante seis años, la función de fabricación —en la que se había producido la mayor parte de la revitalización— se quejaba de varias funciones de línea y staff corporativos. Insistía en que ya era hora de que se produjera la revitalización en los departamentos de marketing, finanzas, ventas y distribución, con los que interactuaba regularmente. Poco fue lo que se hizo como respuesta a estas preocupaciones, en parte porque Tom Watson, el líder de revitalización de la compañía, no había sido promovido a CEO.

En Fairweather, la presión de retorno comenzó a forjarse en dos grupos de negocio en los que los directores de división que estaban revitalizando sus unidades comenzaron a considerar el comportamiento del máximo ejecutivo como una barrera cada vez mayor. Uno de ellos fue el Grupo de Defensa, en el que los esfuerzos de James Weaver por revitalizar su unidad de alta dirección nos ilustran de cómo un CEO puede aplicar el proceso de cambio del camino crítico en la misma cumbre de la corporación.

Weaver era vicepresidente primero y tenía a su cargo un grupo de 11 unidades de negocio cuyas rentas agregadas ascendían a 1.500 millones de dólares. Las divisiones operaban de modo altamente descentralizado. Muchas de las unidades de negocio, incluida la unidad de Instrumentos de Navegación, de Jerry Simpson, habían estado realizando un esfuerzo de revitalización durante algún tiempo. El Grupo de Defensa de Weaver estaba en la avanzadilla del cambio, dentro de Fairweather.

Con el tiempo, los directores generales de Weaver comenzaron a cuestionar su estilo directivo: su enfoque de toma de decisiones de arriba a abajo y su utilización de los grupos de staff para mantener un fuerte control sobre las divisiones. La distancia entre el estilo más participativo que estos directores generales estaban promoviendo en sus propias divisiones y el estilo más directivo con que les trataba Weaver originaban cada vez más demandas de cambio.

Al mismo tiempo, el propio Weaver se empezó a preocupar por el rendimiento de su grupo. La tasa de crecimiento del grupo había estado entre las primeras de la industria, pero el rendimiento de sus activos estaba entre los últimos. Weaver razonaba que parte de problema residía en la falta de voluntad de los directores generales autónomos y orientados al crecimiento para trabajar de forma cooperativa en la identificación de las mejores oportunidades de inversión del grupo y para compartir activos tales como la planta y un equipamiento enormemente caro.

Su deseo de poner en marcha una planificación estratégica y un proceso de asignación de capital más integrados estaba en conflicto directo con el deseo que tenían sus directores generales de retener su independencia. Se trajo a un consultor externo para que diera una conferencia en una reunión de la dirección sobre el modo en que una organización descentralizada debe conseguir el equilibrio entre el control «relajado» y el «estricto». Además de dar la conferencia, el consultor decidió implicar a Weaver y a sus directores generales en un diagnóstico de su unidad y de sus procesos de gestión. La cuestión operativa era: hasta qué punto se ajustaba a la estrategia que tenía que perseguir el grupo para mejorar el retorno de los activos la estructura del grupo, los sistemas, el estilo de gestión de Weaver, los antecedentes, las predisposiciones y las capacitaciones de los directores generales [1].

Los directores generales y los jefes del staff se dividieron en pequeños equipos, cada uno de los cuales informó luego de sus observaciones. Hubo consenso en torno al estilo de Weaver, el proceso de toma de decisiones y de planificación del grupo, la cultura, el sistema de retribución en la cumbre y la necesidad de gestionar de modo más sinérgico los clientes y los activos (tanto físicos como humanos) comunes.

Se formaron dos comisiones separadas para estudiar más el problema planteado en la diagnosis preliminar y efectuar recomendaciones de cambio. Aunque los directores generales reconocieron en las comisiones que su propia predisposición a ir tras los contratos y a efectuar gastos de capital sin tener en cuenta las sinergias potenciales formaban parte del problema, señalaron otro: el estilo de gestión de Weaver y de su staff. Consideraban que ese estilo contrastaba directamente con la pauta de gestión que se necesitaba, según habían acordado con Weaver —más trabajo en equipo y coordinación entre divisiones tradicionales independientes. Los adjetivos que emplearon —«directivo», «punitivo», «pendiente del reloj»— expresaban su sentimiento de que el estilo de Weaver no les permitiría poner en práctica lo que ellos creían que era la solución a la suplicación de activos y al hecho de que no se exploraran las posibilidades que ofrecía el tener clientes comunes. Esa solución fue un consejo de gestión general, compuesto por todos los directores generales de las divisiones que tuviesen responsabilidades en la gestión de problemas que fueran comunes a las divisiones.

A pesar de su convencimiento de que si se quería que el consejo funcionase adecuadamente habría de cambiar el estilo de Weaver, se resistía a plantear esta cuestión en el informe que hicieron para él. Esta agitación fue común a todos los niveles, pero parecía intensificarse particularmente a medida que la revitalización se acercaba más a la cumbre de las compañías que estudiamos. Al final, los subordinados de Weaver le dieron el informe, pero sólo a requerimientos del consultor, y aguado.

A pesar de ello, Weaver captó el mensaje. Contrató a otro consultor para que le ayudara a tener ideas y a controlar su estilo operativo; con esa ayuda, se reunió en varias ocasiones con el consejo de gestión general para

---

[1] Véase R. H. WATERMAN, Jr., T. S. PETERS y J. R. PHILIPS, «Structure Is Not Organization», *Business Horizons,* 23 (junio 1980), pp. 14-26.

redefinir los roles, responsabilidades y relaciones respectivos. Cuando el proceso de revitalización en la cumbre se puso en marcha, Weaver expresó una sincera sorpresa de que el esfuerzo de revitalización que él había estado urgiendo a sus directores de división en los años anteriores se podía aplicar al trabajo del equipo de la alta dirección. La idea que le motivó para seguir adelante representa para nosotros una ilustración de lo que puede llevar consigo la revitalización en la cumbre.

El hecho de que la revitalización corporativa esté todavía en curso en General Products y en Fairweather Corporation hace difícil predecir lo que sucederá a las unidades de negocio y a las plantas revitalizadas si esta fase no se completa con éxito. Sin embargo, especulamos que si la alta dirección fracasa en la revitalización del núcleo corporativo, se corre el riesgo de que las ganancias obtenidas en las plantas y en las unidades de negocio no se puedan mantener, a largo plazo.

Es probable que la dificultad más inmediata sea forjar a sucesores de alto nivel que tengan un enfoque de la gestión consistente con los objetivos de la revitalización. A menos que un CEO desarrolle una unidad de alta dirección en la que las expectativas de coordinación, compromiso y competencia sean las mismas que las de las unidades de inferior nivel que están en proceso de revitalización, los jefes de grupo y los vicepresidentes de staff claves de la compañía no desarrollarán los valores y las capacitaciones de gestión que exige la revitalización. Sin estos valores y capacitaciones, el grupo de candidatos a los puestos de consejero delegado y de director general carecerá de ejecutivos claves que puedan liderar la revitalización.

Cuando faltan los líderes que pueden suceder a los que ocupan los puestos claves, el sostenimiento de la renovación resulta prácticamente imposible. Detenerse significa moverse hacia atrás. El CEO de Continental Glass se lamentó del hecho de que había promovido precisamente a la presidencia a un ejecutivo clave que no compartía ninguna de las aspiraciones a la renovación que espolearon su llamada original al cambio. ¿Cómo se podría recuperar el ritmo perdido? En nuestra opinión, el nuevo presidente lo hizo imposible. Por otra parte, si una compañía pasa con éxito por la fase de revitalización de la alta dirección que hemos descrito, el resultado proporcionará un cierto número de ejecutivos claves comprometidos con la revitalización y competentes en la tarea de llevarla a cabo.

POR QUE ES DIFICIL QUE LA REVITALIZACION CORPORATIVA COMIENCE EN LA CUMBRE

Los altos directivos están en sus puestos, al menos en parte, por su deseo de poder y su capacidad para ejercerlo. Llegaron a ellos en una era en la que el mantenimiento de un fuerte control era un medio de gestión eficaz. Watson fue completamente sincero al describir sus primeros años en la compañía, en una época en que se actuaba de manera muy jerarquizada. «En aquellos días», dijo, «construíamos las organizaciones y las dirigíamos con mano de hierro». No es sorprendente, por tanto, que los que llegaron a la cumbre en todas las compañías que estudiamos hayan desarrollado una fuerte necesidad de control. Sus posiciones les aislaban también de las malas noticias y estaban acostumbrados a operar en un entorno libre de retos, especialmente por lo que se refiere a su propio comportamiento.

Otra de las barreras con las que se encontraba la revitalización en la cumbre era la dificultad que tienen los altos directivos para estimular a sus subordinados, muchos de los cuales han dirigido sus operaciones con éxito, a lo largo de los años, en un estilo muy diferente del que ahora se les demandaba. Por esta razones, era difícil plantearse la gestión del cambio en la cumbre y mucho más ponerla en marcha, a menos que en niveles más bajos de la compañía se hubiera desarrollado ya el impulso necesario de revitalización.

Dicho esfuerzo podría incluso no tener éxito, aunque la alta dirección estuviera dispuesta filosóficamente a comenzar una transformación corporativa desde la cumbre. Resulta improbable que el CEO disponga de unidades modelo y de directivos líderes de los que aprender. Sin el saber suficiente sobre el nuevo enfoque de gestión y sin las capacitaciones requeridas para ponerlo en práctica, los altos directivos no serían capaces de implicar al personal de línea y staff de las sedes centrales, la unidad organizativa de la que son líderes, en un proceso de renovación. Además, los grupos del staff y los directivos poderosos de las sedes centrales ofrecerían una fuerte resistencia desde el principio, haciendo que el cambio desde la cumbre fuera difícil incluso para el máximo directivo más comprometido y capacitado.

Hay otra razón para que el cambio no comience generalmente en la cumbre. Los obstáculos a la competitividad que representan las prácticas tradicionales se suelen reconocer primero a niveles más bajos y en unidades organizativas alejadas de las sedes centrales, no en el núcleo de la corporación. Y ello porque es en las unidades alejadas donde se lucha a diario. También en ellas es donde son más evidentes los resultados operativos de las antiguas prácticas de gestión jerarquizada. Los directivos de este nivel están mejor capacitados para liberarse de las vacas sagradas que los que ocupan el poder están interesados en mantener. A diferencia de los directivos corporativos, seleccionados probablemente porque representan los valores nucleares de la compañía y que están agradecidos al CEO, los directivos de la periferia no han sido aún socializados completamente en la cultura de gestión actual ni tampoco aspiran a llegar a la cumbre.

¿Significa esto que la revitalización no puede comenzar en la cumbre, con centro en el núcleo corporativo? Es posible, pero no probable. Es posible, por supuesto, que la corporación traiga a alguien de fuera, de una corporación implicada ya en la renovación. Esa persona de fuera podría tener los atributos necesarios para dirigir la revitalización de la unidad de la alta dirección. Sin embargo, quienes llegan de fuera vienen con otros problemas. Lo que es más importante, puede que les falte la credibilidad suficiente en la nueva organización para conseguir apoyo y compromiso.

Incluso aunque la revitalización consiguiera arrancar en la cumbre, la compañía aún no habría experimentado la primera fase del cambio. Aún tendrían que desarrollarse y difundirse por toda la compañía las organizaciones modelo. Sin ellas, es más difícil que los ejecutivos de más bajo nivel aprendan los nuevos comportamientos. Ni siquiera un máximo dirigente comprometido que modele el nuevo enfoque de gestión puede hacer que funcione el cambio programático.

Aunque no hemos visto esfuerzos con éxito que hayan comenzado en la cumbre, es posible que éstos se produzcan más frecuentemente a medida que el mercado de trabajo de los altos ejecutivos se nutra de más personas cuyos comportamientos y filosofía de gestión se acomoden al nuevo paradigma de organizar y gestionar.

EL EFECTO DE LOS MERCADOS DE CAPITALES

Los intentos de la dirección por hacer que se revitalice la unidad más alta de la corporación no se producen en el vacío. Los ejecutivos corporativos de los Estados Unidos están sometidos a severas presiones por parte de los mercados de capitales. Deben mantener atractivos retornos financieros, a menudo trimestralmente. Si los retornos caen sustancialmente por debajo del valor de liquidación de la compañía, ésta está expuesta a la adquisición. Los altos directivos de las seis compañías vivían con el miedo de que esa posibilidad se produjese. Los mercados de capitales fueron el contexto que moldeó a menudo las decisiones sobre muchas cuestiones del negocio, incluida la revitalización. De este modo, podemos añadir un nuevo anillo al círculo de la revitalización, el de los mercados de capitales (véase la Figura 8-2).

Sin embargo, los mercados de capitales no fueron la única fuente de presión. Lo que puso a nuestras seis compañías en el camino de la renovación fue el reto de la competencia global y de la desregulación, de manera que los altos dirigentes se vieron pillados entre dos señores exigentes y, a veces, conflictivos, el entorno competitivo y los mercados de capitales. ¿Qué papel representaron cada uno de ellos en las decisiones relativas a la revitalización tomadas por la alta dirección?

El entorno competitivo fue claramente el estímulo que impulsó a nuestras compañías a revitalizarse. La necesidad de desarrollar productos innovadores de alta calidad a coste relativamente bajo les hizo buscar un nuevo modo de organizar y gestionar. El modelo japonés y las primeras innovaciones realizadas en su propia corporación les mostraron que se podía alcanzar una calidad superior a un coste más bajo del considerado nunca mediante innovaciones radicales en la organización y la gestión. La eficacia de los nuevos enfoques de gestión reforzó el creciente compromiso con la revitalización de la alta dirección.

Por otra parte, los mercados de capitales representaron un papel más complicado. Hay razón para creer, aunque sólo vimos unos cuantos ejem-

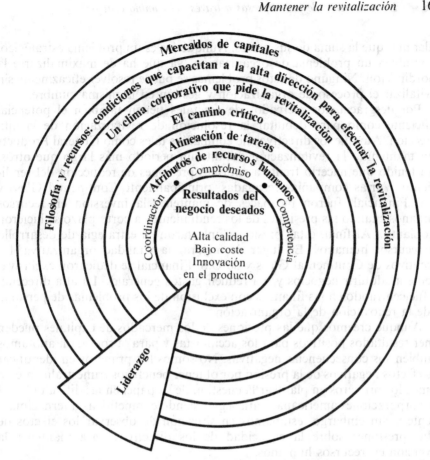

Figura 8-2: El círculo de la revitalización: El papel de los mercados de capitales

plos, que los mercados de capitales tienen la potencialidad de estimular los cambios en la cumbre esenciales para una renovación corporativa sostenida. Los esfuerzos de Weaver por incrementar el retorno de los activos mediante un trabajo en equipo más eficaz entre negocios independientes, aunque potencialmente sinérgicos, es un buen ejemplo. Creemos que se puede forzar un paso así en muchas corporaciones multinegocios en curso de revitalización.

Los mercados de capitales demandan que las corporaciones identifiquen y exploten sinergias potenciales entre negocios relacionados y encuentren los modos de eliminar a los que no encajan. Las acciones de las corporaciones que no hacen esto es probable que se devalúen en los mercados de capitales, especialmente si se compara su valor con el valor potencial que adquirirían las de cada una de las unidades del negocio si se vendieran como unidades independientes [2]. En efecto, la corporación como un todo debe

---

[2] Una considerable investigación ha demostrado que los conglomerados no son tan rentables como las compañías de un solo producto o las compañías con negocios

valer más que la suma de sus partes. Aunque ése es un problema estratégico, es también un problema de organización, ya que ha de maximalizarse la coordinación. Ninguno de estos problemas se puede resolver eficazmente sin revitalizar el proceso de organización y gestión en la misma cumbre.

Por desgracia, los mercados de capitales tienen también el potencial suficiente como para debilitar la resolución de revitalización de la alta dirección. Aunque los directivos de compañías tales como General Products han mantenido la revitalización durante un período más largo que otros, han tenido que hacerlo frente a enormes presiones de reducción del rendimiento. Varias compañías rezagadas, principalmente Continental Glass y U.S. Financial, fueron incapaces de mantener la inversión en recursos humanos cuando las presiones de los rendimientos a corto plazo se hicieron agobiantes. Al final, estas presiones aplastaron su estrategia de desarrollo de recursos humanos. En lugar de mejorar la vitalidad organizativa, los ejecutivos de Continental Glass y de U.S. Financial se dedicaron exclusivamente a adquirir negocios y/o a reducir gastos generales. La alta dirección se fue centrando en las finanzas con exclusión de los problemas de personal y de la renovación de la organización.

Aunque creemos que las presiones de los mercados de capitales pueden tener resultados positivos para los accionistas y para la sociedad, anotamos también sus consecuencias negativas. No somos los primeros en identificar los efectos negativos de la presión por obtener beneficios trimestralmente, ni somos los primeros en plantear la cuestión de su papel en las dificultades de las corporaciones americanas para seguir siendo competitivas internacionalmente [3]. Sin embargo, estábamos en situación de observar los efectos de estas presiones sobre la capacidad de los directivos para mantener la inversión en recursos humanos.

Aunque ya anotamos en el capítulo 6 que los directivos pueden establecer diferencias en la lucha por equilibrar las inversiones en recursos humanos a largo plazo y los objetivos financieros a corto, deseamos también enfatizar que debe de llevarse a cabo un rediseño de los mercados de capitales. Las presiones financieras a corto plazo y las amenazas de adquisición refuerzan la posición de los directivos orientados a las finanzas y no la de los directivos operativos que triunfaron más en conseguir la revitalización. Incluso los directivos que comenzaron deseando invertir en recursos humanos teminaron por desorientarse. No es coincidencia que las compañías japonesas, menos sujetas a las presiones de los mercados financieros

---

relacionados. Véase R. H. HAYES y S. C. WHEELRIGHT, *Restoring our Competitive Edge: Competing Through Manufacturing* (Nueva York, Wiley, 1984), pp. 13-14. Además, la adquisición de negocios no relacionados no origina generalmente un mejor rendimiento financiero. Véase M. PORTER, «From Competitive Advantage to Corporate Strategy», *Harvard Business Review,* 65 (mayo-junio 1987), pp. 43-59.

[3] R. HAYES y W. ABERNATHY, «Managing Our Way to Economic Decline», *Harvard Business Review,* 58 (julio-agosto 1980), pp. 66-77; M. L. DERTOUZOS, R. K. LESTER y R. M. SOLOW, *Made in America* (Cambridge, MA, MIT Press, 1989).

y capaces de gestionar según objetivos a largo plazo, hayan aprendido ya a organizar y gestionar en unos modos que las compañías americanas están tratando de adoptar[4].

Para mantener la ventaja competitiva de la revitalización, la organización debe continuar su inversión en recursos humanos. Esto puede requerir un contexto más favorable del que pueden ofrecer ahora los mercados de capitales de los Estados Unidos. La identificación de las reformas necesarias de los mercados de capitales está mucho más allá del alcance de este libro, pero algunas de las posibilidades son[5] planes accionariales innovadores, una buena parte propiedad de los empleados y/o una legislación fiscal que limite los beneficios de las transacciones a corto plazo. Si la alta dirección tiene que establecer y seguir la agenda de renovación a largo plazo que hemos presentado, es esencial que disminuya la presión a corto plazo de los mercados financieros.

---

[4] S. MARSLAND y M. BEER, «Note on Japanese Management and Employment Systems», núm. 481-009 (Boston, Harvard Business School, 1980).

[5] Véase R. LENZER, «White Knights Are the Wave of the Future», *Boston Globe,* 22 diciembre 1989, p. 63.

9
Dónde y cómo empezar

La revitalización corporativa descansa en la capacidad de los líderes de desarrollar un contexto organizativo que influya en la gente —los directivos, los trabajadores y los líderes sindicales— para que cambien su comportamiento y sus actitudes. Sin embargo, la capacidad del líder para comenzar y mantener la revitalización está en función también del entorno en el que opera. La capacidad del director de una unidad para dirigir el cambio se ve afectada por las muchas políticas y prácticas emanadas de las sedes centrales y del apoyo a la revitalización que preste la alta dirección. A su vez, la capacidad de la alta dirección para dirigir y mantener la renovación se ve afectada no sólo por las condiciones del negocio y por los mercados de capitales que conforman el entorno económico de la corporación, sino también por la respuesta de su Consejo de administración a los factores externos.

De esta manera, la revitalización corporativa es un juego dentro de otro juego dentro de otro juego. Todo esfuerzo de revitalización efectuado por un directivo, que está en función de su convencimiento y de su capacidad, está también en función de un entorno corporativo sobre el que debe de ser capaz de influir, pero que no puede controlar. Dada esta realidad, resulta fácil para un directivo llegar a la conclusión de que no puede hacer nada para comenzar a revitalizar la organización. Hemos oído decir a algunos directivos «no podemos hacer nada hasta que no se produzcan cambios en el nivel siguiente». Creemos que esta actitud es demasiado pesimista y autoderrotista.

Las corporaciones americanas sólo serán más competitivas cuando los individuos a todos los niveles —directores de unidad, ejecutivos de recursos humanos, líderes sindicales, altos directivos o políticos— tomen la iniciativa de crear un entorno favorable para la renovación en el campo sobre el que

171

pueden ejercer alguna influencia. Se precisa también un esfuerzo bien intencionado para trabajar corporativamente con el nivel inmediatamente superior en orden a moldear el entorno de manera que apoye las iniciativas de renovación. Al no saber cómo echar a caminar, los directivos bien intencionados no hacen nada, a menudo. También a menudo fracasan directivos que ponen en marcha la revitalización. Como carecen de algunas de las ideas expuestas en este libro, dan pasos en falso que les lleven a desilusionarse y a perder la energía.

Nuestra investigación se ha centrado en tratar de ver qué es lo que pueden hacer los líderes de la revitalización a cada uno de los niveles para echar a andar.

EL DIRECTOR GENERAL DE UNIDAD

En todas las compañías que estudiamos, la revitalización comenzó por unos líderes de unidad que estaban dispuestos a aceptar el riesgo de ser pioneros. Cuando tomaron el riesgo de manera prudente y tenían capacidad para ello, triunfaron y se convirtieron en los líderes del cambio en sus compañías. Una carrera tal no carece de peligros, pero dados la creciente competencia y la cada vez mayor conciencia de las innovaciones de gestión que pueden adoptar las compañías, estos peligros no son irracionales. El enfoque de alineación de tareas puede asegurar que el esfuerzo de revitalización permanecerá centrado en la mejora de los resultados del negocio, haciéndolo más apto para que sea creíble y tenga éxito.

Los directores de unidad pueden identificar las presiones para que se mejore el rendimiento de sus unidades. Pueden encontrar el modo de comenzar el camino crítico utilizando esas presiones para insuflar energía a la organización. Las visitas a los suministradores y a los clientes y la información sobre los competidores les pueden ayudar a elevar el nivel de disposición al cambio incluso en el caso de que las presiones de la competencia no alcancen proporciones de crisis. Los directivos del staff de la unidad pueden identificar a los clientes internos y poner en contacto a la gente con las percepciones que tiene el cliente de la calidad o del servicio que están dando sus unidades.

Los directores de unidad necesitan permanecer centrados en las tareas fundamentales de la organización. Pueden implicar a directivos de línea, trabajadores y líderes sindicales en el diagnóstico del por qué fracasa la organización actualmente en la ralización de la tarea fundamental y en el estudio de cómo se puede coordinar más eficazmente las funciones y los niveles. Pueden diseñar equipos *ad hoc* para conseguir mejorar la coordinación.

Los líderes sindicales necesitan recordar que no están solos. Es probable que haya dentro de la compañía líderes innovadores de los que puedan aprender. Los líderes y empleados claves deben de girar una visita a los lugares donde se produzcan tales actuaciones. Si no hay ninguno dentro de la compañía, pueden buscar otras que estén comprometidas en la renovación y visitar los modelos organizativos innovadores.

Si los líderes de unidad están indecisos sobre las expectativas o los modos de proceder, pueden encontrar a un profesional de recursos humanos de las sedes centrales y/o a un consultor externo que le puedan aconsejar y quizá trabajar con él y con su staff en la tarea de echar a andar. Estos consultores serán generalistas en el diagnóstico y el cambio organizativo, de manera que puedan ayudar a gestionar un proceso de camino crítico, no especialistas en una solución programática. Y los líderes de unidad deberán recordar que la credibilidad de sus esfuerzos descansa en una disposición bienintencionada para examinar su propio funcionamiento y el de su equipo de alta dirección.

Los líderes de unidad han de tener informados a sus jefes de los planes para mejorar el rendimiento del negocio. Cuando comparten la nueva filosofía de organización y gestión que subyace en el proceso de revitalización, deberían explicar cómo y por qué las nuevas pautas mejorarán el grado de compromiso, las capacitaciones y, finalmente, el trabajo en equipo y el rendimiento financiero. Si no realizan estos contactos explícitos, sus esfuerzos pueden aparecer como iniciativas ingenuas de relaciones humanas que pueden hacer que la gente se sienta mejor, pero que no contribuyen al negocio. Si no se puede articular el contacto entre las nuevas pautas de gestión y las mejoras en calidad, costes o productos/servicio, el esfuerzo de revitalización fracasará probablemente.

El mantener informados a los directivos de alto nivel ayudará a acondicionar el entorno para obtener apoyo. Los líderes de unidad deben de invitar a los ejecutivos corporativos a que visiten sus unidades. Pueden poner en contacto a estos ejecutivos con los empleados, grupos y líderes sindicales que hayan cambiado drásticamente de actitud y de comportamiento como resultado de las iniciativas de revitalización. Puede moldear el futuro de la revitalización ayudando a la dirección corporativa a aprender de la experiencia de la unidad.

EL DIRECTOR DE RECURSOS HUMANOS CORPORATIVOS

Las funciones de recursos humanos corporativos no pueden dirigir el esfuerzo de cambio, pero pueden representar un papel significativo. Mas si quieren hacer una importante contribución, tendrán que cambiar su rol y su comportamiento tradicionales.

Un buen comienzo es apartarse de los programas de recursos humanos. Esto se puede hacer evitando el patrocinio de tales programas y oponiéndose a la alta dirección cuando los pida.

La función de recursos humanos puede asumir un importante papel de consulta y apoyo en las divisiones, plantas y sucursales que están maduras para la revitalización. Estas son las unidades que sufren las más fuertes presiones competitivas. El primer paso es seleccionar una o dos unidades, preferiblemente dirigidas por directores eficaces dispuestos a embarcarse en la revitalización en lugar de por líderes débiles y que dudan siempre. Los buenos candidatos son los nuevos directores que se han hecho cargo de un negocio que requiere revitalización. Después de entablar una relación de consultoría con estos directivos, la función de recursos humanos debería centrar los recursos en sus unidades y proporcionar un apoyo de consulta y preparación intenso.

¿Qué es lo que implica el rol de consultor? Los directivos de recursos humanos pueden poner en contacto a los directivos de unidad con otros directivos innovadores de dentro y de fuera de la compañía, mediante conferencias y visitas. A través de un mejor entendimiento del negocio y de su estrategia competitiva pueden representar un papel de liderazgo señalando a la unidad de negocio cómo realinear su enfoque de la organización y la gestión con su tarea fundamental. Mediante la confrontación de los directivos de línea con el vacío existente entre las palabras y las actuaciones relativas a la renovación, pueden ayudar a los líderes de la revitalización a desarrollar la coherencia que, como hemos visto, era tan importante para realizar el cambio a nivel de unidad.

La alta dirección necesita tomar conciencia de los esfuerzos de revitalización que apoya la función de recursos humanos. La exposición de los esfuerzos que han tenido más éxito servirá tanto para educar a los altos directivos como para persuadirlos del valor de la renovación. El director de recursos humanos debería centrarse en cómo se pretende que los cambios en la organización y gestión ayuden a la unidad a cumplir con su tarea fundamental y a alcanzar los objetivos de rendimiento.

El director de recursos humanos puede convertirse en portavoz del cambio y en consejero de la alta dirección sobre cómo se puede difundir y animar la revitalización. En particular, puede asistir a la dirección en acordar las decisiones de traslado y de promoción con las necesidades de las unidades en proceso de revitalización. Cuando las acciones de la alta dirección amenacen el equilibrio entre la reducción de costes y los esfuerzos de revitalización, el director de recursos humanos debería estar preparado para defender tal equilibrio. Sin embargo, debería recordar que generalmente será más persuasivo apuntar los efectos de un equilibrio sobre la capacidad de la compañía para poner en práctica su estrategia de negocio que sobre la moral del empleado.

Nuestros hallazgos sugieren que el confrontar a la alta dirección con sus incoherencias en su propia dirección no es esencial. Es, quizá, incluso contraproducente al principio del proceso de la revitalización corporativa. Sin embargo, la revitalización de la unidad de la alta dirección es esencial probablemente en la segunda fase. El director de recursos humanos debe de juzgar cuándo la presión para que se produzca el cambio en la cumbre puede ser productiva y actuar debidamente.

La necesidad de apoyar a las unidades de campo con recursos de consultoría obligará a considerar los roles, responsabilidades y capacitaciones dentro de la función de recursos humanos. Será necesario formar un grupo de consultoría interna que pueda trabajar con el creciente círculo de directivos que comienzan a revitalizar sus unidades. Los profesionales de recursos humanos deben recibir entrenamiento en enfoques innovadores de organizar y gestionar y deberían acabar por aprender cómo se aplican a los negocios y a su estrategia competitiva. Deben desarrollar la capacidad de enfrentarse a los problemas y al personal difíciles. Es necesaria una función de educación y formación capaz de apoyar los esfuerzos de revitalización con soluciones a medida en lugar de con programas válidos para toda la corporación. Finalmente, los directivos de recursos humanos deben desarrollar varios medios por los que la alta dirección pueda controlar la revitalización y hacer a los directivos responsables del progreso.

EL LIDER SINDICAL

Aunque en las seis compañías de nuestro estudio no percibimos que los líderes sindicales hubieran sido una fuerza conductora del cambio, en otras que también hemos estudiado sí que jugaron un papel importante. Ya expusimos el papel de liderazgo de Irving Bluestone en los esfuerzos de revitalización de General Motors. El, y otros como él, trabajaron con la dirección en la planificación y puesta en práctica de la revitalización. Los líderes sindicales jugaron un papel principal al ayudar a sus bases a comprender los beneficios que se derivan de la revitalización tanto para ellos como para la compañía. También ejercieron el control sobre las actuaciones de la dirección, asegurando que se tomara en consideración el bienestar de los empleados.

El líder sindical puede comenzar por remodelar su papel. Necesita ser tan activo en la revitalización como en el papel tradicional de representar a los trabajadores en la mesa de negociaciones y en los mítines reivindicativos. Esto le posibilitará influir en la agenda de la revitalización de modo que proteja los intereses del sindicato, al tiempo que asegure que los miembros del mismo aceptan el esfuerzo. Sin embargo, el líder de la revitalización habrá de estimular la capacidad de los líderes sindicales para equilibrar la cooperación con el papel de adversarios tradicionales que esperan los militantes de base.

El líder sindical puede encontrar aliados naturales en los directivos que apoyan la revitalización. Dicho líder se puede encontrar implicado en la toma de decisiones estratégicas y políticas que afecten al sindicato y al curso de la revitalización en la unidad o compañía. El líder sindical se puede convertir en un líder de la revitalización encontrando soluciones creativas que mejoren la eficacia y contribuyan al bienestar de los miembros del sindicato. En resumen, los líderes sindicales deberían ser duros con la dirección, exigiéndole que ésta reconozca al sindicato un papel de socio de pleno derecho en la revitalización.

El líder sindical necesita también articular el modo en que los esfuerzos de revitalización puedan mejorar la seguridad en el empleo a sus miembros y les proporcionen la oportunidad de jugar un papel más estimulante en la empresa. Sus compañeros en las unidades innovadoras tanto de la compañía como de fuera de ella pueden ayudarle a comunicar ese mensaje a los miembros. Las conferencias en torno a unidades innovadoras y las visitas a las mismas pueden ser mecanismos eficaces. Finalmente, el líder sindical debe informarse bien sobre el negocio y sobre los métodos de gestión innovadora.

EL DIRECTOR GENERAL

Los líderes corporativos de aquellas de nuestras empresas que tuvieron más éxito a la hora de efectuar la revitalización reconocieron las limitaciones del cambio programático y las oportunidades inherentes a un proceso de revitalización corporativa menos dramático, pero más fundamental. Aprendieron de las innovaciones y comenzaron a orquestar la transformación a medida que se convencían más.

Después de identificar a las unidades y lo líderes innovadores de una compañía, el director general debe visitar las organizaciones y ver cuáles son los esfuerzos que se realizan. El director puede concentrar en estas unidades recursos de formación, de gestión y de consultoría para ayudarlas a triunfar. Debe estar en contacto periódicamente con ellas, controlando el progreso y aprendiendo más sobre las innovaciones.

El director general puede fomentar la creación de una red de directivos de línea y de especialistas en recursos humanos comprometidos con la revitalización y reunirse con ellos regularmente para evaluar el progreso y plantear las estrategias de otras iniciativas. La corporación debería reconocer públicamente sus esfuerzos mediante discursos y dándole oportunidades de efectuar presentaciones en reuniones de directivos. El director general puede identificar, dentro de este grupo, a aquellos que están preparados para liderar esfuerzos en cualquier parte de la compañía y promocionarlos. Se debería sustituir a los directivos que estén fracasando de manera más visible en la revitalización de sus organizaciones o que tengan problemas con las tareas de liderazgo que requiere la revitalización.

El director general puede utilizar consultores externos y altos ejecutivos de recursos humanos para aprender, controlar y plantear estrategias. Una vez seguro de que puede confiar en que las innovaciones en la gestión puede hacer que la corporación sea más eficaz, puede comenzar a articular su visión y sus expectativas de cambio.

La estrategia del negocio y las políticas financieras se deben examinar cuidadosamente. Las decisiones sobre adquisiciones y endeudamientos son importantes para evitar que las presiones por mejorar a corto plazo los rendimientos financieros abrumen el esfuerzo de revitalización. Un riesgo financiero demasiado elevado puede impulsar al director a tomar decisiones a corto plazo. De modo similar, las decisiones estratégicas pueden afectar a los aspectos de predicción y cíclicos del negocio, haciendo que la inversión continua en recursos humanos sea más o menos difícil.

El director general puede informar y educar al consejo sobre la estrategia de inversión en recursos humanos y la necesidad de mantenerla durante un largo período de tiempo, conectándola con las preocupaciones estratégicas. Los miembros del consejo habrán de implicarse en el desarrollo de una filosofía y una visión de la gestión de la corporación. La revitalización no impide la reducción de costes. El equilibrio entre ambas es clave.

Debe tratarse con el consejo de directores la identificación temprana de aquellos sucesores potenciales que tengan una filosofía coherente con la renovación organizativa. La segunda fase de revitalización —revitalización de la unidad de la alta dirección— ayudará a que se formen varios candidatos. El alto equipo corporativo deberá examinar su proceso de gestión, bajo el liderazgo del CEO. La dirección de un cambio en la cumbre por el camino crítico no es para menos.

UNA ASOCIACION DE LIDERES DEL CAMBIO

Cualquiera de los actores a que nos hemos referido puede comenzar el proceso de revitalización, con la condición de que reconozca el papel único que desempeña y qué es lo que puede hacer y lo que no. El mero comienzo del proceso es el paso más importante.

Sin embargo, la revitalización de una gran corporación requiere que todos los actores del drama se acaben implicando y emprendan las iniciativas que hemos sugerido. En efecto, la transformación de una gran corporación requiere que los líderes del cambio trabajen en equipo. Cada uno de ellos tiene una perspectiva diferente y valiosa. Cada uno tiene el respeto y la lealtad de un «electorado» diferente. Cada uno de ellos es capaz de influir en alguna de las muchas condiciones que requiere la formación a nivel de toda la compañía, pero no en todas. Cada uno necesita ayuda y apoyo de los otros. Juntos pueden triunfar en la creación de la organización corporativa organizada por tareas que pueda sobrevivir y prosperar en los altamente competitivos mercados globales de los noventa y de después.

APENDICE I
Panorama de las compañías

CONTINENTAL GLASS & CONTAINER

Continental Glass & Container comenzó sus operaciones como productor de botellas de vidrio y diversificó la producción con la de otros productos de vidrio, incluyendo objetos de cristal para laboratorio y tubos de televisión. Más adelante, añadió a su línea de producción otros tipos de contenedores, tales como botellas de plástico y cajas de cartón. A fines de los setenta, puso en marcha un programa educativo para directivos medios de alta capacitación y para los 100 ejecutivos más altos. Se contrató a personas de fuera para la función de recursos humanos, con el fin de que estimularan la innovación y el cambio; se puso en funcionamiento una planta innovadora en la que la implicación del personal era muy alta.

Unidades organizativas estudiadas

Crawfordsville.—Planta de envases de vidrio que instauró, con éxito, la alineación de tareas en torno a esfuerzos de mejora de calidad.
Reidsville.—Nueva planta de embalajes que fracasó en sus esfuerzos por implantar un sistema de trabajo con amplia implicación del personal y basado en equipos.

Protagonistas clave

Jim Taylor	CEO
Richard Vanaria	Director de la planta de vidrio de Crawfordsville
Ed Carline	Jefe de la división de envases
Patrick Walsh	Gerente de la planta de Reidsville durante el comienzo

179

FAIRWEATHER CORPORATION

Fairweather Corporation es una firma multinegocios grande y altamente descentralizada, que opera principalmente en los campos de la defensa, los instrumentos de control y la informática. Históricamente, su cultura ha sido autocrática y su rendimiento escaso. El esfuerzo de revitalización se puso en marcha como consecuencia de la profunda creencia de uno de sus ejecutivos clave, Hugh Dorsey, en la importancia de la autoestima de todos los empleados. Con ayuda de una función de recursos humanos muy profesionalizada, dicha creencia se transformó en iniciativas de cambio cultural encabezadas principalmente por Dorsey cuando se trasladó de un lado a otro de la compañía, hasta que llegó a la presidencia de la misma. El Grupo de Defensa de Fairweather se convirtió en líder de la revitalización dentro de la compañía a las órdenes de James Weaver, que sucedió a Dorsey como jefe del mismo.

Unidades organizativas estudiadas

> *Instrumentos de Navegación.*—Unidad de negocio que siguió, con éxito, el camino crítico a la revitalización como parte integral de su giro hacia los mercados de la navegación aérea.

Protagonistas clave

Joseph Brown	Presidente de Fairweather
Hugh Dorsey	Jefe de operaciones informáticas de Fairweather y, posteriormente, presidente de la corporación, en sustitución de Brown
James Weaver	Jefe del Grupo de Defensa
Jerry Simpson	Director general de Instrumentos de Navegación
Herbert Folk	Director general de Productos Especializados

GENERAL PRODUCTS

General Products es, en principio, una compañía de un solo producto con presencia en todos los mercados del mundo, aunque está también presente en otros negocios, incluido el de la defensa. En su producto primario disfrutó de la más alta cuota de mercado a nivel mundial. A fines de los años setenta comenzó a transformarse, en respuesta a la creciente competencia exterior. Los líderes corporativos señalaron como modelo tanto de la nueva tecnología como de las prácticas innovadoras de gestión a una planta nueva. A comienzos de los ochenta, estos ejecutivos habían ideado una estrategia corporativa para difundir las innovaciones que tanto éxito habían tenido en otras plantas y divisiones de General Products.

Unidades organizativas estudiadas

Planta de Carolina del Norte.—Nueva planta innovadora desde el punto de vista organizativo, utilizada como modelo para las actividades futuras de renovación de otras plantas de General Products.
Centro Técnico.—Centro de I + D corporativo que desarrolló, con éxito, la alineación de tareas en torno al proceso de desarrollo de un producto nuevo, después de haber dado varios pasos programáticos en falso.

Protagonistas clave

Tom Watson	Presidente y jefe máximo operativo en el momento del estudio. Más adelante se convirtió en el CEO
William Bryant	Vicepresidente de fabricación, autor de «la estrategia de perfección»
John Merrow	Vicepresidente de operaciones internacionales
Larry Polk	Director corporativo de desarrollo organizativo

LIVINGSTON ELECTRONICS

Livingston Electronics es una empresa de electrónica básica, electrónica para la defensa y electrónica de consumo, que emprendió un gran esfuerzo de diversificación a mediados de los setenta. Dos CEOs sucesivos vendieron los negocios menos prometedores en los ochenta y centraron a los directivos de unidad del negocio en objetivos nuevos y sólidos desde el punto de vista financiero. La compañía comenzó a principios de los ochenta un gran esfuerzo por mejorar la calidad y la productividad dirigido corporativamente. Al mismo tiempo, el vicepresidente ejecutivo de la actividad de defensa incentivó las innovaciones en la práctica de la gestión en varias plantas y divisiones, y un cierto número de estas prácticas se comenzaron a difundir por toda la compañía.

Protagonista clave

Brand Longstreet	CEO

SCRANTON STEEL

Scranton Steel, que fue durante mucho tiempo un productor nacional de acero de primera línea, sufrió en los años setenta las consecuencias de unas malas relaciones entre el sindicato y la dirección y tuvo bajos rendimientos. En 1982, el CEO puso en marcha su esfuerzo de revitalización, después de haber visitado una de las factorías de acero de la compañía y encontrarse con que la implicación de los empleados había cambiado radicalmente la motivación y las relaciones sindicato-dirección. Pronto, muchas otras plantas y unidades de negocio estaban experimentando enfoques innovadores de organización y gestión.

Unidad organizativa estudiada

Factoría de Seattle.—Factoría de acero, cuyos cambios organizativos llevados a cabo con éxito convencieron al presidente de Scranton, Don Singer, de la posibilidad de llevar a cabo, con éxito, la revitalización corporativa.

Protagonistas clave

Donald Singer   Se convirtió en presidente y CEO de Scranton en 1980
Ed Shields   Jefe de operaciones del acero con Singer, promovido para sustituir a Singer como presidente
Gene Bonner   Vicepresidente
Ray Baker   Director de la planta innovadora de Seatle
Bud Boyson   Director de calidad de la vida laboral en la división de construcción

U.S. FINANCIAL

U.S Financial es un gran banco internacional que creció firmemente durante los años setenta. Sin embargo, la compañía se debilitó bajo el entorno altamente competitivo de la desregulación. A principios de los años ochenta, el banco contrató a un nuevo vicepresidente de recursos humanos, procedente de una gran corporación muy conocida por su excelente gestión de tales recursos. El presidente, trabajando estrechamente con su nuevo vicepresidente, inició una intervención en masa diseñada para cambiar la cultura de la organización.

Protagonistas clave

Henry Lester	Nombrado presidente en 1981
Ben Tutt	Contratado por Lester como vicepresidente de recursos humanos para que dirigiese el esfuerzo de cambio cultural
Al Parker	Director general de operación de mercados medios

APENDICE II

Análisis cuantitativo de los datos clínicos y del cuestionario

METODOLOGIA DE LA INVESTIGACION

Recopilación de datos

Los datos que constituyen la base de las observaciones y conclusiones de este libro proceden de diversas fuentes. Las primeras y más significativas fueron las entrevistas personales con los empleados de las seis corporaciones que constituían el objeto de nuestro estudio.

Como quiera que la revitalización es un proceso, necesitábamos hacer algo más que tomar una simple instantánea de una compañía en un momento determinado. Por tanto, nos mantuvimos en contacto con ellas y volvimos al menos dos o tres años después de nuestro contacto inicial, unas veces para realizar más entrevistas y otras para realimentar los resultados de nuestra encuesta. Las relaciones entabladas con motivo de nuestra investigación se extendieron, en conjunto, entre tres y cuatro años.

Además de las seis empresas de la investigación primaria, visitamos una media docena de otras que estaban realizando esfuerzos de revitalización. Aunque los estudiamos con menor detalle, utilizamos a estos lugares secundarios para chequear y extender la teoría de la revitalización corporativa que desarrollamos en nuestras empresas primarias.

Las entrevistas se realizaron en las seis compañías entre finales de 1983 y de 1985. Hablamos con empleados de todos los niveles de las organizaciones: obreros, líderes sindicales, directivos de niveles medio y alto, personal de apoyo, personal de la función de recursos humanos corporativos y de la alta dirección corporativa. Este amplio ámbito de entrevistas fue crítico porque resultaba imperativo que mantuviéramos las opiniones (o incluso la propaganda) relativas al progreso o a la falta de progreso de la compañía

185

separadas de la revitalización real. Nuestro enfoque polifacético y multinivel nos permitió contemplar el esfuerzo de revitalización desde todas las perspectivas posibles. Pudimos aislar las opiniones individuales, tanto las expresadas por el servidor de una máquina como por el CEO de la compañía, de la opinión general sobre cómo se estaba desarrollando realmente el proceso de renovación.

Estas entrevistas no fueron las únicas fuentes de datos, por mucha importancia que tuvieran. En primer lugar utilizamos como fuente documentos relativos al esfuerzo de renovación, cuando pudimos disponer de ellos. Las compañías compartieron generosamente sus memorias, informes y vídeos. Varias encuestas internas sobre actitudes tuvieron un valor especial. La investigación se benefició también de las observaciones de uno de sus autores que fue consultor de tres de las compañías: Continental Glass & Containers, Fairweather y General Products. Esa relación precedió a veces a las fases iniciales de la investigación y otras fue posterior. El autor/consultor no tuvo en ninguno de los casos un papel central en ayudar a la alta dirección a planificar y dirigir la transformación corporativa. Sin embargo, en algunos casos, la relación de consultor permitió tener un acceso particular a las labores internas de gestión según se desarrollaba el proceso de revitalización.

Al igual que con las entrevistas, no consideramos a ninguna fuente de datos como definitiva. En lugar de ello, contrastamos toda la información con otras fuentes con el fin de acercarnos lo más posible a lo que podría llamarse «la verdad».

Al concluir la primera fase de nuestra investigación, se pusieron de manifiesto varios hallazgos preliminares y conformaron la fase siguiente de la recopilación y análisis de los datos. Primero, las seis compañías diferían significativamente por el alcance de su revitalización. Segundo, quedó claro que las transformaciones corporativas dependían de la innovación, con éxito, de la organización y gestión de unas cuantas plantas o divisiones y de que después se extendieran estos cambios a otras unidades. De manera que para entender la renovación corporativa había que entender cómo se revitalizaron las unidades organizativas. Finalmente, comenzamos a formular ideas acerca de cómo se relacionaba el cambio que triunfaba en un círculo cada vez mayor de subunidades con el contexto corporativo en el que se producían, lo que es un aspecto crucial de nuestra teoría de la revitalización.

Datos clínicos

Nuestras observaciones iniciales las obtuvimos en informes de casos. Cuando comenzaron a surgir hipótesis sobre el proceso de transformación, desarrollamos un conjunto de escalas de valoración ancladas en el comportamiento, cada una de las cuales medía un elemento de nuestra naciente teoría de la revitalización. El fin de las escalas era proporcionar un medio de comparar sistemáticamente varios lugares a lo largo de un conjunto de dimensiones teóricamente importantes. El análisis estadístico de los datos ayudó también a asegurar que a la hora de desarrollar nuestra teoría de la revitalización no diéramos, involuntariamente, excesiva importancia a los resultados de unos cuantos esfuerzos radicales.

Se crearon escalas de valoración para evaluar tres áreas:

- Alcance y naturaleza de la revitalización.
- Estrategias de revitalización utilizadas.
- Liderazgo del esfuerzo de revitalización.

Aplicamos estas escalas a cada una de las plantas y divisiones que visitamos. En los casos en que dos investigadores de campo tenían datos de la misma organización, ambos valoraban la unidad visitada y se promediaban sus valoraciones. En el Apéndice III se ofrece el conjunto de escalas.

Para medir el éxito global del esfuerzo de revitalización de una planta o división dadas, evaluamos la dimensión de la mejora en las cuatro áreas sustantivas —coordinación interfuncional, toma de decisiones, organización del trabajo y preocupación por el personal— que los directivos de nuestras compañías citaron más frecuentemente como objetivos de sus esfuerzos de revitalización. La mejora de estas áreas se midió utilizando un conjunto de puntos adaptados de la Encuesta de Organizaciones, encuesta estandarizada sobre el clima organizativo creada por el Instituto de Investigación Social de la Universidad de Michigan. Estos puntos se eligieron también porque se habían encontrado en investigaciones previas tendentes a predecir el rendimiento económico a largo plazo [1]. De nuevo se crearon baremos de comportamiento para cada punto de la escala.

Datos del cuestionario

Con el fin de efectuar un chequeo adicional de nuestras observaciones clínicas, enviamos cuestionarios sobre diversos aspectos del proceso de revitalización a todos los individuos que habíamos entrevistado en cada una de las seis compañías. Se pidió a los ejecutivos corporativos que valoraran el proceso de revitalización de la compañía, mientras que a los ejecutivos de divisiones y de plantas se les pidió que evaluaran los esfuerzos de revitalización en sus unidades particulares.

La mejor medida de los resultados la volvió a proporcionar la escala de evaluación de la mejora del funcionamiento organizativo de la Encuesta de Organizaciones. Para simplificar el cuestionario no utilizamos baremos de comportamiento. Se pidió a los encuestados que evaluaran la amplitud con que se producían los comportamientos descritos en cada uno de los puntos de acuerdo con una escala de uno a cinco que iba desde «mucho menos que

---

[1] D. R. DENNISON, «Bringing Corporate Culture to the Bottom Line», *Organizational Dynamics,* 13 (otoño 1984), pp. 4-22.

antes de que comenzara el cambio» a «mucho más que antes de que comenzaran los esfuerzos de cambio» [2].

Se crearon variables adicionales para evaluar el alcance del apoyo a la revitalización, los efectos globales de la revitalización sobre los comportamientos reales de los empleados en el puesto de trabajo y el modo en que los encuestados percibían el impacto de la revitalización sobre el rendimiento financiero y sobre el «bienestar individual» de los empleados. El conjunto completo de escalas del cuestionario y los puntos que las componen se presentan en el Apéndice IV.

RELACION ENTRE ESTRATEGIAS Y RESULTADOS A NIVEL DE UNIDAD: RESULTADOS CUANTITATIVOS

Presentamos los resultados cuantitativos en tres secciones, que se corresponden con el argumento desarrollado en el cuerpo principal de este libro.

- Estrategias de revitalización a nivel de unidad, tal como se presentaron en los capítulos 3 y 4.
- Diferencias en resultados corporativos, estrategias de revitalización y foco del cambio, tal como se discutieron en los capítulos 5 y 6.
- Liderazgo de la revitalización a niveles de unidad y corporativo, tal como se describió en el capítulo 7.

Ha de hacerse una advertencia importante. Los niveles de significación estadística utilizados en las tablas que se presentan a continuación han de interpretarse con cierta precaución, ya que estamos midiendo la misma muestra utilizada para desarrollar nuestra teoría de revitalización organizativa. Se trata más de generar una hipótesis que de verificarla. Estos análisis estadísticos no ofrecen una prueba definitiva de las teorías presentadas en el libro. Más bien se presentan para permitir al lector seguir y evaluar la lógica de inferencia que nos lleva de los datos en bruto a la teoría que presentamos.

Estrategias de revitalización a nivel de unidad

Datos clínicos. En la Tabla 1, la valoración efectuada por el investigador de la utilización de varias estrategias de revitalización, así como de las presiones externas económicas y del negocio para cada unidad organizativa se han correlacionado con las valoraciones efectuadas por el investigador del alcance de la revitalización global. Además, la tercera de las unidades que más ha mejorado en la revitalización organizativa se comparó con la tercera que había cambiado menos; el porcentaje de los líderes de la

---

[2] C. ARGYRIS y D. A. SCHON, *Organizational Learning* (Reading, MA, Addison-Wesley, 1978).

Tabla 1.—Correlaciones entre las valoraciones efectuadas por los investigadores
de las estrategias de los cambios de unidad y de la revitalización organizativa

Variables	Alcance de la revitalización organizativa	Razón entre líderes y rezagadas [1]
Estrategias de cambio		
[Movilización de energía]		
Presión por parte de la alta dirección	0,09	100%:100%
Presión del rendimiento financiero	0,35	100%:75%
Presión del entorno competitivo	0,13	89%:78%
Cambio influido por un modelo	0,13	88%:56%
El modelo era externo	−0,24	14%:44%
El modelo era interno	−0,08	75%:44%
[Desarrollo de una visión de alineación de tareas]		
Alineación con cuestiones del negocio	0,47**	100%:56%[2]
Redefinición de roles, relaciones y responsabilidades	0,45*	100%:66%
Nuevos canales de información	0,69***	100%:29%
Proceso participativo para crear la visión	0,43*	66%:25%
Visión/articulación del estado final	0,25	63%:25%
[Patrocinio del consenso, la competencia y la cohesión]		
Objetivos por comportamiento	0,45*	89%:33%
Objetivos por resultados	0,26	89%:86%
Sustitución de directivos clave	0,21	50%:17%
[Empleo de formación, misiones, etc.]		
Utilización de programas	0,15	66%:86%

N = 26 unidades
*p < 0,05
**p < 0,01
***p < 0,001

[1] Se han comparado las nueve unidades que han obtenido mayor puntuación relativa al alcance de la revitalización con las nueve que han obtenido menos. Cuando los investigadores no han dispuesto de información suficiente para realizar una valoración precisa de una variable, han omitido tal valoración. Como consecuencia, en algunos casos los porcentajes pueden basarse en un número de respuestas inferior a nueve.

[2] Para aquellas medidas valoradas sobre una escala de cinco puntos, la codificación de las puntuaciones representa la utilización de una estrategia, mientras que la de tres e inferiores representa la no utilización de esa estrategia.

revitalización de estas unidades que cumplía cada una de las características se comparó con el porcentaje de las rezagadas en la revitalización.

Las variables consideradas se han ordenado aproximadamente de acuerdo con la secuencia en que se produjeron en el camino crítico. Sin embargo, ha de notarse que los datos que se presentan en la Tabla 1 se recopilaron en un determinado momento. Así, aunque los resultados muestran el alcance de la utilización de varias estrategias, así como su correlación bivariable con la revitalización organizativa, no nos permite determinar si las estrategias se emplearon en el orden particular implicado por el camino crítico.

Sugerimos que en el paso de movilización de energía del camino crítico, los procesos de revitalización que más éxito tuvieron se produjeron en unidades que afrontaban presiones para mejorar el rendimiento y en unidades influidas por otra organización modelo. Ambas hipótesis se vieron apoyadas por correlaciones positivas —aunque no significativas— entre el alcance de la revitalización organizativa y las medidas tanto de presión como de uso de un modelo. Quizá una de las razones por las que hubo una diferencia relativamente pequeña entre las unidades líderes y las rezagadas en las tres valoraciones de la influencia de la presión para obtener rendimientos fue que casi todas las unidades —ya triunfaran en la revitalización o no— se encontraban sometidas a presión.

Comparadas con las unidades rezagadas, las líderes fueron más aptas para utilizar modelos internos y menos para utilizar modelos externos. Esto no es sorprendente, dado que hemos sugerido que los modelos internos se tienden a ver como más pertinentes que los externos. Encontramos una correlación débil en la utilización de los modelos, aunque las unidades líderes tendían a emplear el modelo con más frecuencia que las rezagadas.

En el capítulo 4 argumentamos que durante el paso siguiente por el camino crítico, desarrollo de una visión de alineación de tareas, las unidades organizativas necesitaban hacer varias cosas:

- Establecer un vínculo claro y ampliamente entendido entre los problemas del negocio y la revitalización (medida por la variable-alineación con las cuestiones del negocio).
- Cambiar los roles, responsabilidades y relaciones de la organización con el fin de mejorar el rendimiento financiero (redefinición de roles, responsabilidades y relaciones).
- Crear nuevos canales de información en la organización, bien entre funciones, bien entre la cumbre y la parte más inferior de la organización. Estos cambios se producen generalmente como subproductos de la nueva organización *ad hoc* (canales de información nuevos).
- Desarrollar un proceso de revitalización participativo (planificación de la diagnosis y de la acción) que produzca una visión compartida del estado futuro de la organización que se desea alcanzar (proceso de participación).

Hubo significativas correlaciones positivas entre la utilización de cada una de estas estrategias y el alcance de la revitalización organizativa.

De hecho, las tres primeras estrategias de revitalización se utilizaron en todas las nueve unidades que presentaron el cambio mayor. La estrategia final que según nuestra hipótesis era importante para la conclusión con éxito de este paso —articular una visión del estado final de la revitalización— caracterizó a un porcentaje sustancialmente mayor de las unidades líderes de la revitalización que de las rezagadas. Sin embargo, esta relación no fue significativa estadísticamente.

Mantuvimos en el capítulo 4 que cuando los líderes de la revitalización se mueven hacia el punto del camino crítico en que procuran promover el consenso, la competencia y la cohesión es importante que se haga a los empleados responsables de comportarse de manera coherente con la organización revitalizada. Esto se ve apoyado por los datos. Hubo también una correlación positiva no significativa entre la revitalización y otras dos estrategias que sugerimos tendían a caracterizar los esfuerzos de renovación que tuvieron más éxito —la sustitución de directivos clave que no se ajustaron a los objetivos de comportamiento del esfuerzo de la revitalización y el hecho de que un director general proporcionara objetivos claros de rendimiento global para su unidad.

Hemos argumentado que aunque programas tales como los de formación y los círculos de calidad que surgen de un proceso de cambio de camino crítico participativo pueden jugar un papel de apoyo variable, estos programas no llevan a una transformación con éxito cuando constituyen el principal vehículo para la revitalización. El éxito de la revitalización se relaciona menos con el hecho de que se utilicen programas o no que con el *modo* en que se utilizan. De acuerdo con estas opiniones, los esfuerzos de revitalización programáticos no distinguieron entre nuestras plantas y divisiones líderes y rezagadas. Sin embargo, lo que es interesante, un porcentaje algo mayor de unidades rezagadas (86 por 100) que de unidades líderes (66 por 100) utilizaron los programas.

Datos del cuestionario.   En la Tabla 2 se muestran las relaciones entre las variables del cuestionario que miden la utilización de las distintas estrategias de cambio que, según nuestra hipótesis, contribuyen al éxito de la revitalización y el conjunto de las medidas de resultados. Además, se dan las medidas para cada estrategia de cambio. Como estamos interesados en analizar las transformaciones organizativas, todas las estadísticas de la Tabla 2 están basadas en los porcentajes de la unidad para cada una de las 26 plantas y divisiones examinadas.

Generalmente, los resultados son consecuentes con nuestro modelo de revitalización. Una variable compuesta formada por puntos que miden las siete estrategias de cambios listados en la Tabla 1 está correlacionada consistente y positivamente, de manera significativa, con el conjunto de variables dependientes. El éxito de la revitalización fue más probable en aquellos casos en que los directores de unidad habían llegado a formar parte de una red más amplia que apoyaba el cambio, en la que se proporcionó formación en los nuevos métodos de gestión y en la que los individuos sintieron que sus posibilidades de promoción se verían afectadas positivamente si apoyaban el esfuerzo de revitalización.

Sorprendentemente, la existencia de organizaciones modelo en la compañía y la difusión del cambio mediante el traslado de directivos comprometidos o mediante conferencias y visitas no se asoció positivamente con las medidas dependientes. De hecho, el traslado de directivos comprometidos se

Tabla 2.—Efectos de las estrategias de cambio sobre los resultados de 26 plantas y divisiones

	Media[1]	Alcance de la revitalización organizativa	Respuestas a la encuesta entre los empleados			
			Apoyo al cambio	Mejora del negocio	Mejora del «personal»	Cambio en el comportamiento
Estrategia de cambio empleadas						
Organizaciones modelo en la compañía	2,94 (0,18)	0,20	0,28	0,12	0,38	−0,17
Difusión del cambio mediante el traslado de directivos comprometidos	2,38 (0,14)	−0,07	−0,27	−0,23	−0,25	−0,34
Las conferencias y las visitas difunden el cambio	3,31 (0,17)	0,15	0,30	0,23	0,40*	0,07
Red de agentes del cambio	2,98 (0,18)	0,59***	0,62***	0,41*	0,50**	0,47**
Educación en los nuevos métodos	3,84 (0,19)	0,62***	0,63***	0,58**	0,48**	0,31
Empleo de la sucesión	3,35 (0,18)	0,31*	0,40*	0,36	0,29	0,69***
Empleo de la evaluación	3,58 (0,12)	0,24	0,42*	0,30	0,33	0,45*

Utilización global de las estrategias de cambio	3,09 (0,09)	0,47*	0,58***	0,39*	0,55***	0,38*
Razones para el cambio						
Mejora del bienestar de los empleados	2,42 (0,19)	0,72***	0,72***	0,44*	0,68***	0,47*
Mejora del negocio	3,95 (0,14)	−0,23	−0,06	0,08	−0,27	0,12
Apoyo al cambio						
Apoyo al cambio	3,44 (0,13)	0,80***	0,80***	0,71***	0,81***	0,77***
Énfasis en la reducción de costes						
Reducción de costes mediante recortes de salarios o de la plantilla	4,02 (0,17)	−0,35	−0,35	−0,20	−0,69***	−0,15

N = 26 plantas y divisiones
*p < 0,05
**p < 0,01
***p < 0,001

[1] Los márgenes de error se dan entre paréntesis bajo cada una de las medias.

relacionó negativa, aunque no significativamente, con un cierto número de medidas de resultados.

Se podría argumentar también que dada su perspectiva local, los directores de unidad puede que no hayan sido capaces de juzgar con precisión el alcance del papel jugado en la expansión de la renovación en el interior de su organización por los modelos corporativos, el traslado de directivos fuera y dentro de su unidad y las conferencias y las visitas. Estos argumentos adquieren más consistencia cuando consideramos que los datos de los directivos corporativos que presentamos en la Tabla 3 apoyan la conclusión de que dos de las estrategias, las organizaciones modelos y las conferencias y visitas, contribuyen significativamente a la revitalización corporativa.

Una explicación de estos resultados equívocos es que todas estas tres cuestiones sugieren que las ideas principales para el cambio proceden del exterior —del ejemplo de otras unidades, de directivos transferidos de ellas o de ideas captadas en las conferencias. Nosotros hemos sugerido ya que para que una transformación organizativa tenga éxito, los que trabajan en la unidad han de tener un sentido de propiedad personal. Deben de creer que se ha dado una solución a la organización acorde con sus necesidades particulares. Cuando los encuestados leyeron estas tres preguntas pudieron darse cuenta de que les estábamos preguntando si sus unidades habían adoptado para su nuevo enfoque de la gestión algo ya existente o estos nuevos enfoques se habían formado expresamente para su organización.

La Tabla 2 proporciona otras perspectivas del proceso de revitalización. La comparación de las medias sugiere que los entrevistados consideraban que los esfuerzos de cambio era más probable que se produjeran como resultado de los intentos de la dirección de su unidad de mejorar los resultados del negocio que de mejorar el bienestar de los empleados (t = 5,90 p < 0,0001). Sin embargo, los resultados ponen de manifiesto con bastante contundencia que sólo se produjo la revitalización allí donde los encuestados sintieron que la alta dirección estaba también comprometida con sus intereses.

La explicación de esta constatación reside, presumiblemente, en la fuerte relación existente entre los intentos de mejorar el bienestar y el apoyo al cambio de los empleados, una variable que, a su vez, está muy relacionada con nuestras medidas de resultados. La alineación de tareas sólo es una estrategia eficaz cuando es un compromiso compartido por el cambio, y este compromiso sólo es probable que se dé cuando se percibe que el cambio interesa a un amplio espectro de los miembros de la organización. Hemos visto que es difícil conseguir esta comunidad de intereses cuando el objetivo primario de la estrategia de cambio es bajar los costes mediante la reducción del salario o de la plantilla. Por eso no es sorprendente que haya una fuerte asociación negativa entre el empleo de una estrategia de reducción de costes y la percepción de que los individuos de la organización se encuentran mejor y hay correlaciones negativas, aunque no significativas, entre la utilización de esta estrategia y el apoyo al cambio y el éxito de la revitalización.

Tabla 3.—Resultados y estrategias de la revitalización corporativa

	Media de todas las compañías	General Products	Fair-weather	Livingston Electronics	Scranton Steel	Continental Glass	U.S. Financial
Alcance de la revitalización original							
Coordinación interfuncional	3,46 (0,10)	3,85[a] (0,12)	3,70[a] (0,14)	3,50 (0,23)	3,50 (0,31)	2,72[b] (0,21)	2,92 (0,43)
Toma de decisiones organizativas	3,56 (0,10)	4,03[a] (0,10)	3,70 (0,19)	3,61 (0,18)	3,61 (0,23)	2,88[b] (0,33)	2,83[b] (0,56)
Organización del trabajo	3,52 (0,10)	4,05[a] (0,12)	3,31 (0,16)	3,75[a] (0,19)	3,36 (0,22)	3,31 (0,31)	2,62[b] (0,47)
Preocupación por el personal	3,43 (0,11)	4,14[a] (0,13)	3,76 (0,15)	3,45 (0,22)	2,85[b] (0,22)	2,70[b] (0,29)	2,86[b] (0,42)
Alcance de la revitalización organizativa (promedio)	3,49 (0,09)	4,04[a] (0,09)	3,58 (0,12)	3,61 (0,18)	3,3 (0,22)	2,96[b] (0,28)	2,78[b] (0,44)
Estrategias de cambio							
Organizaciones modelo en la compañía	3,96 (0,13)	4,86[b] (0,10)	4,20 (0,17)	4,17 (0,13)	3,00[b] (0,44)	3,50[b] (0,57)	2,67[b] (0,42)

Tabla 3.—Resultados y estrategias de la revitalización corporativa (continuación)

	Media de todas las compañías	General Products	Fair-weather	Livingston Electronics	Scranton Steel	Continental Glass	U.S. Financial
Las conferencias y las visitas difunden el cambio	3,48 (0,15)	4,78^a (0,11)	3,60^b (0,25)	3,65^b (0,23)	2,89^b (0,39)	2,33^b (0,35)	2,12^b (0,56)
Red de agentes del cambio	3,01 (0,14)	3,86^a (0,21)	3,20 (0,26)	2,88 (0,28)	2,33^b (0,33)	2,63 (0,42)	2,50 (0,50)
Educación en los nuevos métodos	3,38 (0,16)	4,86^a (0,10)	3,87^1 (0,22)	2,76^b (0,29)	2,66^{b2} (0,41)	2,37^{b2} (0,38)	2,83^b (0,54)
Difusión del cambio mediante el traslado de directivos comprometidos con el mismo	3,01 (0,14)	3,71 (0,29)	2,73 (0,23)	2,82 (0,29)	2,77 (0,40)	3,37 (0,46)	2,50 (0,43)
Empleo de la sucesión	3,50 (0,11)	3,14 (0,27)	3,50 (0,21)	3,29 (0,15)	3,61 (0,31)	4,25 (0,30)	3,75 (0,46)
Empleo de la evaluación	3,33 (0,11)	3,57 (0,20)	3,13 (0,20)	3,11 (0,26)	3,05 (0,35)	3,81 (0,19)	3,67 (0,40)
Empleo de la revitalización corporativa. Estrategias (promedio)	3,38 (0,09)	4,11^a (0,10)	3,46^b (0,15)	3,24^b (0,15)	2,90^b (0,27)	3,15^b (0,25)	2,89^b (0,23)

[1] Las medias que son significativamente diferentes a niveles de $p < 0,05$ tienen diferentes números sobreescritos. Por ejemplo, la media x,xx^a es significativamente diferente de la media x,xx^b y la media x,xx^1 es significativamente distinta de la media x,xx^2. Los niveles de significación se calcularon utilizando el test de Turkey. Los márgenes de error se dan entre paréntesis debajo de cada una de las medias.

Diferencias en los resultados corporativos, las estrategias de revitalización y el foco del cambio

Medidas del resultado. La Tabla 3 contiene una comparación estadística de las seis compañías de nuestra muestra, basada en las encuestas realizadas entre los ejecutivos de línea y de recursos humanos entrevistados a nivel corporativo. No se realizaron escalas de valoración del investigador para comparar a las seis compañías a este nivel.

La Tabla 3 apoya nuestra evaluación de General Products como la compañía que ha tenido más éxito en la revitalización, así como nuestra opinión de que las más rezagadas en la revitalización fueron Continental Glass y U.S. Financial. General Products tiene una puntuación significativamente más alta en la medida de la mejora organizativa que las dos firmas últimas. De hecho, las valoraciones de los entrevistados de Continental y de U.S. Financial sugieren que estas compañías están ligeramente peor desde el punto de vista organizativo ahora que antes de que comenzara el proceso de cambio.

Estrategias de cambio. General Products era también más apta para utilizar un cierto número de las estrategias de cambio corporativo medidas por el cuestionario. La Tabla 3 muestra que la compañía se valoró significativamente más alta que Continental o que U.S. Financial en la utilización de organizaciones modelo, educación y conferencias y planes de visitas para difundir la revitalización. Finalmente, los entrevistados de General Products dieron la valoración más alta de nuestra muestra en el apartado de la red de agentes de cambio de la gestión, aunque su puntuación no fue significativamente mayor que la alcanzada en cualquiera de las otras compañías, excepto Scranton Steel. Cuando todas las estrategias de cambio corporativo medidas en el cuestionario se promediaron en una sola variable compuesta, General Products volvió a tener una puntuación más alta que cualquiera de las otras compañías examinadas.

Carácter del esfuerzo de revitalización corporativa. La Tabla 4 resume las valoraciones de los encuestados de una serie de puntos que caracterizan la naturaleza de los cambios producidos en cada una de las seis compañías. Estos puntos se han dividido para mostrar el énfasis relativo puesto por cada una de las compañías en la reducción de costes como opuesta a la inversión en recursos humanos. Los últimos cambios se han dividido, a su vez, en dos grupos. En el primero están los cambios ligados directamente al rendimiento por tareas: incremento de la responsabilidad por los beneficios, la calidad y el servicio al cliente o el desarrollo de mejores mecanismos organizativos de cooperación y coordinación entre unidades organizativas interdependientes. En el segundo se encuentran los cambios orientados al personal, tales como el desarrollo de las capacidades de relación interpersonal de los empleados, el incremento de la influencia del personal o de la confianza entre los grupos. Estos cambios son críticos a la hora de capacitar para el éxito una revitalización corporativa, particularmente en ganarse la aceptación del empleado, pero se podía esperar que tuviesen más

Tabla 4.—Carácter del cambio corporativo[1]

	Medias globales	General Products — 1	Fair-weather — 2	Livingston Electronics — 3	Scranton Steel — 4	Continental Glass — 5	U.S. Financial — 6
Rango de la revitalización según el investigador	4,46 (0,10)	4,36 (0,20)	3,80ᵇ (0,31)	4,44 (0,17)	5,00ᵃ (0,00)	4,90ᵃ (0,10)	4,83ᵃ (0,17)
Estrategia de reducción de costes							
Reducción de costes mediante reducción de salarios o de puestos de trabajo							
Estrategia de inversión en recursos humanos							
Énfasis en la tarea							
Incremento de la responsabilidad por resultados	3,86 (0,11)	4,14 (0,25)	3,47 (0,24)	4,00 (0,21)	4,00 (0,29)	3,70 (0,30)	3,83 (0,48)
Incremento de la influencia del empleado	3,39 (0,11)	3,86ᵃ (0,21)	3,80ᵃ (0,20)	3,39 (0,23)	3,22 (0,30)	2,70ᵇ (0,33)	2,66 (0,33)
Mejora de la coordinación entre los grupos	3,18 (0,15)	3,64ᵃ (0,25)	4,20ᵃ (0,17)	3,00 (0,29)	2,78 (0,43)	2,40ᵇ (0,34)	2,00ᵇ (0,52)
Incremento de la delegación de autoridad	3,49 (0,11)	3,42 (0,20)	3,27 (0,28)	3,77 (0,21)	3,77 (0,32)	3,20 (0,25)	3,33 (0,49)
Énfasis en la tarea global (promedio)	3,48 (0,08)	3,77ᵃ (0,17)	3,68ᵃ (0,11)	3,54 (0,18)	3,44 (0,22)	3,00ᵇ (0,22)	2,96ᵇ (0,36)
Énfasis en el personal							
Compartición de poder e igualación de estatus	2,67 (0,11)	2,85ᵃ (0,25)	3,13ᵃ (0,17)	2,56 (0,20)	3,22ᵃ (0,28)	1,90ᵇ (0,31)	1,83ᵇ (0,40)

Incremento de la influencia del empleado sobre el modo en que se le trata	3,11 (0,12)	3,50[a] (0,20)	3,73[a] (0,18)	3,22[a] (0,24)	2,78 (0,22)	2,10[b] (0,38)	2,40 (0,24)
Desarrollo de las capacidades del personal	3,31 (0,12)	4,23[b] (0,15)	3,33[b] (0,23)	3,22[b] (0,22)	2,88[b] (0,26)	2,40[b] (0,27)	3,50 (0,56)
Incremento de la confianza entre los grupos	3,18 (0,12)	4,00[a1] (0,15)	3,53[a] (0,17)	3,05[a2] (0,24)	3,33[a] (0,29)	2,00[b2] (0,26)	2,50[2] (0,34)
Énfasis global en el personal (promedio)	3,06 (0,09)	3,64[a1] (0,15)	3,43[1] (0,12)	3,01 (0,18)	3,05 (0,18)	2,10[b2] (0,24)	2,57[b] (0,28)
Inversión global en recursos humanos (énfasis en la tarea + énfasis en el personal)	3,27 (0,08)	3,71[a] (0,15)	3,56[a] (0,09)	3,28 (0,16)	3,25 (0,19)	2,55[b] (0,20)	2,76[b] (0,29)
Puntuaciones que ponen de relieve el equilibrio							
Diferencia entre reducción de costes e inversión en recursos humanos	1,19 (0,13)	0,67[b] (0,25)	0,24[b2] (0,30)	1,61[1] (0,21)	1,75[1] (0,19)	2,35[a1] (0,20)	2,13[a1] (0,30)
Diferencia entre la preocupación por la tarea y la preocupación por el personal	0,42 (0,07)	0,13[b] (0,12)	0,25 (0,15)	0,53 (0,13)	0,39 (0,14)	0,90[a] (0,22)	0,39 (0,32)

[1] Las medias que son significativamente diferentes a nivel de $p < 0{,}05$ tienen diferentes números sobreescritos. Por ejemplo, la media x,xx[a] es significativamente diferente a la media x,xx[b] y la media x,xx[1] es significativamente distinta de la media x,xx[2]. Los niveles de significación se calcularon utilizando el test de Tukey. Los márgenes de error se dan entre paréntesis debajo de cada una de las medias.

que un impacto indirecto y quizá a largo plazo sobre los resultados económicos.

Las medias corporativas globales sugieren que las transformaciones que tienen lugar en nuestras compañías están centradas más en los cambios con mayor impacto inmediato en el sector más inferior de la empresa —reducciones de personal y/o de salarios y de beneficios— que en aquellos que representan algo más que una inversión en el desarrollo de los recursos humanos (t = 8,89, p < 0,0001). Además, incluso dentro de la categoría de inversión en recursos humanos se puso más un énfasis en aquellos cambios que estaban ligados más directamente al rendimiento por tareas que a los cambios más orientados hacia el personal (t = 5,97, p < 0,0001). Estos mismos énfasis relativos estuvieron presentes en las seis compañías.

Sin embargo, los resultados sugieren también sustancialmente un mejor equilibrio en el énfasis puesto en ambas estrategias en nuestras compañías líderes que en las rezagadas. Las diferencias en las prioridades entre la reducción de coste y la inversión en recursos humanos fueron significativamente menores en General Products y Fairweather que en Continental Glass y U.S. Financial. Además, se vio que General Products y Fairweather enfatizaron significativamente más los cambios de inversión en recursos humanos que U.S. Financial y Continental Glass. Al contrario, el acento en la reducción de costes fue significativamente mayor en Scranton Steel, Continental Glass y U.S. Financial que en Fairweather. Finalmente, las diferencias entre la preocupación por el personal y la preocupación por las tareas fueron significativamente menores en General Products que en Continental.

Estos resultados sugieren que nuestras compañías líderes, General Products y Fairweather, fueron más capaces de mantener los delicados equilibrios entre la reducción de costes y la inversión en recursos humanos, entre la preocupación por las tareas y la preocupación por el personal, que sugerimos en el capítulo 6 que era esencial para que triunfaran los esfuerzos de renovación. Además, los datos sugieren, aunque no demuestran inequívocamente, que los equilibrios superiores entre reducción de costes e inversión en General Products y Fairweather se consiguieron en parte porque estas compañías no pusieron tanto acento en la reducción de costes como las rezagadas.

El liderazgo de la revitalización

El papel del líder de la unidad en la gestión del cambio.   La Tabla 5 muestra la correlación de las valoraciones efectuadas por el investigador evaluando hasta qué punto los líderes del cambio modelan el estilo de gestión adoptado. Se da también la relación entre las compañías líderes del cambio y las rezagadas, en esta cuestión. En la Tabla 6 se muestran las relaciones entre los resultados de la encuesta de evaluación del liderazgo de revitalización de la unidad y varias variables.

Tabla 5.—Liderazgo del cambio de la unidad (valoración del investigador)

Variable	Extensión de la revitalización organizativa	Razón líderes/ rezagadas
Liderazgo del cambio		
El líder modela el nuevo estilo	0,44*	88%:50%
N = 26 plantas y divisiones		
*p < 0,05		
**p < 0,01		
***p < 0,001		

Ambas tablas ponen de manifiesto la importancia que tienen las acciones de la unidad de la alta dirección en los esfuerzos de revitalización que triunfan. Las valoraciones del investigador muestran en la Tabla 5 una correlación significativa entre los directores generales de unidad que modelan el nuevo estilo de gestión y el alcance de la revitalización. En el 88 por 100 de las unidades que más cambiaron, las personas con quienes hablamos consideraron que el líder formal actuó de manera consecuente con la dirección de la renovación que expuso y sirvió de modelo para el resto de la organización. Esto sólo fue verdad para la mitad de las unidades rezagadas. Estos resultados se ven también apoyados por los resultados de la encuesta presentados en la Tabla 6. Tales resultados sugieren que, aunque tiene algún valor que un equipo de alta dirección de unidad apoye públicamente la renovación, los resultados del cambio son mejores cuando el equipo de la alta dirección aplica realmente el proceso de cambio a sí mismo[2]. Sin embargo, a pesar de la importancia que tiene practicar lo que se predica, la comparación de las medias de estas dos escalas pone de manifiesto que es más común a los equipos de alta dirección a nivel de unidad exponer la importancia del cambio que examinar y modificar realmente su propio comportamiento (t = 3,93, p < 0,001).

Liderazgo del cambio corporativo.   No hubo diferencias significativas entre las seis compañías respecto a las variables que evaluaban el liderazgo del cambio, resumidas en la Tabla 7. Sin embargo, hay correspondencia entre la dimensión que tuvo el hecho de que el cambio se viera conducido por las iniciativas de los directores de plantas y divisiones innovadoras y la dimensión de la revitalización global. Estos resultados apoyan en parte nuestra conclusión de que los líderes de unidad y la renovación a nivel de unidad son claves para la renovación corporativa, particularmente en los primeros años.

Un cierto número de otras tendencias no significativas mostradas por los datos son consecuentes también con nuestras observaciones clínicas. Por ejemplo, se consideró que la alta dirección de General Products impulsaba la renovación más que la dirección de cualquiera de las otras compañías; sin embargo, obtuvo una valoración menor en la coherencia de la gestión que

Tabla 6.—Efectos del liderazgo de la revitalización sobre los resultados en 26 unidades

	Media	Extensión de la revitalización	Respuestas a la encuesta realizada entre los empleados			
			Apoyo al cambio	Mejora del negocio	Mejora del «personal»	Cambio en el comportamiento
Naturaleza del liderazgo de la revitalización						
La alta dirección de la unidad adopta la revitalización	3,83 (0,15)	0,43*	0,33	0,38*	0,33	0,14
La alta dirección de la unidad guarda coherencia entre sus palabras y sus actos	3,23 (0,15)	0,63***	0,84***	0,70***	0,69***	0,63***

N = 26 plantas y divisiones
*p < 0,05
**p < 0,01
***p < 0,001

Tabla 7.—Liderazgo de cambio corporativo (medias)

	Medias globales	General Products	Fairweather	Livingston Electronics	Scranton Steel	Continental Glass	U.S. Financial
		1	2	3	4	5	6
Rango de la revitalización según el investigador							
Coherencia de la dirección							
La alta dirección adopta la revitalización	3,78 (0,12)	4,14 (0,22)	3,77 (0,18)	3,41 (0,31)	3,94 (0,21)	3,88 (0,32)	3,58 (0,49)
La alta dirección guarda coherencia entre sus palabras y sus actos	2,68 (0,12)	2,61 (0,28)	2,71 (0,26)	2,84 (0,27)	2,29 (0,31)	3,00 (0,38)	2,39 (0,34)
Fuente de liderazgo							
Alta dirección	4,13 (0,14)	4,42 (0,23)	3,93 (0,21)	3,62 (0,41)	4,55 (0,18)	4,25 (0,41)	4,50 (0,50)
Directivos medios	3,39 (0,15)	3,92 (0,30)	3,86 (0,31)	3,35 (0,36)	2,88 (0,35)	2,75 (0,31)	2,67 (0,49)
Recursos humanos	2,62 (0,15)	3,00 (0,35)	3,20 (0,31)	2,05 (0,29)	2,88 (0,31)	1,88 (0,23)	2,5 (0,56)
Sindicatos [1]	1,82 (0,13)	1,75 (0,30)	2,33 (0,31)	1,47 (0,24)	2,33 (0,33)	1,5 (0,23)	NA (0,00)
Personal de recursos humanos suficientemente capacitado	2,58 (0,15)	2,86 (0,29)	2,60 (0,25)	2,65 (0,36)	2,67 (0,37)	2,38 (0,50)	2,33 (0,71)

[1] En U.S. Financial no había sindicato, por lo que esta dimensión no se le aplica.

Fairweather, Livingston o Continental. Como General Products fue también la compañía que con más éxito se transformó, entre las que estudiamos, los datos apoyan nuestro argumento de que la coherencia de la dirección es menos importante a nivel corporativo que a nivel de unidad, al menos en los primeros años del esfuerzo de renovación corporativa. General Products obtuvo también la máxima valoración en lo que se refiere a contar con personal de recursos humanos capacitado suficientemente, atributo que, como sugerimos nosotros, constituye una ayuda importante para que triunfe la renovación corporativa. No es sorprendente que las dos compañías a las que se clasificó más arriba en la cuestión del liderazgo del sindicato en el esfuerzo de cambio, Fairweather y Scranton, fueran también las dos en que los acuerdos corporativos con los líderes sindicales crearon un marco global para el cambio.

Finalmente, el análisis de las medias globales de las variables de liderazgo pone de manifiesto dos pautas interesantes. Primera, al igual que ocurrió con los líderes de plantas y de divisiones, fue más común que los altos líderes corporativos impulsaran el cambio que se lo aplicaran a ellos mismos (t = 8,96, p < 0,0001). Segunda, parece ser que hay una jerarquía en el liderazgo del cambio; lo más probable es que los esfuerzos de revitalización corporativa los dirijan los directivos de línea a niveles de la corporación, la división y la planta, es algo menos probable que los dirija la función de recursos humanos corporativos, y menos probable que los dirijan los sindicatos.

APENDICE III

Definición de las variables utilizadas por el investigador en sus valoraciones

AMPLITUD DE LA REVITALIZACION ORGANIZATIVA

Todas las valoraciones se han realizado partiendo de una base que supone una organización con pocos mecanismos de coordinación interfuncional, pobre comunicación hacia arriba, puestos de trabajo organizados de una manera tradicional, etc. Cuando la base es sustancialmente mejor o peor que ésta, todas las valoraciones se ajustan de acuerdo con ello. En general, los baremos se han establecido de acuerdo con la siguiente premisa:

1,0 = La característica organizativa se da en mucha menor extensión que antes del cambio.
2,0 = Se da con algo menos de extensión que antes.
3,0 = No hay cambio.
3,5 = Cambio positivo menor.
4,0 = Cambio positivo sustancial, pero sólo en algunas áreas de la unidad o a algunos niveles.
4,5 = Cambio sustancial de base muy amplia.
5,0 = Transformación completa.

Coordinación interfuncional

¿Hasta qué punto partes diferentes de la organización planean unir y coordinar sus esfuerzos?

3,5 = Algunos intentos de mejorar la planificación interfuncional o interárea, pero las entrevistas no ponen de manifiesto que haya habido una mejora sustancial.

4,0 = Cierta mejora de la calidad de la planificación interfuncional o interárea, según las entrevistas.

4,5 =

5,0 = Amplia mejora de la calidad de la planificación interfuncional o interárea, según las entrevistas.

N = No hay información suficiente para efectuar una valoración.

¿Hasta qué punto su parte de la organización recibe cooperación y asistencia de otras partes de la organización?

3,5 = Algunos intentos de mejorar la coordinación interfuncional o interárea, pero en las entrevistas no se puso de manifiesto que se hubiese producido una mejora sustancial.

4,0 = Cierta mejora en la calidad de la coordinación interfuncional o interárea, de acuerdo con las entrevistas. Se incrementó el empleo de destacamentos o de reuniones interfuncionales en algunas partes de la unidad.

4,5 =

5,0 = Amplia mejora de la calidad en la coordinación interfuncional o interárea, de acuerdo con las entrevistas. Se informa de que la alta dirección trabaja muy unida. Utilización rutinaria y eficaz de los grupos de toma de decisiones temporales tales como destacamentos en todas las áreas del negocio.

N = No hay información suficiente para efectuar una valoración.

Toma de decisión organizativa

Cuando se toma una decisión, ¿hasta qué punto se pide la opinión de las personas afectadas por ella?

3,5 = Incremento de la opinión del trabajador, pero sobre cuestiones del negocio relativamente menores o que no se toman en serio.

4,0 = Incremento de la opinión del trabajador sobre cuestiones del negocio importantes, pero no de forma sistemática o sin la implicación de todos los empleados o no sobre todas las cuestiones importantes.

4,5 =

5,0 = Institucionalización de nuevos sistemas que obtienen información sistemática de todos los niveles de la organización.

N = No hay información suficiente para efectuar una valoración.

El personal de todos los niveles de una organización tiene generalmente unos conocimientos que pueden ser útiles para quienes toman decisiones. ¿Hasta qué punto se comparte la información en esta organización, de modo que los que toman decisiones puedan acceder a tales conocimientos?

3,5 = Institucionalización de las reuniones o de los boletines informativos con el fin de compartir información no sustancial acerca del entorno competitivo.

4,0 = Reuniones regulares en las que se comparte información financiera sustancial.

4,5 =

5,0 = Creación de nuevos canales para compartir información. Por ejemplo, institucionalización de relaciones nuevas entre los trabajadores de la fábrica y los clientes o facilitación del acceso a un sistema de información nuevo.

N = No hay información suficiente para efectuar una valoración.

¿Hasta qué punto está preparada esta planta para utilizar mejores métodos de trabajo?

3,5 = La unidad sólo permite el cambio en áreas limitadas y muy periféricas, tales como círculos de calidad o reuniones de compartición de información. Poco cambio en áreas más sustanciales.

4,0 = La unidad realiza cambios mayores que los efectuados en otros lugares de la compañía.

4,5 = La unidad está en el máximo nivel corporativo por su enfoque de la organización y la gestión. Trabaja activamente para adoptar los cambios que se están produciendo en otros lugares más adelantados. Dispuesta a permitir innovaciones generadas internamente en algunas áreas. Sin embargo, los cambios no son tan amplios ni tan innovadores como en 5,0.

5,0 = La unidad *camina hacia* el máximo nivel en su enfoque de la organización y la gestión. Toma la delantera en la iniciación de estos cambios en el diseño del trabajo, con o sin el apoyo del resto de la corporación. Sirve de modelo para el resto de la corporación.

N = No hay información suficiente para efectuar una valoración.

¿Hasta qué punto tiene esta planta objetivos claros y razonables?

3,5 =

4,0 = Se comunican los objetivos. Se da cierta información a los empleados de cuál es la situación respecto de tales objetivos. Pero ni mucho menos de manera tan amplia o tan integrada con el resto del trabajo como en 5,0; no son muchos los empleados implicados en el establecimiento de objetivos.

4,5 =

5,0 = Implicación en el proceso de establecimiento de objetivos con una amplia base. Todos los entrevistados en la unidad aprueban la estrategia. Información clara y medidas que permiten a los individuos conocer mejor si han alcanzado esos objetivos.

N   =   No hay información suficiente para efectuar una valoración.

¿Hasta qué punto están organizadas acertadamente en esta organización las actividades laborales?

3,5   =   Cambios menores en el diseño del trabajo, o no se ha visto que los cambios efectuados hayan mejorado mucho las cosas.

4,0   =   Cambios en el diseño del trabajo en unas cuantas partes de la unidad que, según informan los entrevistados, han mejorado las cosas.

4,5   =

5,0   =   Rediseño total del sistema que se considera como un completo éxito.

N   =   No hay información suficiente para efectuar una valoración.

Organización del trabajo

¿Hasta qué punto las decisiones que se tomaron en esta organización a todos los niveles fueron las más adecuadas y hasta qué punto se dispone de información precisa?

3,5   =

4,0   =   Los empleados informaron en las entrevistas que ellos informan a sus superiores cada vez más y con más regularidad ante la toma de decisiones que les preocupan. En las entrevistas se informó poco de que se hubieran tomado decisiones «a dedo» porque no se implicaran en ellas las partes principales; sin embargo, hubo pocas informaciones de que ningún grupo que no fuera la alta dirección hubiera emprendido iniciativas eficaces.

4,5   =

5,0   =   Amplia delegación de la toma de decisiones en cuestiones relacionadas con el trabajo en niveles organizativos inferiores. El papel del supervisor de primera línea se cambia por el de consejero. Se informa en las entrevistas que grupos diferentes al de la alta dirección han tomado la iniciativa en cambios sustanciales.

N   =   No hay información suficiente para efectuar una valoración.

Preocupación por el personal

¿Hasta qué punto tiene esta organización un interés real por el bienestar y la satisfacción global de todos los que trabajan aquí?

3,5 =
4,0 = Alguna evidencia de mejora, pero no existe un compromiso ideológico.
4,5 =
5,0 = Compromiso ideológico de la alta dirección, comentado coherentemente en las entrevistas a todos los niveles de la organización.
N = No hay información suficiente para efectuar una valoración.

¿Hasta qué punto trata de mejorar esta organización las condiciones de trabajo? Este punto se refiere a mejoras en las condiciones higiénicas.

3,5 = Mejoras aisladas, fundamentalmente de «imagen».
4,0 = Algunas mejoras sustanciales, pero en áreas aisladas.
4,5 =
5,0 = Rediseño fundamental de la instalación o construcción de una instalación nueva, uno de cuyos propósitos principales fue la mejora en la utilización de variables higiénicas.
N = No hay información suficiente para efectuar una valoración.

¿Hasta qué punto hay aquí elementos laborales (tales como políticas, prácticas o condiciones) que le animen a trabajar duro?

3,5 = Empleo de actividades programáticas tales como programas de reconocimiento de los empleados. De la entrevista no se desprende claramente que haya incrementado la motivación.
4,0 = Algún indicio en las entrevistas de que los empleados están trabajando más. También algunas discusiones entre los superiores y los subordinados sobre el creciente uso de la fijación de objetivos y de recompensas por el rendimiento eficaz. Puede ser también que haya habido otro cambio estructural como supresión de niveles que ha hecho que los empleados trabajen más.
4,5 = Evidencia clara en las entrevistas de que los empleados están trabajando más; clara evidencia y coherencia también de que se ha producido un cambio en el sistema de gestión del rendimiento (fijación de objetivos y sistema de recompensa).
5,0 = Todo lo de arriba, más una mayor presión para hacer un trabajo de calidad —un sistema de trabajo de alto compromiso.
N = No hay información suficiente para efectuar una valoración.

LA PRESION DEL RENDIMIENTO

¿Se produjo una mayor presión por la necesidad de obtener rendimientos? ¿La presión procedía de la alta dirección, del rendimiento financiero de la unidad o del entorno competitivo de la unidad?

Presión de la alta dirección

Sí/No/Información insuficiente.

Presión del rendimiento financiero

Sí/No/Información insuficiente.

Presión del entorno competitivo

Sí/No/Información insuficiente.

CAMBIO INFLUIDO POR UN MODELO

¿Fue influido el cambio por un modelo?
Sí/No/Información insuficiente.

EL MODELO ERA EXTERNO

¿Era externo el modelo?
Sí/No/Información insuficiente.

EL MODELO ERA INTERNO

¿Era interno el modelo?
Sí/No/Información insuficiente.

ALINEACION CON LAS CUESTIONES DEL NEGOCIO

¿Se produjo el cambio en torno a un problema del negocio?

1 = Los valores de recursos humanos fueron el elemento conductor.

2 = Creencia general de que los cambios en recursos humanos son buenos para el rendimiento, pero sin que esté claro cuáles son las conexiones específicas.

3 = Se ha establecido una conexión específica entre los resultados del negocio que se necesitaban y los cambios en recursos humanos que se han intentado.

4 = Se ha efectuado un diagnóstico, se ha establecido una conexión entre los resultados deseados y los reajustes organizativos intentados, pero no se han comprendido clara y ampliamente.

5 = Se ha establecido una conexión clara entre los problemas del negocio y el cambio y se ha comprendido de modo coherente en la organización.

REDEFINICION DE ROLES, RELACIONES Y RESPONSABILIDADES

¿Se cambiaron los roles, las relaciones y las responsabilidades para mejorar el rendimiento? En otras palabras, ¿se organizó al personal en torno al problema clave?
Sí/No/Información insuficiente.

NUEVOS CANALES DE INFORMACION

Se han creado nuevos canales de información en la organización por encima y más allá de la información que surge de las nuevas interacciones generadas por el cambio en los roles, las relaciones y las responsabilidades. (Por ejemplo, exposición de objetos de vidrio de los competidores en los talleres de Reidsville.)
Sí/No/Información insuficiente.

PROCESO PARTICIPATIVO DE CREACION DE VISION

¿Implicó el cambio un proceso participativo (diagnosis y plan de acción) que produjera una visión de la situación futura?
Sí/No/Información insuficiente.

VISION/ARTICULACION DE LA SITUACION FINAL

1 = No hay visión alguna ni articulación de la situación final.
2 = Referencia general a otras organizaciones o palabras ejemplares (por ejemplo, perfección, participación).
3 = Establecimiento de una filosofía y de una dirección general.
4 = Establecimiento de una filosofía y de una dirección junto con la mira puesta en ejemplos específicos. «Queremos ser como ellos.».
5 = Establecimiento de una filosofía y de un detallado cuadro operativo de la situación futura.
N = No hay información suficiente para efectuar una valoración.

OBJETIVOS DE COMPORTAMIENTO

1 = El líder no entiende ni articula el comportamiento adecuado.
2 =
3 = Se entienden, pero no se articulan los cambios generalizados de comportamiento adecuados.

4 =
5 = Los comportamientos específicos adecuados se entienden, articulan e integran con la valoración del rendimiento.
N = No hay información suficiente para efectuar una valoración.

OBJETIVOS POR RESULTADOS

1 = No se resaltan los objetivos de rendimiento y sí los de personal.
2 =
3 = Se conocen generalmente los objetivos, pero no se utilizan explícitamente para gestionar el cambio.
4 =
5 = Los objetivos se utilizan explícitamente para gestionar la organización y el personal tiene información sobre ellos.
N = No hay información suficiente para efectuar una valoración.

SUSTITUCION DE DIRECTIVOS CLAVE

¿Se ha sustituido personal clave de la dirección porque no se adecuan a los objetivos de comportamiento requeridos por el esfuerzo de cambio?

Sí = Una o dos personas claves de un conjunto pequeño en la cumbre o varias de un conjunto mayor, entre otros más inferiores de la organización.
No/No se dispone de información suficiente.

UTILIZACION DE PROGRAMAS

¿Instituyó programas la organización para efectuar el cambio?

Sí/No/Información insuficiente.

EL LIDER MODELA EL NUEVO ESTILO

Los líderes modelan el estilo de solucionar el problema, tal como pusieron de manifiesto las entrevistas con los subordinados o la observación del investigador. El personal describe el comportamiento de los líderes como ejemplar en lo que están tratando de hacer. No mencionan al líder como ejemplo de lo contrario.

1 = Totalmente incoherente con la dirección adoptada.
2 = El personal realiza comentarios sobre la incoherencia y no la discuten con el líder.

3 = Incoherente, pero consciente de la incoherencia y dispuesto a hablar de ello.

4 = Incoherente, abierto a la discusión y tratando de cambiar.

5 = Totalmente coherente y visto como modelo.

N = No hay información suficiente para efectuar una valoración.

APENDICE IV

Definición de las variables
de las encuestas de revitalización

VARIABLES DEPENDIENTES

APOYO AL CAMBIO

Estos puntos se valoraron de acuerdo con las siguientes instrucciones:
Indique, por favor, si está *de acuerdo* o *en desacuerdo* con la descripción del proceso de cambio en esta planta [división/corporación] *.

1	2	3	4	5
Muy en desacuerdo	Bastante en desacuerdo	Indiferente	Bastante de acuerdo	Muy de acuerdo

La mayor parte de las personas de esta planta [división/corporación] creen que los nuevos enfoques de gestión y organización del personal mejorarán el rendimiento financiero.

La mayoría cree que cuando se haya completado la transformación hacia nuestro enfoque de la gestión estarán mejor personalmente.

Los directivos principales de esta planta [división/corporación] se han puesto de acuerdo sobre la necesidad de aplicar nuevos métodos de gestión.

En conjunto, ¿cuánta resistencia hay contra los nuevos medios de gestión y organización del personal?

[Este punto se codificó al revés y se valoró de acuerdo con una escala que iba de 1 —«La mayoría de los niveles y partes de la planta [división/cor-

---

* Las palabras entre corchetes hacen que se puedan aplicar los mismos puntos a los encuestados de las plantas, las divisiones o la corporación.

poración] no están comprometidos con el cambio»— a 5 —«Casi todos... están comprometidos con el cambio».]

ALCANCE DE LA REVITALIZACION ORGANIZATIVA

Suma de puntos en Coordinación interfuncional, Toma de decisiones organizativas, Organización del trabajo y Preocupación por el personal. Estas cuestiones se valoraron de acuerdo a la siguiente escala:

1	2	3	4	5
Mucho menos que antes de que comenzara el cambio	Bastante menos que antes	Sin cambios	Algo más que antes	Mucho más que antes de que comenzara el cambio

Coordinación interfuncional

¿Hasta qué punto diferentes partes de la planta [división/corporación] planifican conjuntamente y coordinan sus esfuerzos?

¿Hasta qué punto su parte de la planta [división/corporación] recibe cooperación y asistencia de otras partes de la planta [división/corporación]?

Toma de decisiones organizativas

Cuando se toman las decisiones, ¿hasta qué punto se pide opinión a las personas afectadas por ellas?

Generalmente, el personal de todos los niveles de una organización tiene conocimientos que se podrían utilizar para tomar decisiones. ¿Hasta qué punto se comparte ampliamente en esta planta [división/corporación] tal información, de manera que quienes toman las decisiones tengan acceso a tales conocimientos?

Organización del trabajo

¿Hasta qué punto está dispuesta generalmente esta planta [división/corporación] a aplicar métodos mejores de trabajo?

¿Hasta qué punto tiene esta planta [división/corporación] metas y objetivos claros y razonables?

¿Hasta qué punto están organizadas acertadamente las actividades laborales en esta planta [división/corporación]?

En esta planta [división/corporación], ¿hasta qué punto se toman las decisiones a aquellos niveles en que está disponible la información más adecuada y precisa?

Preocupación por el personal

¿Hasta qué punto hay en esta planta [división/corporación] un interés real por el bienestar y la satisfacción global de los que trabajan en ella?

¿Hasta qué punto se trata de mejorar las condiciones de trabajo en esta planta [división/corporación]?

¿Hasta qué punto le animan a trabajar duro las cuestiones laborales (políticas, prácticas o condiciones) de aquí?

MEJORA DEL NEGOCIO

En conjunto, ¿qué impacto tienen los esfuerzos para desarrollar y aplicar nuevos modos de organizar y gestionar a los empleados de la planta [división/corporación] sobre los resultados financieros de la misma?

[Este punto se valoró de acuerdo con una escala que iba de 1 —«Impacto extremadamente negativo»— a 5 —«Impacto extremadamente positivo».]

MEJORA DEL PERSONAL

En conjunto, ¿qué impacto tienen los esfuerzos para desarrollar nuevas formas de organización y gestión del personal sobre el bienestar de los empleados de esta planta [división/corporación]?

[Este punto se valoró de acuerdo con una escala que iba de 1 —«Impacto extremadamente negativo»— a 5 —«Impacto extremadamente positivo».]

CAMBIO EN EL COMPORTAMIENTO

En conjunto, ¿qué impacto tuvieron los esfuerzos de cambio en esta planta [división/corporación] sobre el modo en que los directivos y otros empleados de esta planta [división/corporación] se comportan actualmente en sus puestos de trabajo?

[Este punto se valoró de acuerdo con una escala que iba de 1 —«Pocos cambios»— a 5 —«Muchos cambios».]

Los intentos de introducir nuevos métodos de organización y gestión han tenido pocos efectos sobre el modo en que los individuos de esta organización se relacionan entre sí diariamente.

[Este punto se codificó al revés y se valoró de acuerdo con una escala que iba de 1 —«Muy en desacuerdo»— a 5 —«Muy de acuerdo».]

VARIABLES INDEPENDIENTES

ESTRATEGIAS DE CAMBIO

Estos puntos se han valorado de acuerdo con las siguientes instrucciones:
Indique, por favor, si cada una de estas afirmaciones está *de acuerdo* o *en desacuerdo* con la descripción del proceso de cambio llevado a cabo en esta planta [división/corporación].

1	2	3	4	5
Muy en desacuerdo	Bastante en desacuerdo	Indiferente	Bastante de acuerdo	Muy de acuerdo

Organizaciones modelo en la compañía

Un cierto número de ideas para el cambio en esta planta [división/corporación] estuvieron influidas por el ejemplo de plantas innovadoras en otros lugares de *esta* compañía.

[Cuestión corporativa] Hay visibles organizaciones modelo en esta compañía (plantas, sucursales o divisiones) que se utilizan para hacer que el personal tome conciencia de los tipos de cambio que se desean y de cómo llevarlos a cabo.

Difusión del cambio mediante el traslado de directivos comprometidos con él

¿Nos han llegado un cierto número de ideas de cambio en esta planta [división/corporación] a través de directivos que fueron trasladados a ella desde otros lugares innovadores de la compañía?

[Cuestión corporativa] La dirección de esta compañía ha tratado de incrementar la difusión de los nuevos métodos de organización y gestión mediante el traslado de directivos de línea comprometidos de una unidad organizativa a otra.

Las conferencias y las visitas difunden el cambio

Los miembros de esta planta [división] han aprendido cosas sobre nuevos enfoques de gestión y organización del personal eficaces mediante la asistencia a conferencias y visitas a plantas líderes dentro de las compañías.

[Cuestión corporativa] En esta compañía se han utilizado ampliamente mecanismos tales como conferencias, discursos y visitas a plantas, divisiones y sucursales avanzadas para difundir los nuevos enfoques de organización y gestión del personal que han tenido éxito.

Red de agentes del cambio

Los directivos de esta planta [división] forman parte de una red de directivos de esta compañía comprometidos con los nuevos métodos de gestión y que se comunican generalmente entre sí sus esfuerzos, intercambian ideas y se apoyan.

    [Cuestión corporativa] Hay una red de directivos comprometidos con los nuevos métodos de gestión que se comunican entre sí regularmente sus esfuerzos, intercambian ideas y se apoyan.

Educación en los nuevos métodos

Se emplea considerable tiempo y dinero para educar a los directivos de todos los niveles en los nuevos métodos de organización y gestión.

Utilización de la sucesión

Se ha recompensado más con incrementos salariales, promociones y otros métodos a aquellos directivos cuyo estilo de gestión está más en línea con la nueva filosofía de gestión en la planta [división/corporación].

    Se ha despedido o reemplazado a un cierto número de directivos que no se ajustan al nuevo enfoque de organización y gestión.

Utilización de la evaluación

Su jefe está evaluando cómo encaja su estilo de dirección con los nuevos métodos de dirección y gestión.

    La alta dirección de esta planta [división/corporación] está haciendo responsables a los directivos de primera línea y a los directivos medios del cambio en el enfoque de organización y gestión utilizado en sus áreas de responsabilidad.

RAZONES PARA EL CAMBIO

Mejora del bienestar del empleado

Los cambios en la organización y gestión del personal se produjeron fundamentalmente como resultado de los intentos efectuados por la dirección de la planta [división/corporación] de mejorar el bienestar de los empleados.

Mejora de los resultados del negocio

Los cambios en la organización y gestión del personal se produjeron fundamentalmente como resultado de los intentos efectuados por la dirección de la planta [división/corporación] de mejorar los resultados del negocio.

NATURALEZA DE LOS CAMBIOS SOBRE LOS QUE SE HA PUESTO EL ACENTO

Estos puntos se han valorado de acuerdo con las siguientes instrucciones:
    ¿Hasta qué punto el enfoque dado a la organización y gestión del personal en su planta [división/corporación] ha acentuado cada una de las siguientes actuaciones?

1	2	3	4	5
No acentuado en absoluto		Algo acentuado		Muy acentuado

Reducción de costes mediante recortes de salarios o reducción de personal

Se pone el acento en la reducción de personal y/o el recorte en los salarios para reducir costes.

Incremento de la responsabilidad por los resultados

Se incrementa la responsabilidad por los resultados —beneficio, calidad, servicio al cliente, etc.— a todos los niveles.

Incremento de la implicación del empleado en la tarea

Implicación de los empleados en las decisiones relativas a su puesto o tarea.

Mejora de la coordinación intergrupal

Desarrollo de mejores mecanismos de cooperación y coordinación entre unidades organizativas interdependientes.

Incremento de la delegación de autoridad

Delegación de autoridad en la toma de decisiones en niveles más inferiores.

Compartición de poder e igualación de estatus

Se pone el acento en la compartición de poder e igualación de estatus entre grupos de planta [división] (tales como entre la dirección y un sindicato, directivos y subordinados o entre planta [división] y departamentos diferentes).

[Cuestión corporativa] Compartición de poder e igualación de estatus entre grupos organizativos (tales como entre sindicatos y dirección, directivos y subordinados o entre diferentes áreas funcionales).

Incremento de la influencia del personal sobre el modo en que se le trata

Se da al personal mayor influencia y control sobre el modo en que se le trata en la organización.

Desarrollo de las capacidades del personal

Desarrollo de las capacidades de directivos y trabajadores.

Incremento de la confianza entre los grupos

Se pone el acento en el desarrollo de una mayor confianza y de relaciones abiertas entre grupos de la organización (tales como entre la dirección y el sindicato, los directivos y los subordinados o entre diferentes departamentos de la planta).

EL LIDERAZGO DE LA REVITALIZACION

Estos puntos se han valorado de acuerdo con las siguientes instrucciones:
Indique, por favor, si cada una de estas afirmaciones está *de acuerdo* o *en desacuerdo* con la decisión del proceso de cambio puesto en práctica en esta planta [división/corporación].

1	2	3	4	5
Muy en desacuerdo	Bastante en desacuerdo	Indiferente	Bastante de acuerdo	Muy de acuerdo

La alta dirección se une a la revitalización

La alta dirección de la planta [división/corporación] pasó mucho tiempo discutiendo con las otras partes preocupadas por la necesidad de introducir cambios en la organización y gestión.

El impulso mayor para la implantación de métodos nuevos de organizar y gestionar al personal se generó en la alta dirección de la planta [división/ corporación].

Las palabras y los hechos de la alta dirección son coherentes

El director de la planta [división] y su staff comprenden realmente los cambios en la gestión que están pidiendo a otros.

[Cuestión corporativa] La alta dirección de esta compañía comprende realmente los cambios en la gestión que están pidiendo a otros.

El director de la planta [división] y su staff han acompañado los esfuerzos por introducir nuevos métodos de gestión con el examen y modificación de sus propios comportamientos.

[Cuestión corporativa] La alta dirección corporativa ha acompañado los esfuerzos por introducir nuevos métodos de gestión con el examen y modificación de su propio comportamiento.

Se ha percibido a menudo que aunque el director de la planta [división] y su staff dicen que desean poner en marcha un modo nuevo de organización y gestión, actúan frecuentemente de forma que no guarda coherencia con este enfoque. [Codificado al revés.]

[Cuestión corporativa] Se ha percibido a menudo que aunque la alta dirección dice que desea poner en marcha un modo nuevo de organización y gestión, actúa a menudo de forma que no guarda coherencia con este enfoque. [Codificado al revés.]

Cambio a partir de iniciativas de recursos humanos

De las iniciativas del personal de relaciones de recursos humanos/industriales de la planta [división/corporación] se han derivado un cierto número de cambios en el modo de organizar y gestionar el personal de esta planta [división/corporación].

Personal de relaciones humanas suficientemente capacitado

La planta [división/corporación] carece del suficiente número de profesionales de recursos humanos que estén capacitados para ayudar a implantar el nuevo modelo de gestión. [Codificado al revés.]

El cambio lo ha impulsado la alta dirección

La alta dirección de la planta [división/compañía] ha generado el mayor impulso para cambiar la organización y la gestión.

El cambio lo han impulsado los directivos medios

El mayor impulso para efectuar cambios en la organización y la gestión procedió de las iniciativas de unos cuantos directivos medios de la planta [división] innovadores.

[Cuestión corporativa] El impulso mayor para efectuar cambios en la organización y la gestión procedió de las iniciativas de unos cuantos directivos de línea innovadores en distintas partes de la compañía (planta, sucursal o división).

El cambio lo han impulsado los sindicatos

Nuestros sindicatos han sido la principal fuerza impulsora de los cambios en el modo de gestionar al personal en esta planta [división/corporación].

Indice

---

[1] Los nombres ficticios de compañías y personas van en cursiva.

Le ofrece

- Administración
- Arquitectura
- Biología
- Contabilidad
- Derecho
- Economía
- Electricidad
- Electrónica
- Física
- Informática

- Ingeniería
- Marketing
- Matemáticas
- Psicología
- Química
- Serie McGraw-Hill de Divulgación Científica
- Serie McGraw-Hill de Management
- Sociología
- Textos Universitarios

BEER

Sí, envíenme un catálogo de las novedades McGRAW-HILL en Economía/Empresa

Nombre .... Titulación ....

Empresa .... Departamento ....

Dirección .... Cód. Postal ....

Localidad .... País ....

Areas de mi interés:

- ❑ Marketing
- ❑ Estrategia
- ❑ Gestión/Administración
- ❑ Financiación
- ❑ Legislación
- ❑ Recursos humanos

Este libro me ha parecido:

- ❑ excelente ❑ bueno ❑ malo

¿Por qué elegí este libro?:

- ❑ Renombre autor
- ❑ Renombre McGraw-Hill
- ❑ Reseña en prensa
- ❑ Catálogo McGraw-Hill
- ❑ Buscando en librería
- ❑ Requerido como texto
- ❑ Precio
- ❑ Otros

Temas que quisiera ver tratados en futuros libros McGraw-Hill:

Comentarios ....

Otras áreas de interés ....

Por favor, rellene esta tarjeta y envíenosla por correo.
(No necesita sello si la envía desde España.)

BEER

OFICINAS McGRAW-HILL

ESPAÑA

McGRAW-HILL/INTERAMERICANA DE ESPAÑA, S. A.
Apartado de Correos n.º 786 F.D. - 28080 MADRID
C/. Basauri, s/n. Edificio Oasis "A" - Planta 1.ª
28023 Aravaca (Madrid). España.

COLOMBIA

McGRAW-HILL/INTERAMERICANA DE COLOMBIA, S. A.
Transversal 42B nº 19-77
Bogotá, D.E. Colombia

MEXICO, CENTRO Y SUDAMERICA

McGRAW-HILL/INTERAMERICANA DE MEXICO, S. A.
Apartado Postal 5-237 - México 5 D.F. México
Atlacomulco n.º 499-501 - Fracc. Ind. San Andrés Atoto
Naucalpan de Juárez - Edo. de México 53500. México

PORTUGAL

Editora McGRAW-HILL DE PORTUGAL, Lda.
Rua Rosa Damasceno 11 A-B
1900 Lisboa. Portugal

ESTADOS UNIDOS

All Other International Customers
McGRAW-HILL, Inc.
International Sales and Service
Princeton-Hightstown Road
Hightstown, N. J. 08520
U.S.A.

PUERTO RICO/CARIBE

McGRAW-HILL/INTERAMERICANA DEL CARIBE, Inc.
Box 20712 - Río Piedras, 00928 Puerto Rico
Ave. Muñoz Rivera n.º 1121 - Río Piedras
00925 Puerto Rico

VENEZUELA

McGRAW-HILL/INTERAMERICANA DE VENEZUELA, S. A.
Apartado Postal 50785 - Caracas 1050 A. Venezuela
2da. Calle de Bello Monte
(entre Avda. Casanova y Sabana Grande)
Caracas, Venezuela

Envíe la tarjeta adjunta a la dirección apropiada
(En España no necesita franqueo)

RESPUESTA COMERCIAL
Autorización núm. 8.877
B. O. C. y T. de fecha 10-2-89

A
FRANQUEAR
EN
DESTINO

McGRAW-HILL/INTERAMERICANA
DE ESPAÑA, S. A.

Apartado de Correos n.º 786 F. D.

28080 MADRID